KARL-MARTIN DIETZ

METAMORPHOSEN DES GEISTES II

BEITRÄGE ZUR BEWUSSTSEINSGESCHICHTE
HERAUSGEGEBEN FÜR DAS
FRIEDRICH-VON-HARDENBERG-INSTITUT
VON KARL-MARTIN DIETZ

BAND 5

KARL-MARTIN DIETZ

METAMORPHOSEN DES GEISTES II

Das Erwachen des europäischen Denkens

VERLAG FREIES GEISTESLEBEN

CIP-Titelaufnahme der Deutschen Bibliothek

Dietz, Karl-Martin:
Metamorphosen des Geistes / Karl-Martin Dietz. – Stuttgart :
Verl. Freies Geistesleben, 1989
2. Das Erwachen des europäischen Denkens. – 1989
(Beiträge zur Bewußtseinsgeschichte ; Bd. 5)

ISBN 3-7725-0923-1

NE: GT

Schutzumschlag: Walter Schneider, unter Verwendung
eines attischen Vasenmotivs, Blendung des Polyphemos,
um 520 v. Chr.

Satz und Druck: Offizin Chr. Scheufele, Stuttgart

INHALT

EINLEITUNG

Die Bilderwelt des altgriechischen Epos, die im ersten Band der «Metamorphosen des Geistes» betrachtet wurde, wirkt noch lange nach. Lyrik und Drama greifen die Bilder auf und wandeln sie dem jeweiligen Zeitalter entsprechend um. Die im sechsten Jahrhundert einsetzende Philosophie der Griechen wendet sich hingegen sofort von dieser Bilderwelt ab und führt zu einem Aufbruch des begrifflichen Denkens, der schon bei den ersten Vorsokratikern deutlich bemerkt werden kann. So warnt Xenophanes davor, Götter in Analogie zur Menschenwelt vorzustellen. Gott kann nur begrifflich gedacht werden. Ähnliches bezeugt Anaximanders «Apeiron» im Hinblick auf die der Welt zugrunde liegende Wirklichkeit.

Die vorsokratischen Denkformen sind nach gegenwärtigen Maßstäben allerdings ungewohnt. Sie kennen noch nicht die heute selbstverständlichen Gegensätze von Denken und Wahrnehmen, Erkennen und Handeln, Wissenschaft und Wirklichkeit, Wahrheit und Sein. Aber dieses Fremdartige besitzt zugleich den Reiz der Ursprünglichkeit. Hier ist eine Philosophie – als einzige in Europa – ohne theoretische Vorgaben zu verstehen, sofern es nur gelingt, sich in ihre Denkart hineinzuversetzen. Dafür Erfahrungsgrundlagen zu liefern, ist ein Hauptanliegen des vorliegenden Bandes. Über den Charakter der hier beabsichtigten Darstellung und über Vorarbeiten dazu finden sich einige Bemerkungen im Vorwort des ersten Bandes. Sie gelten auch für den vorliegenden zweiten.

Mit geschärfter Aufmerksamkeit können die Vorsokratiker

auch vor dem Hintergrund gegenwärtiger Wissenschaftsproblematik gelesen werden. Seit einigen Jahrzehnten wird immer vernehmbarer ein Denken gefordert, das die problematische Seite des modernen naturwissenschaftlichen Bewußtseins vermeiden kann. Die Subjekt-Objekt-Spaltung hat glänzende wissenschaftliche Leistungen ermöglicht; heute treten jedoch vor allem ihre negativen Folgen für das Verhältnis zur Natur vor Augen. Die zunehmende Distanz des Forschers von seinen Betrachtungsgegenständen führt dazu, daß er die Folgen seiner Handlung nicht überblicken kann. Es fehlt dieser Betrachtungsweise im Denken ein Willensanteil, der die Realität des Gedachten bis in die Konsequenzen hinein zum Bewußtsein bringt. Der Theorie- und Abstraktionscharakter neuzeitlicher Wissenschaft geht mit einer zunehmenden Willenslähmung einher, die sinnvolles Handeln erschwert; und die Beschränkung auf sinnlich-empirische «Fakten» verhindert, daß Entwicklungen gedacht werden können, bevor ihre Folgen sichtbar sind. Zu all dem liefert die vorsokratische Philosophie ein Gegenbild. Man kann an ihr erkennen, was verloren ging: der Wirklichkeitscharakter des Denkens mit seinem Anschauungs- *und* seinem Willensaspekt. Die Erweiterung des Blickfelds durch die Vorsokratiker kann eine willkommene Hilfe sein bei dem Versuch, das Verlorene wiederzugewinnen. Dabei bleibt es Aufgabe, dasjenige, was vor Zeiten noch von selbst da war, heute mit den Mitteln des *modernen* Bewußtseins wieder herzustellen.

Die vorliegende Darstellung geht dann über zu Platons Anschauungen vom Sein und vom Erkennen. Wo hat dasjenige, das sich vor uns als Naturprozeß, als kosmisches Geschehen abspielt, seinen Ursprung? Wie kann dieser Ursprung erfahren werden? Was ist somit die eigentliche Wirklichkeit der Welt? – Solche Grundfragen vorsokratischen Denkens haben im Laufe der Jahrhunderte immer andere Antworten herausgefordert und dabei auch neue Fragen hervorgerufen, die ursprünglich

nicht gestellt worden waren, z. B. nach dem Wesen des Menschen und nach seiner Beziehung zur Welt. Platon genügt die Auskunft der Vorgänger nicht – er berichtet das ausführlich –, er entfaltet seinerseits die Ideenlehre. In dieser aber bleibt nach dem Urteil des Aristoteles vor allem die Frage offen, wie geistige Realität zur Wirksamkeit bis in die sinnliche Welt hinein kommt. Aristoteles entwirft dazu u. a. einen Ursachenbegriff, der in seiner Differenziertheit bis heute nicht eingeholt worden ist, denn die Neuzeit hat sich weitgehend auf die Suche nach sinnlich-physischen Wirkursachen beschränkt.
Derartige Zusammenhänge hervorzuheben, ist das Anliegen dieses Buches. Die ausführlichen Quellentexte dienen der Anschauung für den nicht fachkundigen Leser. Wer sich jedoch deren Studium nicht unterziehen will, kann die Texte getrost überschlagen. Das Buch wird auch ohne die Texte verständlich sein.

I

DENKEN ALS GEWAHRWERDEN. EIN ZEUGNIS DES ARISTOTELES

«Die Tätigkeit des Geistes ist das Denken, nämlich das Anschauen der Denkgegenstände; so wie die Tätigkeit des Gesichtsorganes das Sehen des Sichtbaren ist.»

Aristoteles, Protreptikos

Wer die griechische Geistesgeschichte verstehen will, muß von vornherein berücksichtigen, daß das Denken der Griechen sich vom modernen grundlegend unterscheidet. Im ersten Band[1] wurde die bewußtseinsgeschichtliche Metamorphose von der Erinnerung zur Erkenntnis, vom bildhaften zum abstrakten Denken, vom göttlichen zum menschlichen Wissen betrachtet. (Diese Aspekte werden im folgenden aufgenommen und fortgeführt.) Schon bis hierher ist klar geworden, daß das mit «Geist» übersetzte griechische Wort (nus) unmittelbar zusammengehörig ist mit dem griechischen Wort für «denken» (noein). «Denken» ist lediglich das Verbum zum Substantiv «Geist». Während in der deutschen Sprache der Zusammenhang zwischen «Geist» und «Denken» nur von der Sache her nachzuweisen ist, ist er für die Griechen schon durch die Sprache veranlagt. Denken ist die Tätigkeit des Geistes. Geist ist derjenige, der denkt.

Ein zweiter, tiefgreifender Unterschied zum modernen Begriff des Denkens liegt darin, daß «nus» nicht nur Erkenntnischarakter trägt, sondern daß das «Gedachte» auch unmittelbar verwirklicht wird. Denken ist nicht einfach «Abbilden» von Vorhandenem im Bewußtsein. Es ist zugleich Vollzug dessen, was geschaut wird. Wenn von der Göttin Athena gesagt wird:

«Da ersann Athene, die eulenäugige Göttin, anderes...» (Odyssee II, 382f), dann wird dies selbstverständlich anschließend auch ausgeführt. Das Hamletsyndrom, «von des Gedankens Blässe angekränkelt» nicht zum Handeln zu kommen, ist das genaue Gegenteil der griechischen Denk- und Geistauffassung.

«Geist» oder «Denken» hat also nicht nur einen kognitiven, sondern zugleich und untrennbar auch einen voluntativen Aspekt. Wo vom nus des Zeus oder anderer Götter gesprochen wurde, war dies besonders deutlich: was sie denken, wird auch verwirklicht. Damit war jedoch nicht eine spezielle Eigenschaft göttlichen Denkens bezeichnet, sondern ein Charakteristikum des griechischen Geistbegriffs überhaupt. Die Vollendung ist im Ersinnen (noein) eingeschlossen. Erkennen und Handeln bilden noch eine Einheit. – Der voluntative Aspekt kann, wie im Bild des Epimetheus bereits angedeutet, stark zurücktreten, er bleibt aber auch später noch gültig. So etwa, wenn Xenophanes von Kolophon von seinem Gott sagen kann: «Er erschüttert alles mit seines Geistes Denkkraft» (Fragment 25). Oder wenn Heraklit spricht von der «Einsicht (gnome), die alle Dinge durch alle Dinge hindurch lenkt» (Fragment 41). Für Anaxagoras ist der nus geradezu diejenige Instanz, die die Welt, die sich ursprünglich in völliger Vermischung befindet, in Bewegung bringt. Vollendet findet sich dieser Aspekt des Geistes im «unbewegten Beweger» bei Aristoteles (Metaphysik, Buch XII). Das auf sich selbst bezogene Denken («Denken des Denkens») ermöglicht dort den Beginn der Weltentwicklung.

Ein drittes Merkmal ist gerade für die Anfänge der Philosophie von großer Bedeutung: der Wahrnehmungscharakter des griechischen Denkens, durch den es immer mit der Wirklichkeit verbunden ist. Schon die Etymologie des Wortes «nus» verweist darauf.[2] Das deutsche Wort «Geist» hat hingegen die Ursprungsbedeutung «Regsamkeit, Munterkeit», zu der auch

Zorn, Erschrecken, Getriebenwerden u.ä. gehören.[3] Ob der etymologische Zusammenhang von Denken und Wahrnehmen den Griechen immer bewußt war, kann heute nicht mehr leicht festgestellt werden. Bewußt war ihnen jedoch beispielsweise, daß das griechische Wort für «Wissen» (oida) nichts anderes ist als das Perfektum von «idein», «sehen». Und auch daß Platons Bezeichnungen der Ideenwelt (idea, eidos) Ableitungen des Wortstammes von sehen (id) sind, war ihnen bewußt. Ideen im Sinne Platons – das heißt die geistige, der Sinneswelt zugrundeliegende Realität – sind das, was man «schaut». So ist Denken für die Griechen noch lange Zeit ein schauendes, nicht in erster Linie ein «ausdenkendes» Denken.
Nus ist, wie im Zusammenhang mit Prometheus bereits dargestellt, vor allem die Fähigkeit, Gesamtsituationen zu erfassen. Das heißt zugleich: Denken ist zunächst nicht prinzipiell von Sinneswahrnehmung unterschieden. Erst durch Platon wird ein Gegensatz zwischen Denktätigkeit und Wahrnehmung begrifflich formuliert. Noesis (Denken) und Aisthesis (Sinneswahrnehmung) werden zu Polaritäten.[4] Aber auch da behält das Denken noch seinen Wahrnehmungscharakter. – Aristoteles stellt im Hinblick auf die Vorsokratiker ausdrücklich fest:

ὅλως δὲ διὰ τὸ ὑπολαμβάνειν φρόνησιν μὲν τὴν αἴσθησιν, ταύτην δ' εἶναι ἀλλοίωσιν, τὸ φαινόμενον κατὰ τὴν αἴσθησιν ἐξ ἀνάγκης ἀληθὲς εἶναί φασιν.

«Überhaupt mußten sie (die vorsokratischen Philosophen), weil sie die Sinneswahrnehmung (aisthesis) einerseits für Denken (phronesis) nahmen, andererseits als Veränderung (alloiosis), das sinnlich Erscheinende für wahr erklären.»[5]

(Aristoteles, Metaphysik 1009 b 12 ff.)

Der Feststellung folgt eine ausführliche Begründung. Aristoteles verweist unter anderem auf Parmenides, der eineinhalb Jahrhunderte vor seiner eigenen Zeit gelebt hat, und zitiert ihn:

ὡς γὰρ ἑκάστοτ᾽ ἔχει κρᾶσιν μελέων πολυπλάγκτων,
τὼς νόος ἀνθρώποισι παρέστηκεν· τὸ γὰρ αὐτό
ἔστιν ὅπερ φρονέει μελέων φύσις ἀνθρώποισιν
καὶ πᾶσιν καὶ παντί· τὸ γὰρ πλέον ἐστὶ νόημα.

«Denn so wie jeweils die Mischung in den immer
schwankenden Körperteilen ist,
so widerfährt den Menschen die Erkenntnis (noos).
Denn eben *das* ist es, was die (jeweilige)
Beschaffenheit der Körperteile denkt (phroneei),
bei allen Menschen und bei jedem.
Das (jeweils) Mehrere nämlich ist die Erkenntnis (noema).»[6]
(Parmenides, Fragment 16)

Theophrast, der Schüler des Aristoteles, bemerkt zu demselben Parmenidesfragment:

τὸ γὰρ αἰσθάνεσθαι καὶ τὸ φρονεῖν ὡς ταὐτὸ λέγει· διὸ καὶ τὴν μνήμην καὶ τὴν λήθην ἀπὸ τούτων γίνεσθαι διὰ τῆς κράσεως· ἂν δ᾽ ἰσάζωσι τῆι μίξει, πότερον ἔσται φρονεῖν ἢ οὔ, καὶ τίς ἡ διάθεσις, οὐδὲν ἔτι διώρικεν. ὅτι δὲ καὶ τῶι ἐναντίωι καθ᾽ αὑτὸ ποιεῖ τὴν αἴσθησιν, φανερὸν ἐν οἷς φησι τὸν νεκρὸν φωτὸς μὲν καὶ θερμοῦ καὶ φωνῆς οὐκ αἰσθάνεσθαι διὰ τὴν ἔκλειψιν τοῦ πυρός, ψυχροῦ δὲ καὶ σιωπῆς καὶ τῶν ἐναντίων αἰσθάνεσθαι. καὶ ὅλως δὲ πᾶν τὸ ὂν ἔχειν τινὰ γνῶσιν.

«‹Denken› (phronein) heißt nämlich für ihn soviel wie ‹Wahrnehmen› (aisthanesthai). Von diesen (Heiß und Kalt) kommt aber auch Gedächtnis und Vergessen zustande, durch ihre Mischung. Wenn aber die Mischung gleich ist: ob dann Denken stattfinde oder nicht, oder wie dann der Zustand sei, hat er nicht weiter erklärt. Daß er aber auch durch das Gegenteil für sich allein Wahrnehmung geschehen läßt, wird deutlich aus den Versen, in denen er sagt, daß der Tote wegen des Verlusts des

Feuers Licht, Wärme und Stimme nicht wahrnehme, wohl aber ihre Gegensätze: Kälte, Schweigen usw. Überhaupt hat nach ihm jegliches Seiende irgendeine Art von Erkenntnis.»[7]

(Theophrast, De sensu 3)

Das heißt also: Das Denken des Seienden und das sinnliche Wahrnehmen werden mit demselben Wort bezeichnet. Wahrnehmungen, Erkennen, Vorstellen oder Denken werden nicht unterschieden.[8]
An der gleichen Stelle bringt Aristoteles einen weiteren Beleg aus der Frühzeit griechischen Denkens dafür, daß Denken und Wahrnehmen nicht unterschieden wurden. Er stammt von Empedokles, einige Jahrzehnte jünger als Parmenides:

πρὸς παρεὸν γὰρ μῆτις ἀέξεται ἀνθρώποισιν.

«Je nach vorhandenem Stoffe erwächst den Menschen die Einsicht.»[9]

(Empedokles, Fragment 31 B 106)

und:

ὅσσον ⟨γ'⟩ ἀλλοῖοι μετέφυν, τόσον ἄρ σφισιν αἰεί
Καὶ τὸ φρονεῖν ἀλλοῖα παρίσταται ...

«Wie sie selber sich wandeln, so naht sich in stetigem Wechsel ihnen Gedank' um Gedanke.»[10]

(Empedokles, Fragment 31 B 108)

Noch deutlicher wird Aristoteles im 3. Buch «Über die Seele». Dort räumt er auch selbst ein, daß das Denken (noein) und geistige Begreifen (phronein) eine Art Wahrnehmung zu sein scheinen, da die Seele durch diese beiden Tätigkeiten die Dinge unterscheidet (krinei) und erkennt (gnorizei).[11] Es folgt die Feststellung, daß «die Alten das geistige Begreifen (phronein) und das Wahrnehmen gleichsetzten.» Das wird durch die beiden eben zitierten Fragmente von Empedokles und durch einen Hinweis auf die Odyssee (I 18 und 36f.) belegt. Er resümiert: «Alle fassen das Denken als Körperliches (somatikon) auf wie das Wahrnehmen...».

Nach diesem Referat der «alten» Auffassung formuliert Aristoteles seine eigene Position: «Daß Sinneswahrnehmung und geistiges Begreifen (phronein) nicht dasselbe sind, ist klar.» Denn woher käme sonst der Irrtum beim Denken? «Die Wahrnehmung der Gegenstände der einzelnen Sinne ist immer wahr und sie kommt allen Lebewesen zu; das Denken (dianoeisthai) kann auch falsch sein und kommt nur demjenigen zu, der auch Vernunft (logos) hat» (427 B).

Aristoteles bezeugt hier einen Umbruch in der Auffassung vom Denken. Auf der einen Seite bestätigt er dessen Wahrnehmungscharakter. Andererseits kommt der Wahrnehmungscharakter in Konflikt damit, daß Denken offensichtlich auch falsch sein kann. Ist dies den früheren Denkern entgangen? Wohl nicht. Denn für sie war Denken Seinsbegegnung. Wahrheit (aletheia) war ihrem Wesen nach Enthüllung von Wirklichkeit, die sich hinter Erscheinung und Meinung verbirgt (Parmenides, s.u.). Wer «falsch» denkt, hat im Sinne dieser frühen Denker gar nicht gedacht. Ebensowenig wie derjenige, der einen grünen Baum grau (also «falsch») sieht, in Wirklichkeit das Grün wahrgenommen hat. Er hat nicht falsch wahrgenommen, sondern das Tatsächliche *nicht* wahrgenommen. Für Aristoteles aber gewinnt der Anteil des bewußten Selbst am Denken immer größeren Einfluß gegenüber dem aus der Welt hereinragenden wahrnehmungsartigen Gehalt dessen, was sich im Denken enthüllt. So ist es auch Aristoteles, der in der Logik den menschlichen Anteil am Denken bewußt macht, formuliert und formalisiert. Aristoteles hat die Axiome der Logik «entdeckt» – sie lagen aber dem Denken schon bei Parmenides zugrunde (s.u.). Der alte einheitliche Nus, das wahrnehmende Denken, spaltet sich nach Homer und Hesiod in ein intuitives

Element, das besonders von Heraklit betont wird, und ein logisches, dem wir erstmals bei Parmenides begegnen.[12] Platon wird versuchen, den Zusammenhang von schauendem und diskursivem Denken zu beleuchten.
Der Wahrnehmungscharakter des frühgriechischen Denkens ist theoretisch längst bekannt, jedoch in seiner Wirklichkeit schwer zu fassen. Kurt von Fritz hat das Problem bezüglich Parmenides so formuliert: «... Die Sinne sind, auch wenn sie nicht mit dem ‹noos› gleichgesetzt werden, sicher dem ‹noos› nicht gegenübergestellt...».[13] Walther Kranz, der ebenfalls auf die Gleichartigkeit von Sinneswahrnehmung und Denken hinweist, formuliert den Erkenntnisanspruch, dem sich der heutige Betrachter stellen muß, wenn er dem archaischen Denken der Griechen gerecht werden will: «Wer die althellenischen Denker... verstehen will, muß fähig sein, selbst archaisch zu denken, das Körperliche und das Seelische als Einheit zu fassen.»[14]
So hilft Aristoteles durch sein Zeugnis uns Heutigen, ein wichtiges Charakteristikum des frühgriechischen Denkens zu bemerken. Er tut dies in einem geschichtlichen Augenblick, in dem die bis heute gültige Differenzierung zwischen Denken und Wahrnehmen, von seinem Lehrer Platon erstmals begrifflich formuliert, Fuß zu fassen beginnt. Der von Aristoteles beschriebene Sachverhalt ist daher keineswegs als eine erkenntnistheoretische Kuriosität oder als archaische Unvollkommenheit beiseite zu stellen. Vielmehr hängt mit dieser ursprünglichen Nichtunterscheidung von Denken und Wahrnehmen vieles andere zusammen, das für die griechische Kultur wesentlich ist. Auf die anthropologische Seite desselben Sachverhalts, die Nichtunterscheidung von Leib, Seele und Geist des Menschen im frühgriechischen Epos, wurde bereits im ersten Bande verwiesen. – Und zugleich beginnt hier eine geistesgeschichtliche Entwicklung, die zwischen Homer und Aristoteles in vielfältiger Weise in Erscheinung tritt. Die folgenden Kapitel werden immer wieder darauf zurückzugreifen haben.

τῶν δὴ πρώτων φιλοσοφησάντων οἱ πλεῖστοι τὰς ἐν ὕλης εἴδει μόνας ᾠήθησαν ἀρχὰς εἶναι πάντων· ἐξ οὗ γάρ ἐστιν ἅπαντα τὰ ὄντα καὶ ἐξ οὗ γίγνεται πρώτου καὶ εἰς ὃ φθείρεται τελευταῖον, τῆς μὲν οὐσίας ὑπομενούσης τοῖς δὲ πάθεσι μεταβαλλούσης, τοῦτο στοιχεῖον καὶ ταύτην ἀρχήν φασιν εἶναι τῶν ὄντων, καὶ διὰ τοῦτο οὔτε γίγνεσθαι οὐθὲν οἴονται οὔτε ἀπόλλυσθαι, ὡς τῆς τοιαύτης φύσεως ἀεὶ σωζομένης, ὥσπερ οὐδὲ τὸν Σωκράτην φαμὲν οὔτε γίγνεσθαι ἁπλῶς ὅταν γίγνηται καλὸς ἢ μουσικὸς οὔτε ἀπόλλυσθαι ὅταν ἀποβάλλῃ ταύτας τὰς ἕξεις, διὰ τὸ ὑπομένειν τὸ ὑποκείμενον, τὸν Σωκράτην αὐτόν, οὕτως οὐδὲ τῶν ἄλλων οὐδέν· δεῖ γὰρ εἶναί τινα φύσιν ἢ μίαν ἢ πλείους μιᾶς ἐξ ὧν γίγνεται τἆλλα σωζομένης ἐκείνης. τὸ

2
DER ANFANG DER PHILOSOPHIE. VON HESIOD ZU ANAXIMANDER

Charakteristisch für das im 6. Jahrhundert aufkommende philosophische Denken der Griechen ist die Frage nach dem Ursprung (arche) der Welterscheinungen. Von Thales, dem ersten dieser Philosophen, sind uns allerdings nur blasse Schattenwürfe seines Werkes überliefert. Es ist heute nicht mehr möglich, dessen Charakter näher zu bestimmen. Der nachfolgend wiedergegebene Bericht des Aristoteles über den Anfang der Philosophie ist mit Vorbehalten zu lesen. Er bedient sich der von ihm selbst erst entwickelten begrifflichen Differenzierungen. Insbesondere darf man sich unter «stoffartigen Prinzipien» nichts Materielles in unserem Sinne vorstellen. Auch die Unterscheidung zwischen Wesenheit und Beschaffenheiten ist aristotelisch[15]:

«Von den ersten Philosophen hielten die meisten nur die stoffartigen Ursprünge für die Ursprünge aller Dinge; denn dasjenige, woraus alles Seiende ist und woraus als dem ersten es entsteht und worin es zuletzt untergeht, indem die Wesenheit besteht und nur die Beschaffenheiten wechseln, dies, sagen sie, ist das Element und der Ursprung des Seienden. Darum nehmen sie auch kein Entstehen und Vergehen an, indem ja diese Wesenheit stets beharre, wie man ja auch nicht von Sokrates sagt, daß er schlechthin werde, wenn er schön oder gebildet wird, noch daß er vergehe, wenn er diese Eigenschaften verliert, weil nämlich das Substrat, Sokrates selbst, beharrt; so also werde und vergehe auch nichts anderes. Denn es muß eine Wesenheit

μέντοι πλῆθος καὶ τὸ εἶδος τῆς τοιαύτης ἀρχῆς οὐ τὸ αὐτὸ πάντες λέγουσιν, ἀλλὰ Θαλῆς μὲν ὁ τῆς τοιαύτης ἀρχηγὸς φιλοσοφίας ὕδωρ φησὶν εἶναι (διὸ καὶ τὴν γῆν ἐφ' ὕδατος ἀπεφήνατο εἶναι), λαβὼν ἴσως τὴν ὑπόληψιν ταύτην ἐκ τοῦ πάντων ὁρᾶν τὴν τροφὴν ὑγρὰν οὖσαν καὶ αὐτὸ τὸ θερμὸν ἐκ τούτου γιγνόμενον καὶ τούτῳ ζῶν (τὸ δ' ἐξ οὗ γίγνεται, τοῦτ' ἐστὶν ἀρχὴ πάντων)—διά τε δὴ τοῦτο τὴν ὑπόληψιν λαβὼν ταύτην καὶ διὰ τὸ πάντων τὰ σπέρματα τὴν φύσιν ὑγρὰν ἔχειν· τὸ δ' ὕδωρ ἀρχὴ τῆς φύσεώς ἐστι τοῖς ὑγροῖς. εἰσὶ δέ τινες οἳ καὶ τοὺς παμπαλαίους καὶ πολὺ πρὸ τῆς νῦν γενέσεως καὶ πρώτους θεολογήσαντας οὕτως οἴονται περὶ τῆς φύσεως ὑπολαβεῖν· Ὠκεανόν τε γὰρ καὶ Τηθὺν ἐποίησαν τῆς γενέσεως πατέρας, καὶ τὸν ὅρκον τῶν θεῶν ὕδωρ, τὴν καλουμένην ὑπ' αὐτῶν Στύγα [τῶν ποιητῶν]· τιμιώτατον μὲν γὰρ τὸ πρεσβύτατον, ὅρκος δὲ τὸ τιμιώτατόν ἐστιν. εἰ μὲν οὖν ἀρχαία τις αὕτη καὶ παλαιὰ τετύχηκεν οὖσα περὶ τῆς φύσεως ἡ δόξα, τάχ' ἂν ἄδηλον εἴη, Θαλῆς μέντοι λέγεται οὕτως ἀποφήνασθαι περὶ τῆς πρώτης αἰτίας.

vorhanden sein, sei dies nun eine einzige oder mehr als eine, aus welcher das andere entsteht, während jene beharrt. Doch über die Menge und die Art dieses Ursprungs stimmen nicht alle überein. *Thales,* der Urheber solcher Philosophie, sieht das Wasser als den Ursprung an, weshalb er auch erklärte, daß die Erde auf dem Wasser sei; eine Annahme, die er wahrscheinlich deshalb faßte, weil er sah, daß die Nahrung aller Dinge feucht ist und das Warme selbst aus dem Feuchten entsteht und durch dasselbe lebt (das aber, woraus alles wird, ist der Ursprung von allem); hierdurch also kam er wohl auf diese Annahme und außerdem dadurch, daß die Samen aller Dinge feuchter Natur sind, das Wasser aber dem Feuchten Prinzip seines Wesens ist. Manche meinen auch, daß die Alten, welche lange vor unserer Zeit und zuerst über die göttlichen Dinge geforscht haben, derselben Ansicht seien; denn den Okeanos und die Tethys machten sie zu Erzeugern der Entstehung und den Eid zum Wasser der Götter, das bei den Dichtern Styx heißt; denn am ehrwürdigsten ist das Älteste, der Eid aber ist das Ehrwürdigste. Ob nun dies schon eine ursprüngliche und alte Meinung
4a war, das möchte wohl dunkel bleiben; *Thales* jedoch soll sich auf diese Weise über die Grundursache ausgesprochen haben.»

(Aristoteles, Metaphysik A, 983 b 6–984 a 2)

Immerhin ist aus der Darstellung des Aristoteles ein Eindruck zu gewinnen, wie anfängliches Denken sich in der Welt umschaut, dort zunächst Entstehendes und Vergehendes bemerkt und sich genötigt sieht, nach dem zu fragen, was dem Entstehen und Vergehen zugrunde liegt. Damit ist die Frage nach dem «Ursprung» gestellt. Das entsprechende griechische Wort «arche» ist übersetzbar mit «Anfang», «Prinzip» oder «Herrschaft». Auch der Mythos hatte von den Anfängen der Welt gesprochen, jedoch so, daß die Herrschaft aufeinanderfolgender Göttergenerationen Entstehung und Entwicklung des

Ἤτοι μὲν πρώτιστα Χάος γένετ᾽· αὐτὰρ ἔπειτα
Γαῖ᾽ εὐρύστερνος, πάντων ἕδος ἀσφαλὲς αἰεὶ
ἀθανάτων οἳ ἔχουσι κάρη νιφόεντος Ὀλύμπου,
[Τάρταρά τ᾽ ἠερόεντα μυχῷ χθονὸς εὐρυοδείης,]
ἠδ᾽ Ἔρος, ὃς κάλλιστος ἐν ἀθανάτοισι θεοῖσι,
λυσιμελής, πάντων τε θεῶν πάντων τ᾽ ἀνθρώπων
δάμναται ἐν στήθεσσι νόον καὶ ἐπίφρονα βουλήν.
Ἐκ Χάεος δ᾽ Ἔρεβός τε μέλαινά τε Νὺξ ἐγένοντο·
Νυκτὸς δ᾽ αὖτ᾽ Αἰθήρ τε καὶ Ἡμέρη ἐξεγένοντο,
οὓς τέκε κυσαμένη Ἐρέβει φιλότητι μιγεῖσα.
Γαῖα δέ τοι πρῶτον μὲν ἐγείνατο ἶσον ἑωυτῇ
Οὐρανὸν ἀστερόενθ᾽, ἵνα μιν περὶ πᾶσαν ἐέργοι,
ὄφρ᾽ εἴη μακάρεσσι θεοῖς ἕδος ἀσφαλὲς αἰεί.
γείνατο δ᾽ Οὔρεα μακρά, θεᾶν χαρίεντας ἐναύλους
Νυμφέων, αἳ ναίουσιν ἀν᾽ οὔρεα βησσήεντα.
ἣ δὲ καὶ ἀτρύγετον πέλαγος τέκεν, οἴδματι θυῖον,
Πόντον, ἄτερ φιλότητος ἐφιμέρου· αὐτὰρ ἔπειτα
Οὐρανῷ εὐνηθεῖσα τέκ᾽ Ὠκεανὸν βαθυδίνην
Κοῖόν τε Κρεῖόν θ᾽ Ὑπερίονά τ᾽ Ἰαπετόν τε

Kosmos charakterisiert. Der verschiedenartige Zusammenhang der Wesen und Glieder des Kosmos wird durch komplizierte Verwandtschaftsverhältnisse erfaßt. Als Beispiel dafür hier der Anfang der Weltentstehung nach Hesiod[16]:

«Wahrlich, zuallererst entstand die gähnende Leere (Chaos),
Alsdann aber die Erde (Gaia) mit ihrer breiten Brust,
Fort und fort sicherer Sitz von allen,
Und Eros (das Liebesbegehren), der der schönste ist
Unter den todfreien Göttern, der Gliederlösende,
Aller Götter und aller Menschen
Sinn und verständige Absicht
Bezwingt er in ihrer Brust.

Aus der gähnenden Leere entstanden
Erebos (die Region der Finsternis) und dunkle Nacht;
Aus der Nacht dann wieder entstanden
Himmelshelle und Tag,
Die sie gebar schwanger vom Erebos,
In Liebe sich ihm vereinend.
Die Erde (Gaia) aber brachte zuerst hervor
Gleich weit wie sie selber
Den Himmel (Uranos), den gestirnten,
Daß er sie überall einhülle,
Auf daß er sei den seligen Göttern
Fort und fort Sitz ohne Wanken.
Und sie gebar die weiten Berge,
Der Göttinnen reizvolle Behausungen, der Nymphen,
Die in den schluchtenreichen Bergen wohnen.
Sie gebar auch das unfruchtbare breite Wasser,
Das im Wogenschwall stürmt, das Meer (Pontos),
Ohne verlangende Liebe.
Aber darauf hielt sie Beilager mit dem Himmel
Und gebar den Okeanos, ihn mit seinen tiefen Wirbeln,
Und Koios und Kreios und Hyperion und Iapetos

Θείαν τε ῾Ρείαν τε Θέμιν τε Μνημοϲύνην τε
Φοίβην τε χρυϲοϲτέφανον Τηθύν τ᾿ ἐρατεινήν.
τοὺϲ δὲ μέθ᾿ ὁπλότατοϲ γένετο Κρόνοϲ ἀγκυλομήτηϲ,
δεινότατοϲ παίδων· θαλερὸν δ᾿ ἤχθηρε τοκῆα.
Γείνατο δ᾿ αὖ Κύκλωπαϲ ὑπέρβιον ἦτορ ἔχονταϲ,
Βρόντην τε Ϲτερόπην τε καὶ Ἄργην ὀβριμόθυμον,
οἳ Ζηνὶ βροντήν τε δόϲαν τεῦξάν τε κεραυνόν.
οἳ δή τοι τὰ μὲν ἄλλα θεοῖϲ ἐναλίγκιοι ἦϲαν,
[μοῦνοϲ δ᾿ ὀφθαλμὸϲ μέϲϲῳ ἐνέκειτο μετώπῳ·]
Κύκλωπεϲ δ᾿ ὄνομ᾿ ἦϲαν ἐπώνυμον, οὕνεκ᾿ ἄρα ϲφέων
κυκλοτερὴϲ ὀφθαλμὸϲ ἕειϲ ἐνέκειτο μετώπῳ·
ἰϲχύϲ τ᾿ ἠδὲ βίη καὶ μηχαναὶ ἦϲαν ἐπ᾿ ἔργοιϲ.
Ἄλλοι δ᾿ αὖ Γαίηϲ τε καὶ Οὐρανοῦ ἐξεγένοντο.

Νὺξ δ᾿ ἔτεκε ϲτυγερόν τε Μόρον καὶ Κῆρα μέλαιναν
καὶ Θάνατον, τέκε δ᾿ Ὕπνον, ἔτικτε δὲ φῦλον ᾿Ονείρων.
214 δεύτερον αὖ Μῶμον καὶ ᾿Οιζὺν ἀλγινόεϲϲαν
213 οὔ τινι κοιμηθεῖϲα θεὰ τέκε Νὺξ ἐρεβεννή,

Und (die Göttinnen) Theia und Rheia
Und Themis und Mnemosyne
Und Phoibe mit dem goldenen Kopfreif
Und Tethys, die Liebliche.
Nach diesen wurde als Jüngster geboren Kronos,
Er, der Krummes sinnt,
Der gewaltigste ihrer Kinder.
Der haßte den kraftvollen Vater.

Sie gebar auch die Kyklopen,
Die ein überstarkes Herz zu eigen haben:
Donner und Blitz und den Grellen (Gleißen des Blitzes, Wetterleuchten),
Ihn mit dem gewalttätigen Sinn,
Die Zeus den Donner gaben und den Blitzkeil fertigten.
Die waren sonst in allem den Göttern ähnlich,
Ein einziges Auge aber lag mitten in ihrem Gesicht.
Kreisaugen (Kyklopen) war der Name,
Mit dem man sie nannte,
Weil kreisrund ihr einziges Auge im Gesicht lag.
Stärke und Gewalt und Erfindung waren bei ihren Werken.
Auch andere noch stammten von Erde und Himmel ab...»

(Hesiod, Theogonie, 116–147)

Drei Göttergeschlechter herrschen nacheinander über die Welt: Uranos und Gaia, Kronos und Rheia, Zeus und Hera. Auch alles andere, was sonst in der Welt eine Rolle spielt, steht bei Hesiod in genealogischem Zusammenhang[17]:

«Die Nacht aber gebar das verhaßte Ende
Und die finstere Ker (Todesgöttin) und den Tod
Und gebar den Schlaf, gebar die Schar der Träume;
Keinem beigesellt gebar sie die Göttin,
214 Die finstere Nacht.
213 Dann in zweiter Linie Schmähsucht und peinvolles Elend,

Ἑσπερίδας θ', αἷς μῆλα πέρην κλυτοῦ Ὠκεανοῖο
χρύσεα καλὰ μέλουσι φέροντά τε δένδρεα καρπόν·
καὶ Μοίρας καὶ Κῆρας ἐγείνατο νηλεοποίνους,
[Κλωθώ τε Λάχεσίν τε καὶ Ἄτροπον, αἵ τε βροτοῖσι
γεινομένοισι διδοῦσιν ἔχειν ἀγαθόν τε κακόν τε,]
αἵ τ' ἀνδρῶν τε θεῶν τε παραιβασίας ἐφέπουσιν,
οὐδέ ποτε λήγουσι θεαὶ δεινοῖο χόλοιο
πρίν γ' ἀπὸ τῷ δώωσι κακὴν ὄπιν ὅστις ἁμάρτῃ.
τίκτε δὲ καὶ Νέμεσιν, πῆμα θνητοῖσι βροτοῖσι,
Νὺξ ὀλοή· μετὰ τὴν δ' Ἀπάτην τέκε καὶ Φιλότητα
Γῆράς τ' οὐλόμενον, καὶ Ἔριν τέκε καρτερόθυμον.
Αὐτὰρ Ἔρις στυγερὴ τέκε μὲν Πόνον ἀλγινόεντα
Λήθην τε Λιμόν τε καὶ Ἄλγεα δακρυόεντα
Ὑσμίνας τε Μάχας τε Φόνους τ' Ἀνδροκτασίας τε
Νείκεά τε Ψεύδεά τε Λόγους τ' Ἀμφιλλογίας τε
Δυσνομίην τ' Ἄτην τε, συνήθεας ἀλλήλῃσιν,
Ὅρκον θ', ὃς δὴ πλεῖστον ἐπιχθονίους ἀνθρώπους
πημαίνει, ὅτε κέν τις ἑκὼν ἐπίορκον ὀμόσσῃ.

Und die Hesperiden (die Abendlichen),
Die die Äpfel betreuen
Jenseits des berühmten Okeanos,
Die goldenen, schönen,
Und betreuen die Bäume, die solche Frucht tragen.
Und die Moiren (die Zuteilerinnen) gebar sie
Und die Keren, die unversöhnlichen Rächerinnen,
Die der Menschen und Götter Übertretungen verfolgen;
Und die Göttinnen lassen nicht nach
In ihrem schrecklichen Groll,
Bevor sie mit schlimmer Strafe zurückgezahlt haben
Dem, der sich verfehlte.
Und es gebar auch Nemesis (Verargen, Mißbilligung),
Ein Leid für die sterblichen Menschen,
Die verderbliche Nacht;
Nach ihr gebar sie Täuschung und Liebesumarmung
Und unseliges Greisentum,
Und die Eris (den Streit) gebar sie,
Deren Herz voll Gewalttat.

Aber die schaurige Eris gebar
Schmerzensreiche Mühsal und Vergessen
Und Hunger und tränenreiche Schmerzen
Und Schlachten und Kämpfe
Und Mord und Niedermachen der Männer
Und Zank und Trug und Herumreden und Gegenanreden
Und kranke Ordnung und Ruin, einander benachbart,
Und den Fluch des Eids,
Der das schlimmste Leid bringt
Den Menschen auf der Erde,
Wenn einer wissentlich einen Meineid schwört.»

(Hesiod, Theogonie, 211–232)

Diese Proben aus den mehr als tausend Versen der «Theogonie» mögen genügen, um deutlich zu machen: alles, was zur hört, steht in einem genealogischen Zusammenhang. Darunter auch all das, was wir heute durch «abstrakte Begriffe» erfassen, wie Streit, Elend, Rache usw. Was heute als Abstraktum gilt, war dem alten Bewußtsein eine Wesenheit; an Stelle eines logischen Zusammenhangs stand ein genealogischer, Frage nach der Ursache war Frage nach Abstammung und Verwandtschaft. Die Wesen führten ein in sich selbst bestehendes kosmisches Eigenleben.

Diese Fülle der Gestalten und Wirkungen wird im aufkeimenden philosophischen Denken ersetzt durch die Frage nach der «arche». Anaximander läßt wesentlich deutlicher erkennen als Thales, wie er diese Frage beantwortet. – Der folgende Bericht über das Denken Anaximanders von Milet (1. Hälfte 6. Jahrhundert v. Chr.) stammt von dem Aristoteliker Simplikios aus dem 6. Jahrhundert *nach* Christus. Auch hier sind also die Formulierungen mit Vorsicht zu lesen[18]:

τῶν δὲ ἓν καὶ κινούμενον καὶ ἄπειρον λεγόντων Ἀναξίμανδρος μὲν Πραξιάδου Μιλήσιος Θαλοῦ γενόμενος διάδοχος καὶ μαθητὴς ἀρχήν τε καὶ στοιχεῖον εἴρηκε τῶν ὄντων τὸ ἄπειρον, πρῶτος τοῦτο τοὔνομα κομίσας τῆς ἀρχῆς. λέγει δ' αὐτὴν μήτε ὕδωρ μήτε ἄλλο τι τῶν καλουμένων εἶναι στοιχείων, ἀλλ' ἑτέραν τινὰ φύσιν ἄπειρον, ἐξ ἧς ἅπαντας γίνεσθαι τοὺς οὐρανοὺς καὶ τοὺς ἐν αὐτοῖς κόσμους· ἐξ ὧν δὲ ἡ γένεσίς ἐστι τοῖς οὖσι, καὶ τὴν φθορὰν εἰς ταῦτα γίνεσθαι κατὰ τὸ χρεών· διδόναι γὰρ αὐτὰ δίκην καὶ τίσιν ἀλλήλοις τῆς ἀδικίας κατὰ τὴν τοῦ χρόνου τάξιν, ποιητικωτέροις οὕτως ὀνόμασιν αὐτὰ λέγων.

«Unter denen, die von dem Einen als Bewegendem und Unbegrenztem sprechen, hat Anaximander, der Sohn des Praxiades aus Milet, Nachfolger und Schüler des Thales, erklärt, Ursprung und Element des vielfältig Vorhandenen sei das Unbegrenzte, wobei er als erster diesen Begriff für den Ursprung gebraucht hat. Er sagt nämlich, der Ursprung sei weder als

Wasser noch als irgendein anderes der sogenannten Elemente zu verstehen, vielmehr als irgendeine andere unbegrenzte Wesenheit, aus der alle Himmel und die Welten in ihnen herrührten; woraus aber dem vielfältig Vorhandenen die Entstehung zuteil werde, dahinein finde auch das Vergehen statt gemäß der in allem waltenden Kraft; denn dieses vielfältig Vorhandene leiste Buße und Genugtuung eines dem anderen für sein Unrecht nach der Ordnung der Zeit. Dies sagt Anaximander, indem er sich einer mehr dichterischen Sprache bedient.»

(Anaximander, Fragment 1)

Zunächst fällt auf, daß hier begrifflich unterschieden wird: das «vielfältig Vorhandene» (ta onta) einerseits und die Frage nach dessen Ursprung (arche) andererseits. Anaximander beantwortet diese Frage so: Ursprung ist das «Unbegrenzte» (apeiron). Hatte das alte Epos von dem Ringstrom Okeanos als dem «Ursprung (genesis) der Götter»[19] und «Ursprung von allem»[20] gesprochen, und hatte Thales den Ringstrom ersetzt durch das abstraktere «Wasser» (womit er das Element des «Flüssigen» meinte), so wird von Anaximander erstmals ein vollständiges Abstraktum an die Stelle geschwundener Anschaulichkeit gesetzt. Okeanos, ein göttliches Wesen, war personhaft dargestellt; «Wasser» war nicht mehr personhaft, aber doch noch bildlich vorstellbar; mit dem «Unbegrenzten» ist zum ersten Mal ein Ursprung gekennzeichnet, der nicht dem sinnesgewohnten Vorstellungsvermögen greifbar ist, ja ihm in jeder Hinsicht widerspricht. Das zeigt sich schon daran, daß «a-peiron», das «Un-begrenzte», ein Negativbegriff ist. Er setzt dasjenige, was jeder kennt, das Begrenzte, Endliche, Differenzierte ab von dem gesuchten Ursprung, der vom eigenen Vorstellungshorizont aus nur negativ begriffen werden kann. Der Inhalt des Begriffs «apeiron» ist dabei sehr umfassend: es ist nicht nur das zeitlich Unbegrenzte (das Ewige) und das Grenzenlose (nach außen), sondern auch das Undifferenzierte (ohne Grenzen im Innern) und, qualitativ gefaßt, das Unbestimmte. Und dieses also ist das eigentlich Seiende, das der fließenden Welt der Erscheinungen zugrunde liegt. Es ist nicht wahrnehmbar, nicht vorstellbar, aber es ist begrifflich denkbar. Ein weiteres wichtiges Begriffspaar der frühen griechischen Philosophie ist «Entstehung» (genesis) und «Vergehen» (phthora). Das mythische Bewußtsein war nicht naiv. Es nahm nicht das Vorhandene einfach hin. Auch der Mythos sprach von dem Entstehen, von dem Ursprung, und er bediente sich dazu der genealogischen Erklärung. Jetzt aber ersetzt Anaximander nicht nur das Bild durch den Begriff, er fragt nicht nur nach dem Entstehen, sondern er fragt auch nach dem Vergehen. Der Zusammenhang der Welt, über die Erklärung des Augenblicks hinaus, wird zur Frage. Eine erste Andeutung fand sich in der Musenweihe Hesiods, dem durch die Musen nicht nur das Vergangene, sondern auch «was sein wird» geoffenbart wurde.[21] Das aufkeimende philosophische Denken begreift darüber hinaus: Ursprung und Ziel sind identisch. «Woraus aber dem vielfältig Vorhandenen die Entstehung zuteil werde, dahinein finde auch das Vergehen statt...». Es geht nicht darum – auch dies war in der Musenweihe Hesiods schon angelegt –, die Gegenwart in Richtung auf die Vergangenheit oder in Richtung auf die Zukunft zu extrapolieren, sondern es geht darum, nach einer Seinsebene zu suchen, die ganz anders ist als das je vor Augen Liegende, und die dessen Ursache ist. Das Denken sucht die eigentliche Wirklichkeit der Welt. Es herrscht jetzt nicht mehr der «Ratschluß des Zeus», sondern «Notwendigkeit». Auch hier wird das Wesen durch ein scheinbares Abstraktum ersetzt. Was mit «Notwendigkeit» gemeint ist, begründet der nachfolgende Satz: «Denn dieses vielfältig Vorhandene leiste Buße (dike) und Genugtuung (tisis) eines dem anderen für sein Unrecht (adikia) nach der Ordnung der Zeit (kata ten tu chronu taxin).» Diesem Satz gegenüber rief einst Nietzsche aus: «Orakelaufschrift am Grenzsteine griechischer Philosophie, wie werden wir dich deuten?!»[22] Deutlich ist jedenfalls, daß es hier noch keine strenge Scheidung zwischen Naturprozessen und ethisch-moralischen Vorgängen gibt. Frühgriechisches Denken kann beides in den selben Begriffen fassen. Das ist auch sonst belegt, so bei dem Athener Solon (ca. 640–560 vor Christus; Fragment 11 D):

«Wohl wird die See vom Wind aufgewühlt; wenn er sie aber *nicht* bewegt, ist sie von allem das Ausgeglichenste (dikaiotate).»

Recht ist Ausgleich, und den gibt es sowohl in der Natur als auch beim Menschen. Das frühgriechische Bewußtsein unterscheidet zwischen beiden Bereichen noch nicht prinzipiell und verwendet für beide dasselbe Wort.
«Eines dem anderen nach der Ordnung der Zeit»: hier ist auf ein Kontinuum der Zeit verwiesen. Mit dem Werden und Vergehen wird der Weltprozeß in einen zeitlichen Rahmen gestellt.

Ein weiterer Bericht über Anaximander stammt von Aristoteles[23]:

ἅπαντα γὰρ ἢ ἀρχὴ ἢ ἐξ ἀρχῆς, τοῦ δὲ ἀπείρου οὐκ ἔστιν ἀρχή· εἴη γὰρ ἂν αὐτοῦ πέρας. ἔτι δὲ καὶ ἀγένητον καὶ ἄφθαρτον ὡς ἀρχή τις οὖσα· τό τε γὰρ γενόμενον ἀνάγκη τέλος λαβεῖν, καὶ τελευτὴ πάσης ἔστιν φθορᾶς. διό, καθάπερ λέγομεν, οὐ ταύτης ἀρχή, ἀλλ' αὕτη τῶν ἄλλων εἶναι δοκεῖ καὶ περιέχειν ἅπαντα καὶ πάντα κυβερνᾶν, ὥς φασιν ὅσοι μὴ ποιοῦσι παρὰ τὸ ἄπειρον ἄλλας αἰτίας, οἷον νοῦν ἢ φιλίαν· καὶ τοῦτ' εἶναι τὸ θεῖον· ἀθάνατον γὰρ καὶ ἀνώλεθρον, ὥσπερ φησὶν Ἀναξίμανδρος καὶ οἱ πλεῖστοι τῶν φυσιολόγων.

«Denn alles ist entweder Ursprung (arche) oder aus einem Ursprung entstanden; das Unbegrenzte aber hat keinen Ursprung, denn sonst hätte es eine Grenze. Ferner muß es auch unentstanden und unvergänglich sein, weil es Ursprung ist;

denn das Gewordene muß notwendig ein Ende nehmen, und ebenso hat jedes Vergehen ein Ende. Daher, wie gesagt, gibt es keinen Ursprung von ihm, sondern es scheint der Ursprung alles übrigen zu sein und alles zu umfassen und alles zu steuern, wie diejenigen sagen, die nicht außer dem Apeiron noch andere Ursachen (aitiai) annehmen, wie den Geist oder die Liebe (damit sind Anaxagoras und Empedokles gemeint – D.); und dies, so sagen sie, sei das Göttliche. Denn es sei unsterblich und unverderblich, wie Anaximander und die meisten Naturphilosophen lehren.»

(Aristoteles, Physik 203 b 6ff.)

In diesem Bericht ist etwas deutlicher beschrieben, wie das Apeiron als Ursprung der vorhandenen Dinge sich zu diesen verhält. Es steht in einem doppelten Ursprungsverhältnis: «Es scheint... alles zu umfassen (periechein) und zu steuern (kybernan).» Deutlich ist also, daß das Apeiron als «arche» nicht auf einen zeitlichen Anfang zu beschränken ist. Es bedeutet, wie dies auch schon in der griechischen Wortbedeutung liegt, zugleich «Herrschaft» über die Dinge, indem es sie steuert. Beide Tätigkeiten des Apeiron sind nicht leicht zusammen zu denken. Uns Heutigen, im Zeitalter der Kybernetik, fällt es nicht schwer, den Begriff des «Steuerns» zu fassen. Allerdings schließt dieses «Steuern» einen materialen Vorgang geradezu aus. Es muß etwas anderes da sein, das gesteuert werden kann. Anders der frühgriechische Denker. Er kann den Ursprung des Vorhandenseins («umfassen») und den Ursprung alles Prozeßhaften («steuern») zusammen denken. Die im Apeiron gedachte Wirklichkeit ist nicht nur Gegebenheit in dem Sinne, daß etwas vorhanden ist. Dem Vorhandenen wohnt zugleich Bewegung, Tätigkeit inne, die ununterscheidbar dem gleichen «Anfang» entspringt. Das wird sich später differenzieren. Die aristotelische Unterscheidung von «Stoff» (hyle) und «Form» (eidos) steht hier noch aus.

Das Apeiron vereinigt so, trotz seiner scheinbaren Abstraktheit, die Eigenschaften der mythischen Götter. Auch sie sind nicht nur Weltregenten, die in das Leben der Welt und des Menschen eingreifen, sondern sie bedeuten, wie aus der «Theogonie» Hesiods hervorgeht, zugleich das Sein der Welt selbst. Schon der überlieferte Titel des hesiodischen Werkes weist darauf hin. Er heißt wörtlich übersetzt «Götterentstehung», enthält aber – ununterscheidbar davon – die Weltentstehung mit. «Welt» ist für das alte Bewußtsein nichts anderes als das lebendige Zusammenwirken göttlicher Wesenheiten. Befinden sich Götter im Himmel oder auf der Erde? – Falsch gefragt: Sowohl «Himmel» als auch «Erde» sind selbst göttliche Wesen! Wo der Halbgott Achill aus Gründen der Kriegsführung in einen Fluß, den Skamander, steigt – da begegnet er dem Gott Skamander selbst.[24] Begegnung des Menschen mit der Natur, der Erde, den Bäumen, Bergen, Flüssen usw. ist immer Begegnung mit Göttern. Dieses Bewußtsein ist zusammen mit dem mythischen, bildhaften Denken rasch geschwunden. Im Apeiron Anaximanders sind beide Seiten des Göttlichen gerade noch faßbar. Doch göttliches Wesen kommt nicht mehr vor, es ist durch abstraktere Begriffe ersetzt. Anaximander spricht von «dem Göttlichen» (theion) im Neutrum.

3

DER NEUE GOTTESBEGRIFF. XENOPHANES VON KOLOPHON

Von ganz anderer Art ist das Werk des Xenophanes (570–ca. 460 v. Chr.), der aus seiner Heimat Kolophon in Ionien fünfundzwanzigjährig nach Unteritalien auswandert. Er ist der Form nach homerischer Tradition verhaftet, schildert das zeitgenössische Leben, bringt aber auch der Philosophie einige folgenreiche Neuerungen. So hat Xenophanes als erster einen neuen Gottesbegriff gebildet:

πάντα θεοῖσ' ἀνέθηκαν Ὅμηρός θ' Ἡσίοδός τε,
ὅσσα παρ' ἀνθρώποισιν ὀνείδεα καὶ ψόγος ἐστίν,
κλέπτειν μοιχεύειν τε καὶ ἀλλήλους ἀπατεύειν.

«Alles haben den Göttern Homer und Hesiod angehängt, was nur beim Menschen Schimpf und Tadel ist: Stehlen und Ehebrechen und einander Betrügen.»

(*Xenophanes, Fragment 11.* Übersetzungen von Diels)

ὡς πλεῖστ(α) ἐφθέγξαντο θεῶν ἀθεμίστια ἔργα,
κλέπτειν μοιχεύειν τε καὶ ἀλλήλους ἀπατεύειν.

«Wie sie sehr viele ungesetzliche Taten der Götter erzählten: Stehlen und Ehebrechen und einander Betrügen.»

(*Xenophanes, Fragment 12*)

ἀλλ' οἱ βροτοὶ δοκέουσι γεννᾶσθαι θεούς,
τὴν σφετέρην δ' ἐσθῆτα ἔχειν φωνήν τε δέμας τε.

«Doch wähnen die Sterblichen, die Götter würden geboren und hätten Gewand und Stimme und Gestalt wie sie.»

(*Xenophanes, Fragment 14*)

ἀλλ' εἰ χεῖρας ἔχον βόες ⟨ἵπποι τ'⟩ ἠὲ λέοντες
ἢ γράψαι χείρεσσι καὶ ἔργα τελεῖν ἅπερ ἄνδρες,
ἵπποι μέν θ' ἵπποισι βόες δέ τε βουσὶν ὁμοίας
καί ⟨κε⟩ θεῶν ἰδέας ἔγραφον καὶ σώματ' ἐποίουν
τοιαῦθ' οἷόν περ καὐτοὶ δέμας εἶχον ⟨ἕκαστοι⟩.

«Doch wenn die Ochsen und Rosse und Löwen Hände hätten oder malen könnten mit ihren Händen oder Werke bilden wie die Menschen, so würden die Rosse roßähnliche, die Ochsen ochsenähnliche Göttergestalten malen und solche Körper bilden, wie jede Art gerade selbst ihre Form hätte.»

(Xenophanes, Fragment 15)

Αἰθίοπές τε ⟨θεοὺς σφετέρους⟩ σιμοὺς μέλανάς τε
Θρῇκές τε γλαυκοὺς καὶ πυρρούς ⟨φασι πέλεσθαι⟩.

«Die Äthiopen behaupten, ihre Götter seien stumpfnasig und schwarz, die Thraker, blauäugig und rothaarig.»

(Xenophanes, Fragment 16)

Xenophanes wendet sich gegen die anthropomorphe Vorstellung von den Göttern, die er in den Epen Homers und Hesiods vorfindet. Dort allerdings hätte sich die Menschenähnlichkeit der Götter zwanglos begründen lassen: durch die Götterähnlichkeit der Menschen. Wo ein gemeinsamer Ursprung der Götter und Menschen vorausgesetzt wird[25], kann deren Ähnlichkeit kein Problem sein. Die Sichtweise des Xenophanes hängt zusammen mit einer neuen Welterfahrung. Man interessiert sich jetzt für die Äthiopen und die Thraker, rüstet zu Expeditionen und bringt die Kunde fremder Länder von Handelsreisen mit. Die als ionische «Historie» bezeichnete Aufbruchsbewegung setzt ein.[26] Daß andere Völker ihre Götter anders darstellten als die Griechen, war bekannt. Neu ist bei Xenophanes, daß die Relativität der Göttervorstellungen als allgemeine Gesetzmäßigkeit formuliert wird. Neu ist auch der Schluß, daß also die Menschen sich die Götter nach ihrem eigenen Bilde vorstellen. Damit ist eine Wende vollzogen. Die ambivalente Anschauung der Ähnlichkeit von Göttern und Menschen (aufgrund gemeinsamen Ursprungs) wird ersetzt dadurch, daß die Götter vom Menschen aus angesehen und bewertet werden. Davon zeugen auch ganz allgemein die erkenntniskritischen Fragmente des Xenophanes (Fragmente 34 und 18, s. u.). Im Hinblick auf die Götter wurde die von Xenophanes eingeführte Haltung rasch selbstverständlich. Die Schlechtigkeit des Menschen in den göttlichen Bereich hineinzuprojizieren, widersprach zu offensichtlich dem Prinzip der Weltlenkung. Gott muß ganz anders gedacht werden.

εἷς θεός, ἔν τε θεοῖσι καὶ ἀνθρώποισι μέγιστος,
οὔτι δέμας θνητοῖσιν ὁμοίιος οὐδὲ νόημα.

«Ein einziger Gott, unter Göttern und Menschen am größten, weder an Gestalt den Sterblichen ähnlich noch an Gedanken, ...» *(Xenophanes, Fragment 23)*

οὖλος ὁρᾶι, οὖλος δὲ νοεῖ, οὖλος δέ τ' ἀκούει.

«(Gott): Als Ganzer sieht er, als Ganzer denkt er, als Ganzer hört er.» *(Xenophanes, Fragment 24)*[27]

ἀλλ' ἀπάνευθε πόνοιο νόου φρενὶ πάντα κραδαίνει.

«Doch sonder Mühe erschüttert er alles mit des Geistes Denkkraft.» *(Xenophanes, Fragment 25)*

Hier hört man den bewußten Kontrast zu Homer. Dort erschütterte Zeus den Olymp durch das Nicken seines Hauptes (Ilias 1, 528 ff.). Der wahre Gott, so dagegen Xenophanes, bedarf des äußeren Kopfnickens nicht: seines «Geistes Denkkraft» erschüttert alles. – In ähnlichem Sinne ist auch das folgende Fragment zu verstehen. Der Gott des Xenophanes hat es nicht nötig, sich hierhin und dorthin zu begeben wie die Götter Homers, um allzu-persönlich in den Lauf der Dinge einzugreifen:

αἰεὶ δ' ἐν ταὐτῶι μίμνει κινούμενος οὐδέν
οὐδὲ μετέρχεσθαί μιν ἐπιπρέπει ἄλλοτε ἄλληι.

«Stets aber in demselben verharrt er, sich gar nicht bewegend, und es geziemt ihm nicht, hin und her zu gehen, bald hierhin bald dorthin.» *(Xenophanes, Fragment 26)*

Obgleich also auch «Götter» (im Plural) nicht abgelehnt werden, ist doch von *einem* Gott zu sprechen, der alle anderen überragt. Und dieser ist nicht menschenähnlich, weder «an Gestalt noch an Gedanken». Diese «Unähnlichkeit» meint nicht, daß der Gott des Xenophanes ganz anders aussehe als die Menschen, sondern – er sieht *gar nicht* aus. Er ist nicht vorstellbar, sondern nur begrifflich denkbar. Dies galt schon für das Apeiron Anaximanders (s.o.); Xenophanes spricht noch radikaler und lehnt ausdrücklich alles Vorstellungshafte gegenüber dem Gott ab. Auch sonst bestehen Ähnlichkeiten mit Anaximander: Der Gott ist, ähnlich wie das Apeiron, jeglicher Bewegung, allem Prozeßhaften enthoben (Fragment 26) und undifferenziert (Fragment 24). Der «Geist» (nus) dieses Gottes hat zwei voneinander abweichende Eigenschaften: zum einen ist er ganz Wahrnehmungsfähigkeit (Fragment 24). Die begriffliche Trennung zwischen Denken und Wahrnehmen hat noch nicht stattgefunden (s.o., Kapitel 1). «Denken» steht im Text zwischen «Sehen» und «Hören». Zum andern aber liegt in seinem Geist die Kraft, mit der er «alles» erschüttern kann. Bei genauer Kenntnis der Bedeutungen von «Geist» (noos) und «Denkkraft» (phrenes) übersetzt von Fritz dieses Fragment 25 so:

«Er erschüttert die Welt durch seinen tätigen Willen (oder Impuls), der von seiner alles durchdringenden Einsicht ausgeht.»[28]

Der nus des Gottes umfaßt die beiden Pole Bewußtsein und Wirksamkeit. Was später auseinanderfallen wird, das denkende Betrachten der Welt und das tätige Handeln darin – in diesem Gott des Xenophanes ist noch beides vereinigt, ähnlich wie im Nus des Zeus im Mythos.[29]

Zugleich steht dieser monotheistische Gott außerhalb der natürlichen Welt. Die darin üblichen Differenzierungen kennt er nicht: als Ganzer ist er Auge, Geist und Ohr. Und er überragt alle Dinge der Welt durch seine Kraft. Während vom mythischen Bewußtsein gesagt werden mußte, daß alles Göttliche zugleich auch Welthaftes ist, trennen sich diese beiden Sphären nun:

ἥν τ' Ἶριν καλέουσι, νέφος καὶ τοῦτο πέφυκε,
πορφύρεον καὶ φοινίκεον καὶ χλωρὸν ἰδέσθαι.

«Und was sie Iris benennen, auch das ist seiner Natur nach nur eine Wolke, purpurn und hellrot und gelbgrün zu schauen.»

(Xenophanes, Fragment 32)

Der Regenbogen galt den Alten, wie alle anderen Welterscheinungen auch, zugleich als göttliches Wesen (Iris). Umgekehrt war Iris personal die Götterbotin, ohne Verweis auf ihren Regenbogencharakter. Xenophanes aber differenziert jetzt zwischen einer «Benennung», der keine wirkliche Realität entspricht, und dem Eigentlichen, der «Natur» der Sache.

«Gott» ist von der Welt entfernt und beherrscht sie gleichwohl. Die Erscheinungen der Welt sind ihrem Wesen nach etwas ganz anderes. Die Differenzierung zwischen Gott und Welt bricht sich Bahn.

Noch eine andere Differenzierung tritt bei Xenophanes erstmals ausdrücklich auf: die zwischen Körper (demas)[30] und Geist (noema) des Menschen. Nirgends im Epos ist der Mensch aus «Leib und Seele» o.ä. zusammengesetzt. Die erste Andeutung einer Unterscheidung begegnet im Weltaltermythos bei Hesiod.[31] Als «Wuchs» (phye) und «Gedanke» (noema) wurden dort Sein und Bewußtsein unterschieden, standen jedoch nicht in einem scharfen Gegensatz. Ähnlich klingt Xenophanes, Fragment 23; doch ist Xenophanes nach dem Lyriker Archilochos der erste Denker, der Körper- und Geisteskraft in einen Gegensatz stellt:

ἀλλ' εἰ μὲν ταχυτῆτι ποδῶν νίκην τις ἄροιτο
ἢ πενταθλεύων, ἔνθα Διὸς τέμενος
πὰρ Πίσαο ῥοῇισ' ἐν 'Ολυμπίηι, εἴτε παλαίων
ἢ καὶ πυκτοσύνην ἀλγινόεσσαν ἔχων,
εἴτε τι δεινὸν ἄεθλον ὃ παγκράτιον καλέουσιν,
ἀστοῖσίν κ' εἴη κυδρότερος προσορᾶν
καί κε προεδρίην φανερὴν ἐν ἀγῶσιν ἄροιτο
καί κεν σῖτ' εἴη δημοσίων κτεάνων
ἐκ πόλεως καὶ δῶρον ὅ οἱ κειμήλιον εἴη·
εἴτε καὶ ἵπποισιν, ταῦτά κε πάντα λάχοι —
οὐκ ἐὼν ἄξιος ὥσπερ ἐγώ. ῥώμης γὰρ ἀμείνων
ἀνδρῶν ἠδ' ἵππων ἡμετέρη σοφίη.
ἀλλ' εἰκῆι μάλα τοῦτο νομίζεται, οὐδὲ δίκαιον
προκρίνειν ῥώμην τῆς ἀγαθῆς σοφίης.
οὔτε γὰρ εἰ πύκτης ἀγαθὸς λαοῖσι μετείη
οὔτ' εἰ πενταθλεῖν οὔτε παλαισμοσύνην,
οὐδὲ μὲν εἰ ταχυτῆτι ποδῶν, τόπερ ἐστὶ πρότιμον
ῥώμης ὅσσ' ἀνδρῶν ἔργ' ἐν ἀγῶνι πέλει,
τοὔνεκεν ἂν δὴ μᾶλλον ἐν εὐνομίηι πόλις εἴη.
σμικρὸν δ' ἄν τι πόλει χάρμα γένοιτ' ἐπὶ τῶι,
εἴ τις ἀεθλεύων νικῶι Πίσαο παρ' ὄχθας·
οὐ γὰρ πιαίνει ταῦτα μυχοὺς πόλεως.

«Aber, wenn einer mit der Schnelligkeit der Füße den Sieg gewönne oder im Fünfkampf, dort wo des Zeus heilige Flur ist am Pisaquell in Olympia, oder im Ringen oder auch weil er die Kunst des schmerzensreichen Faustkampfs besitzt oder eine gewisse schreckliche Kampfart, die sie Allkampf (Pankration) benennen, so wäre er zwar für die Bürger glorreicher anzuschauen als zuvor, er erwürbe den weithin sichtbaren Ehrensitz bei den Kampfspielen und die Speisung auf öffentliche Kosten von der Stadt und eine Gabe, die ihm ein Kleinod wäre: und auch wenn er mit seinen Rossen (den Sieg gewönne), so erhielte er alle diese Ehren; und doch wäre er nicht so würdig wie ich. Denn besser als Männer- und Rossekraft ist doch unser Wissen. Vielmehr ist das eine gar grundlose Sitte, und es ist nicht gerecht, die Stärke (rhome) dem tüchtigen Wissen (sophie) vorzuziehen. Denn wenn auch ein tüchtiger Faustkämpfer unter den Bürgern wäre oder wer im Fünfkampf oder in der Ringkunst hervorragte oder auch in der Schnelligkeit der Füße, was ja den Vorrang hat unter allen Kraftstücken, die sich im Wettkampfe der Männer zeigen, so wäre doch um dessentwillen die Stadt nicht in besserer Ordnung. Nur geringen Genuß hätte die Stadt davon, wenn einer an Pisas Ufern den Wettsieg gewönne; denn das macht die Kammern der Stadt nicht fett.»

(Xenophanes, Fragment 2)

Auch im homerischen Epos werden Geistesgaben und Körperkraft unterschieden. Protagonist der einen ist Odysseus, der anderen Achill, der von sich selbst gelegentlich sagen muß: «... doch im Rate sind andere besser». Nicht Achill bringt die Stadt Troja nach zehnjähriger Belagerung zu Fall durch Schnelligkeit und Stärke des Körpers, sondern Odysseus mit seinen Geistesgaben, seinen «Listen». Insofern stehen sich schon der altertümliche Held Achill und der modernere Odysseus polar gegenüber. Jedoch gibt es im Epos noch nicht den hier erstmals ausgesprochenen *Gegensatz* von Geist und Körper. Odysseus ist, bei all seiner Listigkeit, doch auch hervorragend stark. Das wird immer betont. Von Xenophanes hingegen wird erstmals das eine gegen das andere abgesetzt. Und das Intellektuelle, die Geisteskraft, hat den Vorrang. Maßstab ist das Wohlergehen der Polis. Nicht nur die «Ordnung» (eunomie), sondern auch das materielle Wohlergehen, das «Fettsein» (piainein) der Polis hängen von den *geistigen* Fähigkeiten ab. Wissen, nicht Körperkraft, gewährleistet den Bestand der Zivilisation. Der Wandel im Verständnis, der sich hierin ausspricht, wird für die folgenden Jahrhunderte von großer Bedeutung sein.
Wie steht es aber mit den Geistesgaben des Menschen? Noch befinden wir uns erst am Anfang des 5. Jahrhunderts, des Zeitalters der Aufklärung, das den Erkenntnisfortschritt preisen wird.

καὶ τὸ μὲν οὖν σαφὲς οὔτις ἀνὴρ ἴδεν οὐδέ τις ἔσται
εἰδὼς ἀμφὶ θεῶν τε καὶ ἅσσα λέγω περὶ πάντων·
εἰ γὰρ καὶ τὰ μάλιστα τύχοι τετελεσμένον εἰπών,
αὐτὸς ὅμως οὐκ οἶδε· δόκος δ' ἐπὶ πᾶσι τέτυκται.

«Und das Genaue (saphes) freilich erblickte kein Mensch, und es wird auch nie jemand sein, der es weiß (erblickt hat) in bezug auf die Götter und alle Dinge, die ich nur immer erwähne; denn selbst wenn es einem im höchsten Maße gelänge, ein Vollendetes auszusprechen, so hat er selbst trotzdem kein Wissen davon; Schein(meinen) (dokos) haftet an allem.»

(Xenophanes, Fragment 34)

Das «Genaue» als Ziel des Wissens taucht hier zum ersten Mal auf.[32] Es wird für den Erkenntnisbegriff bei Thukydides und bei Platon große Bedeutung gewinnen.[33] Das Wesen der Welt ist dem Menschen prinzipiell versperrt. Natürlich kann es sein, daß er das Richtige trifft. Aber das beruht dann nicht auf wirklichem Wissen. Das griechische Wort für «Wissen» (oida) ist seiner Bildung nach ein Perfekt zu idein, erblicken. Wissen ist «gesehen haben». Das ist dem Menschen verwehrt. Er sieht die Dinge nicht, er bleibt beim «Schein» hängen. Dieser «dokos» ist eine unvergleichlich ambivalente griechische Wortbildung, die sowohl die subjektive Seite, «Meinung», als auch die objektive, «Schein», bezeichnen kann. Die subjektive «Meinung» kann entweder eine Ansicht sein, die man (zu Recht oder Unrecht) hat, als auch der «Ruf», in dem man (zu Recht oder zu Unrecht) steht. Die objektive Seite, der «Schein», ist einerseits trügerischer Anschein, kann aber auch «Erscheinung» sein, die auf das Wesen hinweist. Die Übersetzung von Diels gibt diese Doppelbedeutung wieder: «Scheinmeinen haftet an allem». Die Welt verbirgt sich hinter dem Schein wie die Göttin Iris hinter dem Regenbogen. Menschliches Bewußtsein bringt es nur zu einer «Meinung», nicht zu einem eigenen Gesehenhaben, zu einem Erkennen. – Hierhin gehört auch das Zeugnis eines Zeitgenossen, des Arztes Alkmaion aus Kroton:

περὶ τῶν ἀφανέων, περί τῶν θνητῶν σαφήνειαν μὲν θεοὶ ἔχοντι, ὡς δὲ ἀνθρώποις τεκμαίρεσθαι.

«Über die unsichtbaren Dinge, über die sterblichen Dinge haben die Götter Gewißheit (sapheneia), (uns) als Menschen aber (kommt es zu) zu erschließen.»

(Alkmaion, Fragment 1)

Erschließen heißt wörtlich: «Aus Zeichen erkennen» (vgl. Thukydides). Das Erkennen des Menschen ist mittelbar. Das alte, von den Göttern inspirierte Erkennen der Musen ist nicht mehr gültig, ein neues, auf eigenem Anschauen beruhendes (Thukydides, Aristoteles) ist noch nicht ausgearbeitet. Wir sind hier Zeugen eines Umbruchs, dessen Anfang und dessen Ende wir kennen.

οὔτοι ἀπ' ἀρχῆς πάντα θεοὶ θνητοῖσ' ὑπέδειξαν, ἀλλὰ χρόνωι ζητοῦντες ἐφευρίσκουσιν ἄμεινον.

«Wahrlich nicht von Anfang an haben die Götter den Sterblichen alles enthüllt,
sondern allmählich finden sie suchend Besseres.»

(Xenophanes, Fragment 18)

Göttliches Wissen steht gegen menschliches. Im Epos war menschliches Wissen vom göttlichen abhängig, inspiriert.[34] Jetzt sind menschliches und göttliches Wissen zu Gegensätzen geworden. Das menschliche bildet eigene Formen aus: «Aus Zeichen erschließen», «suchend das Bessere finden». Betrachtet man den Aufbau der beiden Verse, so findet man strikte Polaritäten:

Die Götter	–	*Die Menschen*
Von Anfang an	–	allmählich
haben nicht enthüllt	–	finden
	–	suchend
alles	–	Besseres.

Göttliches und menschliches Wissen ließen sich nicht präziser voneinander absetzen. Die Polaritäten werden einzig durch ein Partizip durchbrochen, das keine Entsprechung auf Seiten der Götter hat: «suchend». Es ist das Los des Menschen, die Wahrheit nicht einfach zu haben, sie auch nicht mehr durch Inspiration zu bekommen, sondern sie mit eigenen Mitteln – das heißt nach und nach («allmählich») mit Anstrengung («suchend») und relativ (jeweils «Besseres») – zu «finden».
Dabei heißt «finden» hier nicht «erfinden», sondern «entdekken»[35], Vorhandenes auffinden. Auch technische Neuerungen werden verstanden als Zurkenntnisnahme von etwas schon Vorhandenem (diese Haltung wird später durch Platons Ideenlehre systematisch ausgestaltet werden). Dabei konnte sich Xenophanes auf die Erfahrung seiner Zeit stützen: die Einführung der Geldwirtschaft, die Vereinheitlichung der Maß- und Gewichtssysteme, Neuerungen im Schiffbau, Tunnelbauten für die Wasserversorgung usw. Die Menschen «finden» jetzt «Besseres» und stellen es in ihren Dienst. Auch das Epos rechnete mit Veränderungen im menschlichen Leben, zum Guten wie zum Schlechten, aber dort gingen sie von den Göttern aus. Jetzt kommt alles auf den Menschen an. Das «eiserne Zeitalter» Hesiods begründete ebenso wie die Folgen der Prometheustat[36], weshalb die Menschen «heute» sich in der Götterferne, in Elend und Mühsal vorfinden. Aischylos deutet dann dieselbe Geschichte mit umgekehrten Vorzeichen: Prometheus brachte den Menschen den Fortschritt der Zivilisation.[37] Zwischen Hesiod (um 700 v. Chr.) und Aischylos (525/24–456 v. Chr.) liegt Xenophanes (ca. 570–460 v. Chr.). Sein Fragment 18 ist das älteste Zeugnis für ein Selbstverständnis des Menschen, das von einer geschichtlichen *Auf*wärtsbewegung ausgeht.

ἵπποι ταί με φέρουσιν, ὅσον τ᾽ ἐπὶ θυμὸς ἱκάνοι,
πέμπον, ἐπεί μ᾽ ἐς ὁδὸν βῆσαν πολύφημον ἄγουσαι
δαίμονος, ἣ κατὰ πάντ᾽ ἄστη φέρει εἰδότα φῶτα·
τῆι φερόμην· τῆι γάρ με πολύφραστοι φέρον ἵπποι
ἅρμα τιταίνουσαι, κοῦραι δ᾽ ὁδὸν ἡγεμόνευον.
ἄξων δ᾽ ἐν χνοίῃσιν ἵει σύριγγος ἀυτήν
αἰθόμενος· δοιοῖς γὰρ ἐπείγετο δινωτοῖσιν
κύκλοις ἀμφοτέρωθεν, ὅτε σπερχοίατο πέμπειν
Ἡλιάδες κοῦραι, προλιποῦσαι δώματα νυκτός,
εἰς φάος, ὠσάμεναι κράτων ἄπο χερσὶ καλύπτρας.
ἔνθα πύλαι νυκτός τε καὶ ἤματός εἰσι κελεύθων,
καί σφας ὑπέρθυρον ἀμφὶς ἔχει καὶ λάινος οὐδός·
αὐταὶ δ᾽ αἰθέριαι πλῆνται μεγάλοισι θυρέτροις·

4

DREI WEGE DES DENKENS. WAHRHEIT UND MEINUNG BEI PARMENIDES

Parmenides von Elea (um 500 v. Chr.) ist ein Hauptvertreter der westlichen, in Unteritalien und Sizilien angesiedelten Strömung der vorsokratischen Philosophie. Die Frage nach dem Sein und nach der Wahrheit wird von ihm auf einer neuen Ebene beantwortet. Dabei knüpft er in seinen Motiven deutlich an das alte Epos an. Dies gilt insbesondere auch für die sprachliche Form seines philosophischen Werkes, den Hexameter, dessen sich auch Xenophanes bedient hatte. Ganz episch mutet schon der Eingang des Lehrgedichts an. Parmenides bekundet darin, daß sein ganzes Werk auf einer Inspiration durch «die Göttin» beruht. Zunächst beschreibt er seine Auffahrt ins Reich des Lichts[37a]:

«Die Stuten, die mich fahren so weit nur mein Wille dringt,
trugen mich voran, da sie mich auf die Kunde-reiche Bahn
des Daimons gebracht hatten, die den wissenden Mann durch alle Städte führt.
Darauf fuhr ich: da nämlich fuhren mich die aufmerksamen Stuten,
die den Wagen zogen; und Mädchen lenkten die Fahrt.
Und die Achse in den Naben gab den Kreischton einer Rohrpfeife von sich
vor Hitze, so wurde sie getrieben von den zwei gedrehten
Rädern zu beiden Seiten, wenn schleuniger sich sputeten
die Sonnenmädchen, mich voranzufahren, hinter sich das Haus der Nacht,

τῶν δὲ Δίκη πολύποινος ἔχει κληῖδας ἀμοιβούς.
τὴν δὴ παρφάμεναι κοῦραι μαλακοῖσι λόγοισιν
πεῖσαν ἐπιφραδέως, ὥς σφιν βαλανωτὸν ὀχῆα
ἀπτερέως ὤσειε πυλέων ἄπο· ταὶ δὲ θυρέτρων
χάσμ᾽ ἀχανὲς ποίησαν ἀναπτάμεναι πολυχάλκους
ἄξονας ἐν σύριγξιν ἀμοιβαδὸν εἰλίξασαι
γόμφοις καὶ περόνησιν ἀρηρότε· τῆι ῥα δι᾽ αὐτέων
ἰθὺς ἔχον κοῦραι κατ᾽ ἀμαξιτὸν ἅρμα καὶ ἵππους.
καί με θεὰ πρόφρων ὑπεδέξατο, χεῖρα δὲ χειρί
δεξιτερὴν ἕλεν, ὧδε δ᾽ ἔπος φάτο καί με προσηύδα·
ὦ κοῦρ᾽ ἀθανάτοισι συνάορος ἡνιόχοισιν,
ἵπποις ταί σε φέρουσιν ἱκάνων ἡμέτερον δῶ,
χαῖρ᾽, ἐπεὶ οὔτι σε μοῖρα κακὴ προὔπεμπε νέεσθαι
τήνδ᾽ ὁδόν· ἦ γὰρ ἀπ᾽ ἀνθρώπων ἐκτὸς πάτου ἐστίν·
ἀλλὰ θέμις τε δίκη τε. χρεὼ δέ σε πάντα πυθέσθαι
ἠμὲν ἀληθείης εὐκυκλέος ἀτρεμὲς ἦτορ
ἠδὲ βροτῶν δόξας, ταῖς οὐκ ἔνι πίστις ἀληθής.
ἀλλ᾽ ἔμπης καὶ ταῦτα μαθήσεαι, ὡς τὰ δοκοῦντα
χρῆν δοκίμως εἶναι διὰ παντὸς πάντα περῶντα.

dem Lichte zu, und von den Häuptern mit Händen die Schleier aufschlugen.
Da ist das Tor der Straßen von Nacht und Tag,
und ein Türsturz umschließt es und steinerne Schwelle.
Das Tor selber, aus Ätherlicht, ist ausgefüllt von großen Türflügeln.
Zu dem hat Dike, die genau vergeltende, die einlassenden Schlüssel.
Ihr sprachen nun die Mädchen mit sanften Reden zu
und bewogen sie klug, daß sie ihnen den verpflöckten Riegel
gleich vom Tor zurückschöbe. Und das, im Aufspringen,
ließ einen gähnenden Schlund aus den Türflügeln erscheinen, während es seine bronzebeschlagenen
Pfosten, mit Nägeln und Nieten gezimmert, einen nach dem andern in den Pfannen drehte.
Dort denn mitten durch lenkten die Mädchen,
gradaus der Straße nach, Wagen und Pferde.
Und die Göttin empfing mich freundlich, sie ergriff mit ihrer Hand
meine Rechte, redete mich an und sprach diese Worte:
Jüngling, Gefährte unsterblicher Lenkerinnen!
da du mit den Stuten, die dich fahren, zu unserem Hause gelangst,
Heil dir! denn es war kein schlechtes Geschick, das dich leitete,
diese Reise zu machen – sie liegt ja wahrlich fernab vom Verkehr der Menschen –
sondern Fug und Recht: Du darfst alles erfahren,
sowohl der runden Wahrheit unerschütterliches Herz
wie auch das Dünken der Sterblichen, worin keine wahre Verläßlichkeit ist.
Aber gleichwohl wirst du auch dies verstehen lernen, wie das ihnen Dünkende
gültig sein mußte und alles durchaus durchdringen.»

(Parmenides, Fragment 1)

Für diesen Anfang des parmenideischen Gedichts gibt es kein historisches Vorbild. Die einzelnen Bilder müssen aus sich heraus verstanden werden: die Pferde, die Sonnenmädchen, der Wagen, der Übergang vom Haus der Nacht in das Reich des Lichtes. Dike, die Göttin des Rechts, am Tor zwischen Nacht und Tag: Es geht hier nicht um Beliebiges, sondern um etwas, das seine «Richtigkeit», seine Gesetzmäßigkeit hat. Diese Göttin Dike am Tor ist aber nicht dieselbe Göttin, die später den Menschen ansprechen wird. Diese Letztere bleibt namenlos. «Wer ihr einen Namen geben will, muß sie die Muse nennen.»[38] Das philosophische Gedicht des Parmenides beginnt also mit einer Berufungs- und Einweihungsgeschichte, wie wir sie seit Hesiod kennen.[38a] Hob die Muse bei Hesiod den Dichter aus der Schar der «unbehausten Gesellen auf dem Felde» heraus und verlieh ihm ein höheres Bewußtsein, so läßt der Dichter das «Haus der Nacht» hinter sich, passiert das Tor aus Ätherlicht und betritt das Lichtreich – die beiden Bilder lassen sich durchaus vergleichen. Auch die Göttin des Parmenides spricht davon, daß seine Reise «fernab vom Verkehr der Menschen liegt». Parmenides hat dieses Reich mit «Fug und Recht» betreten. Offenbar sind andere, illegale Übertritte nicht prinzipiell ausgeschlossen. Und nun verkündet sie ihm, was er hier erfahren wird. Auch hierin wird eine Andeutung bei Hesiod aufgegriffen und erklärt. Dort hatten die Musen gesagt: «Wir wissen trügenden Schein in Fülle zu sagen, dem Wirklichen ähnlich, wir wissen aber auch, wenn es uns beliebt, Wahres (alethea) zu künden.» Es war dort offen geblieben, wie der Mensch zwischen Wahrem und Falschem scheiden kann. Die Göttin des Parmenides präzisiert: Du wirst die Wahrheit (aletheie) erfahren und das Dünken der Sterblichen (doxai), worin keine wahre (alethes) Verläßlichkeit ist. Damit ist zugleich die Gliederung des nachfolgenden Werkes vorgegeben: Zuerst kommt der aletheia-Teil und danach der für uns weitgehend verlorene, aber ursprünglich offenbar längere doxa-Teil.

Viele Fragen sind mit dieser Ankündigung aufgeworfen. Warum ist es nötig, außer der Wahrheit auch noch die Meinungen zu erfahren? Worin unterscheiden sich Wahrheit und Meinung? Warum ist auch das «Dünken der Sterblichen» «gültig»? – Bei Xenophanes war die Unterscheidung zwischen einem göttlichen und einem daneben möglichen menschlichen Wissen zum ersten Mal deutlich ausgesprochen. Weder bei Xenophanes noch bei Parmenides sind die beiden Arten des Wissens von gleichem Rang. Das «menschliche» ist deutlich minderwertig. Und doch wird es bei Parmenides einer eingehenden Darstellung gewürdigt. Zwei Arten von Wissen, die beide zu charakterisieren sind, stehen nebeneinander. Schon hier in der Ankündigung wird klar, daß es sich darum handelt, die beiden Arten des Wissens nicht einfach nur aufzunehmen (pynthanesthai), sondern sie «verstehen zu lernen» (manthanesthai). – Zunächst also «der runden Wahrheit unerschütterliches Herz».

An dieser Stelle ist an den für uns heute ungewohnten Begriff der Wahrheit (aletheia) bei den Griechen zu erinnern. Schon im Zusammenhang mit der Ankündigung der Musen bei Hesiod wurde auf die sprachliche Herkunft des Wortes «aletheia» aufmerksam gemacht: es ist sprachlich verwandt mit den Verben lanthano («verborgen sein») und epi-lanthanomai («vergessen»). In «aletheia» schwingen also die Grundbedeutungen «Un-Verborgenheit» und «Un-Vergessenheit» mit.[39] Der Zusammenhang mit dem griechischen Wortstamm «lath» war ganz offensichtlich schon in der Frühzeit bewußt. In der Spätantike wird er ausdrücklich hervorgehoben.[40] Im Unterschied zu der heutigen Verwendung des Wortes «Wahrheit» war so die griechische aletheia primär nicht an Aussagen gebunden («Er sprach unwahr»), sondern an Dinge oder Sachverhalte. Eine bestimmte Tatsache ist «wahr» insofern, als sie sich der Vergessenheit entzieht bzw. aus der Verborgenheit hervortritt. Herrscht die Bedeutungsnuance «Unvergessenheit» vor – nur die Interpretation des Zusammenhangs kann dies von Fall zu Fall feststellen –, so ist der Sachverhalt mehr von der Seite des betrachtenden Bewußtseins gesehen. Die griechische Sprache führt uns, wie anläßlich des Begriffs «doxa» ausgeführt wurde (s. o. S. 41), in eine für neuzeitliches Bewußtsein unnachahmliche Ambivalenz, in die Ungeschiedenheit von Subjekt und Objekt. Was uns Heutigen so selbstverständlich erscheint, nämlich von vornherein zu unterscheiden, ob ich es bin oder ein Anderer bzw. etwas Anderes – diese Unterscheidung beginnt erst im Verlaufe des griechischen Denkens ganz deutlich zu werden. Wichtig für das Verständnis des Parmenides ist vor allem die andere Beobachtung: Wahrheit ist etwas, das von Dingen und Sachverhalten gilt, nicht primär von menschlichem Sprechen und Denken. «Wahrheit» und «Sein» kommen so in eine unmittelbare Nähe, die für modernes Bewußtsein kaum nachvollziehbar ist. Wahrheit ist Sein, das unverborgen gegenwärtig ist. Dies wird man im Hintergrund haben müssen, um die folgenden Sätze des Parmenides zu verstehen.

εἰ δ᾽ ἄγ᾽ ἐγὼν ἐρέω, κόμισαι δὲ σὺ μῦθον ἀκούσας,
αἵπερ ὁδοὶ μοῦναι διζήσιός εἰσι νοῆσαι·
ἡ μὲν ὅπως ἔστιν τε καὶ ὡς οὐκ ἔστι μὴ εἶναι,
πειθοῦς ἐστι κέλευθος· ἀληθείηι γὰρ ὀπηδεῖ·
ἡ δ᾽ ὡς οὐκ ἔστιν τε καὶ ὡς χρεών ἐστι μὴ εἶναι,
τὴν δή τοι φράζω παναπευθέα ἔμμεν ἀταρπόν·
οὔτε γὰρ ἂν γνοίης τό γε μὴ ἐόν· οὐ γὰρ ἀνυστόν·
οὔτε φράσαις.

«So komm denn, ich will dir sagen – und du nimm die Rede
auf, die du hörst –
welche Wege des Suchens allein zu denken sind.

Der eine: daß (etwas) ist, und daß nicht zu sein unmöglich ist,
ist der Weg der Überzeugung, denn die geht mit der Wahrheit.
Der andre: daß (etwas) nicht ist, und daß nicht zu sein unausweichlich ist,
der, zeige ich dir, ist ein Pfad, von dem keinerlei Kunde kommt.
Denn was eben nicht ist, kannst du wohl weder wahrnehmen – denn das ist unvollziehbar –
noch aufzeigen.

(Parmenides, Fragment 2)

. . . το γὰρ αὐτὸ νοεῖν ἐστίν τε καὶ εἶναι.

«Denn dasselbe ist denken und sein.»

(Parmenides, Fragment 3)[41]

λεῦσσε δ' ὁμῶς ἀπεόντα νόωι παρεόντα βεβαίως·

οὐ γὰρ ἀποτμήξει τὸ ἐὸν τοῦ ἐόντος ἔχεσθαι

οὔτε σκιδνάμενον πάντηι πάντως κατὰ κόσμον

οὔτε συνιστάμενον.

«Sondern schau mit dem Geist die entfernten Dinge gleichermaßen als fest gegenwärtige.
Denn er wird nicht ein Seiendes vom Zusammenhang mit Seiendem abschneiden,
weder wenn es sich überallhin und gänzlich im Weltgefüge ausbreitet
noch wenn es sich zusammenballt.»

(Parmenides, Fragment 4)

χρὴ τὸ λέγειν τε νοεῖν τ᾿ ἐὸν ἔμμεναι· ἔστι γὰρ εἶναι,
μηδὲν δ᾿ οὐκ ἔστιν· τά σ᾿ ἐγὼ φράζεσθαι ἄνωγα.
πρώτης γάρ σ᾿ ἀφ᾿ ὁδοῦ ταύτης διζήσιος ⟨εἴργω⟩,
αὐτὰρ ἔπειτ᾿ ἀπὸ τῆς, ἣν δὴ βροτοὶ εἰδότες οὐδέν
πλάττονται, δίκρανοι· ἀμηχανίη γὰρ ἐν αὐτῶν
στήθεσιν ἰθύνει πλαγκτὸν νόον· οἱ δὲ φοροῦνται
κωφοὶ ὁμῶς τυφλοί τε, τεθηπότες, ἄκριτα φῦλα,
οἷς τὸ πέλειν τε καὶ οὐκ εἶναι ταὐτὸν νενόμισται
κοὐ ταὐτόν, πάντων δὲ παλίντροπός ἐστι κέλευθος.

Fr. 7 οὐ γὰρ μήποτε τοῦτο δαμῆι εἶναι μὴ ἐόντα·
ἀλλὰ σὺ τῆσδ᾿ ἀφ᾿ ὁδοῦ διζήσιος εἶργε νόημα
μηδέ σ᾿ ἔθος πολύπειρον ὁδὸν κατὰ τήνδε βιάσθω,
νωμᾶν ἄσκοπον ὄμμα καὶ ἠχήεσσαν ἀκουήν
καὶ γλῶσσαν, κρῖναι δὲ λόγωι πολύδηριν ἔλεγχον

Fr. 8 ἐξ ἐμέθεν ῥηθέντα. μόνος δ᾿ ἔτι μῦθος ὁδοῖο
λείπεται ὡς ἔστιν· ταύτηι δ᾿ ἐπὶ σήματ᾿ ἔασι
πολλὰ μάλ᾿, ὡς ἀγένητον ἐὸν καὶ ἀνώλεθρόν ἐστιν,
οὖλον μουνογενές τε καὶ ἀτρεμὲς οὐδ᾿ ἀτέλεστον·

«Richtig ist, das zu sagen und zu denken, daß Seiendes ist; denn das *kann* sein;
Nichts *ist nicht:* das, sage ich dir, sollst du dir klarmachen.
Denn das ist der erste Weg des Suchens, von dem ich dich abhalte;
sodann aber von dem, worauf ja die Sterblichen, die nichts Wissenden,
umherwanken, die doppelköpfigen: denn Ohnmacht lenkt in ihrer
Brust ihren schwankenden Verstand, und sie treiben dahin
so taub als blind, blöde, verdutzte Gaffer, unterscheidungslose Haufen,
bei denen Sein und Nichtsein dasselbe gilt
und nicht dasselbe, und es in allen Dingen einen umgekehrten Weg gibt.»

(Parmenides, Fragment 6)

7 «Denn dazu werden sich Dinge gewiß niemals zwingen lassen: zu sein, wenn sie nicht sind.
Du aber halte den Gedanken von diesem Weg des Suchens fern,
und laß die Gewohnheit der vielen Erfahrung dich nicht auf diesen Weg nötigen,
das ziellose Auge umherzulenken und das widerhallende Gehör
und die Zunge; sondern beurteile mit dem Denken die hart bestreitende Widerlegung,

8 die von mir vorgebracht worden ist. So bleibt einzig noch übrig die Rede von dem Weg,
daß (etwas) ist. An ihm sind sehr viele Kennzeichen,
daß Seiendes ungeworden und unvergänglich ist,
ganz und einheitlich und unerschütterlich und nicht unvollendet.

οὐδέ ποτ᾽ ἦν οὐδ᾽ ἔσται, ἐπεὶ νῦν ἐστιν ὁμοῦ πᾶν,
ἕν, συνεχές· τίνα γὰρ γένναν διζήσεαι αὐτοῦ;
πῆι πόθεν αὐξηθέν; οὔτ᾽ ἐκ μὴ ἐόντος ἐάσσω
φάσθαι σ᾽ οὐδὲ νοεῖν· οὐ γὰρ φατὸν οὐδὲ νοητόν
ἔστιν ὅπως οὐκ ἔστι. τί δ᾽ ἄν μιν καὶ χρέος ὦρσεν
ὕστερον ἢ πρόσθεν, τοῦ μηδενὸς ἀρξάμενον, φῦν;
οὕτως ἢ πάμπαν πελέναι χρεών ἐστιν ἢ οὐχί.
οὐδέ ποτ᾽ ἐκ δὴ ἐόντος ἐφήσει πίστιος ἰσχύς
γίγνεσθαί τι παρ᾽ αὐτό· τοῦ εἵνεκεν οὔτε γενέσθαι
οὔτ᾽ ὄλλυσθαι ἀνῆκε δίκη χαλάσασα πέδηισιν,
ἀλλ᾽ ἔχει· ἡ δὲ κρίσις περὶ τούτων ἐν τῶιδ᾽ ἔστιν·
ἔστιν ἢ οὐκ ἔστιν· κέκριται δ᾽ οὖν, ὥσπερ ἀνάγκη,
τὴν μὲν ἐᾶν ἀνόητον ἀνώνυμον· οὐ γὰρ ἀληθής
ἔστιν ὁδός· τὴν δ᾽ ὥστε πέλειν καὶ ἐτήτυμον εἶναι.
πῶς δ᾽ ἂν ἔπειτ᾽ ἀπόλοιτο ἐόν; πῶς δ᾽ ἄν κε γένοιτο;
εἰ γὰρ ἔγεντ᾽, οὐκ ἔστ᾽, οὐδ᾽ εἴ ποτε μέλλει ἔσεσθαι.
τὼς γένεσις μὲν ἀπέσβεσται καὶ ἄπυστος ὄλεθρος.
οὐδὲ διαιρετόν ἐστιν, ἐπεὶ πᾶν ἐστιν ὁμοῖον
οὐδέ τι τῆι μᾶλλον, τό κεν εἴργοι μιν συνέχεσθαι,

Und es war nicht einmal und wird nicht (einmal) sein, da es jetzt zugleich ganz *ist*,
eins und zusammenhängend. Denn welche Erzeugung könntest du für es erfinden?
Wohin, woher gewachsen? Weder: aus Nichtseiendem, werde ich
dich sagen oder denken lassen; denn es ist nicht sagbar noch denkbar,
daß (etwas) nicht ist. Und welches Bedürfnis hätte es auch veranlassen sollen,
später oder früher, aus dem Nichts beginnend, sich zu bilden?
Also muß es entweder ganz und gar sein oder nicht.
Noch auch wird die Gewalt der Gewißheit zulassen, daß jemals aus einem Seienden
irgend etwas über es hinaus *wird* – aus diesem Grunde hat weder zum Werden
noch zum Vergehen die Rechtmäßigkeit es in seinen Fesseln lockernd losgelassen,
sondern hält es fest. Die Entscheidung darüber beruht aber hierin:
Entweder ist es, oder es ist nicht! Aber es ist nun entschieden, wie es Notwendigkeit ist:
daß man den einen Weg liegen lasse als undenkbar, unnennbar, denn es ist nicht der wahre
Weg; daß der andre dagegen, wonach es *ist*, eben der richtige sei.
Wie aber könnte dann Seiendes vergehen? Wie könnte es werden?
Wenn es nämlich wurde, *ist* es nicht; und nicht, wenn es zukünftig einmal sein wird.
So ist Werden ausgelöscht und verschollen der Untergang.
Auch geteilt ist es nicht, da es als ganzes gleichmäßig *ist*
und nicht an einer Stelle irgend etwas mehr, was es hindern würde zusammenzuhängen,

οὐδέ τι χειρότερον, πᾶν δ' ἔμπλεόν ἐστιν ἐόντος,
τῶι ξυνεχὲς πᾶν ἐστιν· ἐὸν γὰρ ἐόντι πελάζει.
αὐτὰρ ἀκίνητον μεγάλων ἐν πείρασι δεσμῶν
ἔστιν ἄναρχον ἄπαυστον, ἐπεὶ γένεσις καὶ ὄλεθρος
τῆλε μάλ' ἐπλάγχθησαν, ἀπῶσε δὲ πίστις ἀληθής.
ταὐτόν τ' ἐν ταὐτῶι τε μένον καθ' ἑαυτό τε κεῖται
χοὔτως ἔμπεδον αὖθι μενεῖ· κρατερὴ γὰρ ἀνάγκη
πείρατος ἐν δεσμοῖσιν ἔχει, τό μιν ἀμφὶς ἐέργει,
οὕνεκεν οὐκ ἀτελεύτητον τὸ ἐὸν θέμις εἶναι·
ἔστι γὰρ οὐκ ἐπιδεές· μὴ ἐὸν δ' ἂν παντὸς ἐδεῖτο.
ταὐτὸν δ' ἐστὶ νοεῖν τε καὶ οὕνεκέν ἐστι νόημα.
οὐ γὰρ ἄνευ τοῦ ἐόντος, ἐν ὧι πεφατισμένον ἐστίν,
εὑρήσεις τὸ νοεῖν· οὐδὲν γὰρ ⟨ἢ⟩ ἔστιν ἢ ἔσται
ἄλλο πάρεξ τοῦ ἐόντος, ἐπεὶ τό γε μοῖρ' ἐπέδησεν
οὖλον ἀκίνητόν τ' ἔμεναι· τῶι πάντ' ὀνόμασται,
ὅσσα βροτοὶ κατέθεντο πεποιθότες εἶναι ἀληθῆ
γίγνεσθαί τε καὶ ὄλλυσθαι εἶναί τε καὶ οὐχί
καὶ τόπον ἀλλάσσειν διά τε χρόα φανὸν ἀμείβειν.
αὐτὰρ ἐπεὶ πεῖρας πύματον, τετελεσμένον ἐστί

noch irgend etwas weniger, sondern im ganzen voll ist von Seiendem.
Darum *ist* es als Ganzes zusammenhängend: Seiendes stößt an Seiendes.
Und unbeweglich in den Grenzen mächtiger Fesseln
ist es anfanglos, endelos, da Werden und Vergehen
in weite Ferne verschlagen sind: verstoßen hat sie die wahre Gewißheit.
Als ein Selbiges, und im Selbigen verharrend, ruht es in sich
und wird so fest auf der Stelle verharren. Denn die mächtige Notwendigkeit
hält es in den Fesseln der Grenze, die es ringsum einschließt,
weil nach Fug das Seiende nicht unvollendet ist,
denn es leidet keinen Mangel. Wäre es nicht so, würde es ihm an allem mangeln.
Das Selbige aber ist zu erkennen, und zugleich der Grund, weshalb eine Erkenntnis seiend ist.
Denn nicht ohne das Seiende, worin eine Aussage ihr Sein hat,
wirst du das Erkennen finden. Denn nichts anderes ist, noch wird sein,
außer dem Seienden, weil eben dies das Schicksal gebunden hat,
ganz und unbeweglich zu *sein*. Dem ist all das zugesprochen,
was die Sterblichen gesetzt haben, in der Überzeugung, daß es wahr sei:
zu werden und zu vergehen, zu sein und nicht zu sein
und den Ort zu wechseln und die lichte Farbe zu verändern.
Weil aber nun eine Grenze zuäußerst ist, ist es vollkommen
von allen Seiten her, gleich der Masse eines wohlgerundeten Balles,
von der Mitte aus nach allen Seiten hin gleich sich schwingend. Denn als solches kann es weder,
hier oder dort, irgend etwas stärker noch irgend etwas geringer sein.

πάντοθεν εὐκύκλου σφαίρης ἐναλίγκιον ὄγκωι,
μεσσόθεν ἰσοπαλὲς πάντηι· τὸ γὰρ οὔτε τι μεῖζον
οὔτε τι βαιότερον πελέναι χρεόν ἐστι τῆι ἢ τῆι.
οὔτε γὰρ οὐκ ἐόν ἐστι, τό κεν παύοι μιν ἱκνεῖσθαι
εἰς ὁμόν, οὔτ᾽ ἐόν ἐστιν ὅπως εἴη κεν ἐόντος
τῆι μᾶλλον τῆι δ᾽ ἧσσον, ἐπεὶ πᾶν ἐστιν ἄσυλον·
οἷ γὰρ πάντοθεν ἶσον, ὁμῶς ἐν πείρασι κύρει.
   ἐν τῶι σοι παύω πιστὸν λόγον ἠδὲ νόημα
ἀμφὶς ἀληθείης· δόξας δ᾽ ἀπὸ τοῦδε βροτείας
μάνθανε κόσμον ἐμῶν ἐπέων ἀπατηλὸν ἀκούων.
   μορφὰς γὰρ κατέθεντο δύο γνώμας ὀνομάζειν,
τῶν μίαν οὐ χρεών ἐστιν· ἐν ὧι πεπλανημένοι εἰσίν.
τἀντία δ᾽ ἐκρίναντο δέμας καὶ σήματ᾽ ἔθεντο
χωρὶς ἀπ᾽ ἀλλήλων, τῆι μὲν φλογὸς αἰθέριον πῦρ,
ἤπιον ὄν, μέγ᾽ ἐλαφρόν, ἑωυτῶι πάντοσε τωὐτόν,
τῶι δ᾽ ἑτέρωι μὴ τωὐτόν· ἀτὰρ κἀκεῖνο κατ᾽ αὐτό
τἀντία νύκτ᾽ ἀδαῆ, πυκινὸν δέμας ἐμβριθές τε.
τόν σοι ἐγὼ διάκοσμον ἐοικότα πάντα φατίζω,
ὡς οὐ μή ποτέ τίς σε βροτῶν γνώμη παρελάσσηι.

Denn weder ist Nichtseiendes, das es verhindern würde zur Einheit zu kommen,
noch ist Seiendes von der Art, daß es gegenüber Seiendem
da mehr, dort weniger seiend wäre, weil es ganz unverletzlich ist.
Denn mit sich selbst von allen Seiten her gleich, ist es gleichmäßig in seinen Grenzen seiend.
Hier beendige ich dir die zuverlässige Überlegung und das Denken
um die Wahrheit. Sterbliches Wähnen lerne von hier an verstehen,
wenn du das trügerische Gefüge meiner Worte hörst.
Zwei Erscheinungsformen nämlich haben sie entschieden zu nennen,
von denen eine allein (zu nennen) nicht angeht. Hier sind sie auf dem Irrweg.
Und sie haben ihre Gestalt nach entgegengesetzten Richtungen geschieden und ihre Erkennungszeichen
von einander getrennt gesetzt: hierhin das ätherische Feuer der Flamme,
als das milde, ganz leichte, sich selber überall gleiche,
dem anderen ungleiche; aber auch jene (andere) für sich
auf die entgegengesetzte Seite, die unbewußte Nacht, als dichte, schwere Gestalt.
Diese ganz und gar passend erscheinende Welteinrichtung verkündige ich dir,
so wird gewißlich niemals irgendeine Ansicht von Sterblichen dich überholen.»

(Parmenides, Fragment 7 und 8)

Über die Nähe von «Wahrheit» und «Sein» wurde einleitend schon kurz gesprochen. Wie aber verhält sich «Geist» (noos) bzw. «Denken» (noein) zu diesen beiden Begriffen? – Eine erste, nach allem Vorausgehenden nicht überraschende Beobachtung zeigt, daß Denken ein Schauen ist, das der Vergegenwärtigung des Seins dient: «Schau mit dem Geist die entfernten Dinge gleichermaßen als fest gegenwärtige» (Fragment 4). Dies ist zweifellos eine Präzisierung des alten Grundverständnisses von noein: eine Situation zu erkennen (s.o. S. 11 ff.). Schon in der Ilias findet sich ein Gleichnis: Ein Reisender, der viele Länder durchfahren hat, überblickt in seinem noos die verschiedenen Länder, die er gesehen hat.[42] Und dieses Denken als «eine Wahrnehmung eigener Art»[43] ist nun bei Parmenides nicht auf beliebige Situationen, sondern auf das Sein selbst gerichtet.
Neu ist, daß das dem noos ohnehin einwohnende «intuitionale Element»[44] nicht mehr rein als göttliche Offenbarung gesehen wird (obwohl das ja bei Parmenides zugleich *auch* der Fall ist; s.o. Fragment 1); daß es auch nicht einfach eine – wo auch immer herrührende – Erleuchtung meint, sondern daß im Zusammenhang mit diesem Denken von «Wegen» gesprochen werden kann. Logisches Schließen und Beweisen gehören zu diesem Element des Denkens dazu. Und Parmenides beschreibt zwei bzw. drei Wege des Denkens recht genau.
Es gibt zwei Wege des Suchens im Reich der Wahrheit: daß Sein ist und daß Nichtsein nicht ist. Vor dem zweiten wird allerdings gewarnt: es ist «ein Pfad, von dem keinerlei Kunde kommt». Nichtsein ist «unvollziehbar». Erkenntnissuche ist an das Sein gebunden. Die genauere Bedeutung der beiden Wege wird später noch klarer, wenn die «Meinungen der Sterblichen» beschrieben werden. Denn diese versuchen einen dritten Weg zu gehen – und der ist scheinhaft. Der zweite Weg der «Wahrheit» ist «unvollziehbar». Nichtsein kann man nicht denken. Parmenides warnt hier vor einem bewußtseinsgeschichtlichen

Schritt, der einige Jahrzehnte später dennoch vollzogen werden sollte. Die Atomisten (Leukipp, Demokrit) haben das «Nichts» in ihr Denken einbezogen. Parmenides sieht offenbar diesen Weg vor sich, will ihn aber meiden. Denn auf diesem Weg gebe es keinen denkenden Vollzug. Die Begründung folgt in Fragment 3: Denken ist unauflösbar an das Sein gebunden. Um dieses Fragment rankt sich eine reiche wissenschaftliche Literatur mit verschiedenen Versuchen der Deutung und der Übersetzung. Sie kann hier nicht im Detail einbezogen werden. Es seien nur einige Linien des Verständnisses angedeutet, die sich aus dem Gesamtzusammenhang des parmenideischen Gedichts und seiner Stellung in der Bewußtseinsgeschichte ergeben. Wogegen kann sich die In-Eins-Setzung von Denken und Sein wenden? – Zum einen dagegen, daß versucht werden könnte, nicht mit Hilfe des Denkens, sondern der Sinneswahrnehmung Sein zu erfassen. Manches, was im doxa-Teil des parmenideischen Gedichts gesagt wird, spricht für diese Deutung (s. u.). Zwar wurde zur Zeit des Parmenides zwischen Sinneswahrnehmung und Denken noch nicht begrifflich unterschieden, doch konnte er eine solche Unterscheidung implizit vorwegnehmen, wie er auch sonst spätere Unterscheidungen, z. B. die Axiome der Logik, bereits auf seine Weise impliziert hat (Genaueres s. u.). Schließt man Fragment 3 an Fragment 2 an[45], so ist auch noch eine andere Deutung möglich: Nichtsein kann nicht gedacht werden. Der Weg des Nichtseins ist nicht vollziehbar, weil dem Denken das Nichtsein nicht zugänglich ist. Wem ist es dann zugänglich? Der Sinneswahrnehmung? – Eine solche Deutung wäre platonisch und ist, bei dem großen Einfluß des Parmenides auf Platon, durchaus nicht von der Hand zu weisen. Auch hierin hätte dann Parmenides etwas Späteres vorweggenommen und eingeleitet. Beide hier versuchten Einordnungen des Fragments 3 schließen sich – so zeigt sich an dieser Stelle – nicht aus, sondern ergänzen sich, wenn man sie im Zusammenhang der Bewußtseinsgeschichte sieht. Wenn aber Denken und Sein so eng zusammenhängen oder sogar – wie der Wortlaut nahelegt – identisch sind: worin unterscheiden sie sich dann noch?

Hierzu gibt, wie erwähnt, Fragment 4 den Aufschluß: «Schau mit dem Geist (noos) die entfernten Dinge als gegenwärtige». Der Geist ist es, der das Sein gegenwärtig anwesend macht. Kein Denken ohne dasjenige, worauf es sich richtet: das Sein. Und kein Sein, das nicht für den Menschen durch den Geist (das schauende Denken) erst zugänglich gemacht wird. Geist (und damit Denken) als Bewußtseinsseite des Seins, Sein als die Wirklichkeit, in der sich der denkende Mensch befindet. Denken und Sein haben, so sagt Fragment 4, eine gemeinsame Eigenschaft: das Sein ist zusammenhängend, kontinuierlich, auch wenn es sich differenziert. Scheinbare Einzelheiten, «Gegenstände» (nach heutigem Sprachgebrauch) sind in Wirklichkeit Glieder des kontinuierlichen Seins, die (aus welchen Gründen auch immer) isoliert betrachtet werden. Und das Denken (der Geist) ist dem Sein darin kongenial. Auch das Denken erweist Zusammenhang. Im begrifflichen Denken gibt es keine disparaten Einzelheiten. Jeder Begriff hängt mit jedem anderen zusammen. Das weiß im Grunde auch das neuzeitliche Bewußtsein, für das das Denken nur noch «Beziehungen» zwischen den «Dingen» «herstellt». Dasselbe bedeutet im vorsokratischen Horizont: das Kontinuum des Seins mit dem Denken erschauen.

Wenn die Göttin dem Dichter zuruft, er solle «mit dem Geiste schauen», so stehen wir hier außerdem an einer geistesgeschichtlich bedeutsamen Übergangsstelle vom göttlichen zum menschlichen Wissen. Die Göttin fordert den Menschen auf, sich des denkenden Schauens zu bedienen. Alles ist Inspiration durch die Göttin (Fragment 1), und alles ist zugleich auch vom Menschen gedacht. Das wird hier ebenso wenig als Widerspruch empfunden wie die göttliche Inspiration des Sängers oder des Helden bei Homer.[45a] Doch ist das, was die Göttin dem Parmenides offenbart, nicht mehr Verkündigung im Sinne des alten Epos. Auch dort kann zwar das göttliche Eingreifen, etwa Athenas bei Achilleus, nach der Ordnung des Denkens verstanden werden.[45 b] Doch erst bei Parmenides wird es ausgesprochen: Der Empfänger der Botschaft ist es im Grunde selbst, der schaut. Und diese menschliche Seite des Denkens wird von Parmenides zum erstenmal in der Geschichte methodisch verstärkt, indem «Wege» des Denkens beschrieben werden. Offenbarung und Denkwege sind keine Gegensätze, sondern kennzeichnen die göttliche und die menschliche Seite einer und derselben Sache.

Fragment 6 und 7 warnen noch einmal vor dem Weg des Nichtseins, und dann vor allem vor dem dritten, «worauf die Sterblichen, die nichts wissen, umherwanken, die doppelköpfigen». Diese sind von «schwankendem Verstand» (nus), von «Ohnmacht» gelenkt, ohne Führung. Sie können den Weg des Denkens nicht einhalten. Deshalb «treiben sie dahin so taub als blind, blöde, verdutzte Gaffer, unterscheidungslose Haufen», mit «ziellosem Auge» und «widerhallendem Gehör» (Fragment 7) – alles Bilder dafür, daß die Führung des Bewußtseins durch das Denken fehlt, daß die Menschen sich den Eindrükken der Außenwelt ziellos und unverständig (ohne Geist, ohne Denken) aussetzen. Damit hängt zusammen, daß ihnen «Sein und Nichtsein dasselbe gilt und nicht dasselbe». Dies ist somit die ontologische Formel des dritten, unmöglichen Weges, den die Sterblichen wanken: Sein und Nichtsein ist dasselbe und nicht dasselbe. Sie können, da «unterscheidungslos», nicht zwischen Schein und Sein unterscheiden. Sie haben auch keine innere Kontinuität, die eine einmal getroffene Unterscheidung (zwischen Sein und Nichtsein) aufrechterhalten könnte. Formal gesprochen: Die «Sterblichen» beachten nicht das Prinzip des kontradiktorischen Gegensatzes: etwas *ist* entweder oder es ist nicht. Überhaupt enthält das *schauende* Denken des Parmenides Ansätze zu denjenigen Denk*formen*, die erst viel später, von Aristoteles, ausdrücklich formuliert werden sollten, und denen bis heute grundlegende Bedeutung für das Denken zukommt.[46] Die drei Wege nehmen vorweg, was erst viel später als Grundlage der Logik formuliert werden sollte. In dem einzig gangbaren Weg, daß «Sein ist», ist der Satz der Identität (a=a) vorweggenommen. Der zweite Weg (Nichtsein ist) deutet auf den Satz vom verbotenen Widerspruch voraus (man kann nicht von derselben Sache zu gleicher Zeit zwei Aussagen machen, die sich widersprechen). Die «doppelköpfigen Sterblichen» schließlich verstoßen gegen den Satz vom ausgeschlossenen Dritten: etwas ist oder ist nicht, tertium non datur. Diese drei Axiome der Logik liegen ganz offensichtlich bereits dem Denken des Parmenides zugrunde. Er beschreibt auf ontologische Weise, was erst mehr als 100 Jahre später logisch formuliert werden sollte. Parmenides charakterisiert hier den intuitionalen Ursprung des logischen Denkens.

Für Parmenides bleibt aus den bereits genannten Gründen nur der Weg des Seins (Fragment 8). Seine Kennzeichen: Unentstanden, unvergänglich – nicht zeitlichem Prozeß, nicht Entstehen und Vergehen unterworfen. Ganz und in sich voll von Sein: homogen, identisch, nicht gegliedert. Einzig: nicht teilbar oder vielfältig. Unbeweglich (wörtlich: «ohne Zittern»): ohne Wechsel. Nicht unvollendet: keiner Entwicklung bedürftig. Eines: nicht vielfältig. Ganz: nicht lückenhaft. Zusammenhängend: ohne Unterbrechungen. Man bemerkt an diesen Ausdrücken, wie Parmenides versucht, mit der ihm zur Verfügung stehenden, noch sehr bildhaften Sprache Seinsqualitäten zu charakterisieren, die im Gegensatz zu allem stehen, was man von der Wahrnehmungswelt aussagen kann. Zugleich ist den Formulierungen die Untrennbarkeit von Sein, Denken und Sprechen anzumerken. Was theologisch begann (Fragment 1), ist zur Ontologie geworden. Die inspirierende Göttin, deren Rede die gesamte parmenideische Philosophie ist, kann unbeschadet weggelassen werden (die meisten Gelehrten nehmen sie ohnehin nicht ernst) – die Seinslehre des Parmenides spricht für sich selbst, denn sie erschließt sich dem denkenden Vollzug des Menschen.

Ebenso wie uns, bei aller Lückenhaftigkeit der Überlieferung, der Anfang des parmenideischen Gedichts vorliegt (Fragment 1), so ist glücklicherweise auch der Übergang vom aletheia-Teil zum doxa-Teil erhalten: «Hier beendige ich dir die zuverlässige Überlegung und das Denken um die Wahrheit...» (Fragment 8, Vers 50). Was jetzt folgt, sind offenbar Fragmente einer Kosmologie, die streckenweise an Hesiods Theogonie erinnern (vgl. o. S. 22–27).

εἴσηι δ' αἰθερίαν τε φύσιν τά τ' ἐν αἰθέρι πάντα
σήματα καὶ καθαρᾶς εὐαγέος ἠελίοιο
λαμπάδος ἔργ' ἀίδηλα καὶ ὁππόθεν ἐξεγένοντο·
ἔργα τε κύκλωπος πεύσηι περίφοιτα σελήνης
καὶ φύσιν, εἰδήσεις δὲ καὶ οὐρανὸν ἀμφὶς ἔχοντα
ἔνθεν ἔφυ τε καὶ ὥς μιν ἄγουσ' ἐπέδησεν ἀνάγκη
πείρατ' ἔχειν ἄστρων.

«Kennen sollst du die Ätherbildung und alle die Zeichen im Äther
und des reinen, hell leuchtenden Sonnenstrahls
nicht anzuschauende Tätigkeit, und woraus sie entstanden sind.
Erfahren sollst du die Umlauftätigkeit des rundäugigen Mondes
und seine Bildung. Und wissen sollst du auch, woraus der rings umgebende Himmel
sich gebildet und wie Notwendigkeit ihn führt und in Bande geschlagen hat,
daß er die Grenzen der Gestirne halte.»

(Parmenides, Fragment 10)

αὐτὰρ ἐπειδὴ πάντα φάος καὶ νὺξ ὀνόμασται
καὶ τὰ κατὰ σφετέρας δυνάμεις ἐπὶ τοῖσί τε καὶ τοῖς,
πᾶν πλέον ἐστὶν ὁμοῦ φάεος καὶ νυκτὸς ἀφάντου
ἴσων ἀμφοτέρων, ἐπεὶ οὐδετέρωι μέτα μηδέν.

«Aber nachdem nun alles Licht und Nacht benannt ist
oder mit den ihren Kräften entsprechenden Namen, jeweils für die verschiedenen Dinge,
so ist das Ganze voll von Licht zusammen und unsichtbarer Nacht,
beiden gleichstarken, da bei keinem der beiden ein Nichts ist.»

(Parmenides, Fragment 9)

πρώτιστον μὲν Ἔρωτα θεῶν μητίσατο πάντων

«Als ersten von allen Göttern ersann sie Eros...»

(Parmenides, Fragment 13)

οὕτω τοι κατὰ δόξαν ἔφυ τάδε καί νυν ἔασι
καὶ μετέπειτ' ἀπὸ τοῦδε τελευτήσουσι τραφέντα·
τοῖς δ' ὄνομ' ἄνθρωποι κατέθεντ' ἐπίσημον ἑκάστωι.

«So also sind nach dem Dünken (der Sterblichen) diese Dinge geworden und sind jetzt
und werden so auch von jetzt an in die Zukunft enden wie sie wachsen.
Und denen haben die Menschen je einen Namen gegeben, bezeichnend für jedes Ding.»

(Parmenides, Fragment 19)

In den doxa-Teil gehört auch das bereits früher zitierte Fragment 16 (s.o. S. 14). Im Anschluß an Fragment 11 schreibt Simplicius, der es überliefert: «... (Parmenides) lehrt die Entstehung des dem Werden und Vergehen Unterworfenen bis hin zu den Einzelteilen der Lebewesen.»
Bei allen Fragen, die hier im einzelnen bleiben mögen, ist doch deutlich, daß der zweite Teil des parmenideischen Gedichts

denjenigen Weltbereich beschreibt, der dem Entstehen und Vergehen unterworfen ist; dasjenige also, was Anaximander als die «Welten» zwischen Ursprung und Ziel, dem Apeiron, charakterisiert hat. Es fällt auch auf, daß die sprachliche Form des zweiten Teils noch viel bildhafter, mythischer ist als im ersten. Sein, Denken und Sprechen hängen bei Parmenides eng zusammen. Dem Nichtsein (Werden und Vergehen) entspricht ein Nichtdenken («Dünken», doxa, Fragment 19) und so auch eine andere Sprache.

Mit «doxa» wird aufgenommen, was Xenophanes als «dokos» gekennzeichnet hat, als «Scheinmeinen», aus dem der Mensch sich nicht befreien kann.[47] Sprachlich hängt doxa zusammen mit «dechomai» (annehmen): «Bloßer Eindruck», «Annahme» im Unterschied zum «denkenden Schauen» (noein). Um, wie Alkmaion formuliert, «aus Zeichen erschließen» zu können, da dem Menschen die unmittelbare Gewißheit (sapheneia) versagt ist (Fragment 1, s.o.), bedarf es einer Weiterentwicklung *beider* Wege des Parmenides. Aus dessen denkender Anschauung des Seins wird allmählich ein diskursives Denken, das sich seiner Grundlagen versichern muß. Für das Prozeßhafte der Welt, das noch für Platon nicht eigentlich Sein ist, und von dem der zweite Teil des parmenideischen Gedichts spricht, wird bei Aristoteles Sinneswahrnehmung das Erkenntnismittel bilden. Doch steht Parmenides noch ganz am Anfang dieser Differenzierung. Für ihn zerfällt die Welt unter den Kriterien des Seins, des Denkens und der Wahrheit in zwei Bereiche: denjenigen, in dem allein Wahrheit aufgrund gedanklicher Evidenz möglich ist; und denjenigen Teil der Welt, zu dem alles Natürliche und Prozeßhafte gehört. Von ihm hat der Mensch nur unsichere Eindrücke, aus denen er sich Meinungen bildet. Erkennen ist ihm hier versagt.

Diese Ansätze des Parmenides werden von Platon aufgegriffen und weiterentwickelt.

῾Ο οὖν Σωκράτης συχνὸν χρόνον ἐπισχὼν καὶ πρὸς ἑαυτόν
τι σκεψάμενος, Οὐ φαῦλον πρᾶγμα, ἔφη, ὦ Κέβης, ζητεῖς·
ὅλως γὰρ δεῖ περὶ γενέσεως καὶ φθορᾶς τὴν αἰτίαν δια-
96 πραγματεύσασθαι. ἐγὼ οὖν σοι δίειμι περὶ αὐτῶν, ἐὰν
βούλῃ, τά γε ἐμὰ πάθη· ἔπειτα ἄν τί σοι χρήσιμον
φαίνηται ὧν ἂν λέγω, πρὸς τὴν πειθὼ περὶ ὧν δὴ λέγεις
χρήσῃ.

᾿Αλλὰ μήν, ἔφη ὁ Κέβης, βούλομαί γε.

῎Ακουε τοίνυν ὡς ἐροῦντος. ἐγὼ γάρ, ἔφη, ὦ Κέβης, νέος ὢν θαυμαστῶς ὡς ἐπεθύμησα ταύτης τῆς σοφίας ἣν δὴ καλοῦσι περὶ φύσεως ἱστορίαν· ὑπερήφανος γάρ μοι

5

DER GEIST ALS URSACHE? PLATONS KRITIK AN ANAXAGORAS

Platon ist der erste Denker, der den Begriff «philosophia» terminologisch auffaßt.[48] Platon ist zugleich der erste, der eine ausdrückliche Begründung seines Philosophierens gegeben hat. Im Dialog «Phaidon» läßt er Sokrates aussprechen, welches Ungenügen er an den früheren Philosophen empfunden hat und was ihn dazu veranlaßt, seine eigene Philosophie mit ihrem Kernstück, der Ideenlehre, zu entwickeln. Die hier in Auszügen wiedergegebene Passage darf als klassische Einführung in die Ideenlehre gelten. Der «Sokrates» des Dialogs ist am Tage vor seiner Hinrichtung mit seinen Freunden im Gefängnis versammelt. Sie sprechen über die Unsterblichkeit der Seele. Sein Schüler Kebes verlangt einen Beweis dafür, daß die Seele unvergänglich und unsterblich ist[49]:

«Sokrates verhielt sich nun eine ganze Weile still und sann in sich hinein. Dann sagte er: Keine kleine Sache ist es, lieber Ke-
5a bes, was du da verlangst. Denn nun muß man ganz allgemein bei allem Werden und Vergehen nach der Ursache (aitia) suchen. Da möchte ich dir jetzt, wenn es dir recht ist, erzählen, wie es mir dabei gegangen ist. Danach kannst du die Anwendung machen, wenn dir etwas von dem, was ich sage, für den Beweis, den du vermißt, brauchbar erscheint.

Gut, sagte Kebes, es ist mir recht.

Hör also, was ich zu sagen habe. Als ich, mein Kebes, jung war, da war ich ganz furchtbar auf die Art Weisheit aus, die man Wissenschaft von der Natur nennt (physeos historia).

ἐδόκει εἶναι, εἰδέναι τὰς αἰτίας ἑκάστου, διὰ τί γίγνεται
ἕκαστον καὶ διὰ τί ἀπόλλυται καὶ διὰ τί ἔστι. καὶ πολλάκις
b ἐμαυτὸν ἄνω κάτω μετέβαλλον σκοπῶν πρῶτον τὰ τοιάδε·
“Ἆρ’ ἐπειδὰν τὸ θερμὸν καὶ τὸ ψυχρὸν σηπεδόνα τινὰ
λάβῃ, ὥς τινες ἔλεγον, τότε δὴ τὰ ζῷα συντρέφεται; καὶ
πότερον τὸ αἷμά ἐστιν ᾧ φρονοῦμεν, ἢ ὁ ἀὴρ ἢ τὸ πῦρ; ἢ
τούτων μὲν οὐδέν, ὁ δ’ ἐγκέφαλός ἐστιν ὁ τὰς αἰσθήσεις
παρέχων τοῦ ἀκούειν καὶ ὁρᾶν καὶ ὀσφραίνεσθαι, ἐκ τούτων
δὲ γίγνοιτο μνήμη καὶ δόξα, ἐκ δὲ μνήμης καὶ δόξης λα-
βούσης τὸ ἠρεμεῖν, κατὰ ταῦτα γίγνεσθαι ἐπιστήμην; καὶ
αὖ τούτων τὰς φθορὰς σκοπῶν, καὶ τὰ περὶ τὸν οὐρανόν
c τε καὶ τὴν γῆν πάθη, τελευτῶν οὕτως ἐμαυτῷ ἔδοξα πρὸς
ταύτην τὴν σκέψιν ἀφυὴς εἶναι ὡς οὐδὲν χρῆμα. τεκμή-
ριον δέ σοι ἐρῶ ἱκανόν· ἐγὼ γὰρ ἃ καὶ πρότερον σαφῶς
ἠπιστάμην, ὥς γε ἐμαυτῷ καὶ τοῖς ἄλλοις ἐδόκουν, τότε
ὑπὸ ταύτης τῆς σκέψεως οὕτω σφόδρα ἐτυφλώθην, ὥστε
ἀπέμαθον καὶ ταῦτα ἃ πρὸ τοῦ ᾤμην εἰδέναι, περὶ ἄλλων τε
πολλῶν καὶ διὰ τί ἄνθρωπος αὐξάνεται. τοῦτο γὰρ ᾤμην
πρὸ τοῦ παντὶ δῆλον εἶναι, ὅτι διὰ τὸ ἐσθίειν καὶ πίνειν·
d ἐπειδὰν γὰρ ἐκ τῶν σιτίων ταῖς μὲν σαρξὶ σάρκες προσ-
γένωνται, τοῖς δὲ ὀστοῖς ὀστᾶ, καὶ οὕτω κατὰ τὸν αὐτὸν
λόγον καὶ τοῖς ἄλλοις τὰ αὐτῶν οἰκεῖα ἑκάστοις προσγένηται,
τότε δὴ τὸν ὀλίγον ὄγκον ὄντα ὕστερον πολὺν γεγονέναι,
καὶ οὕτω γίγνεσθαι τὸν σμικρὸν ἄνθρωπον μέγαν. οὕτως
τότε ᾤμην· οὐ δοκῶ σοι μετρίως;

Ἔμοιγε, ἔφη ὁ Κέβης.

Σκέψαι δὴ καὶ τάδε ἔτι. ᾤμην γὰρ ἱκανῶς μοι δοκεῖν,
ὁπότε τις φαίνοιτο ἄνθρωπος παραστὰς μέγας σμικρῷ μείζων
e εἶναι αὐτῇ τῇ κεφαλῇ, καὶ ἵππος ἵππου· καὶ ἔτι γε τούτων
ἐναργέστερα, τὰ δέκα μοι ἐδόκει τῶν ὀκτὼ πλέονα εἶναι διὰ

Denn das schien mir ganz großartig zu sein, die Ursachen für ein jedes Ding zu kennen, wodurch es entsteht und wodurch es
b vergeht und wodurch es ist. Und unzählige Male bin ich von einem Extrem ins andere gefallen, indem ich zunächst etwa Folgendes mich fragte: Wenn das Warme und das Kalte in Fäulnis übergeht, entstehen dann, wie manche behaupteten, die Lebewesen? Ist es das Blut, wodurch wir Bewußtsein haben, oder die Luft oder das Feuer oder nichts von diesem, sondern ist es das Gehirn, das die Wahrnehmung des Hörens, Sehens und Riechens bewirkt, und so, daß daraus Gedächtnis und Urteil entsteht, aus Gedächtnis aber und aus Urteil, das Bestand hat, die betreffende Erkenntnis zustande komme? Und als ich dann umgekehrt das Vergehen von all dem ins Auge faßte, auch von
c dem, was alles am Himmel und auf der Erde vor sich geht, da schien ich mir schließlich für diese Art der Untersuchung ganz und gar unbegabt. Ich will dir dafür einen Beweis sagen, der dir genügen wird: Sogar das, was ich früher, wie mir selbst und allen anderen vorkam, ganz genau wußte, wurde mir damals aufgrund dieser Betrachtungsweise so dunkel, daß ich auch das nicht mehr verstand, was ich früher zu wissen meinte – um ein beliebiges Beispiel zu nennen: warum der Mensch wächst. Das schien mir vordem ganz klar zu sein: durch Essen und Trinken.
d Wenn nämlich aus der Nahrung Fleisch zu Fleisch hinzukommt und Knochen zu Knochen und in derselben Weise auch zu allem anderen das ihm Zugehörende, dann sei die wenige Masse nachher viel geworden, und so werde der kleine Mensch groß. So hatte ich mir das früher gedacht. Kommt dir das nicht ganz vernünftig vor?

Oh ja, sagte Kebes.

Nun überleg dir aber folgendes: Ich hatte immer geglaubt, es wäre genug, wenn ein großer Mann neben einem kleinen steht,
e anzunehmen, daß er eben um diesen Kopf größer sei, und ebenso bei Pferden, und noch klarer schien es mir bei folgendem: zehn schien mir mehr als acht zu sein, weil da zwei mehr

τὸ δύο αὐτοῖς προσεῖναι, καὶ τὸ δίπηχυ τοῦ πηχυαίου μεῖζον εἶναι διὰ τὸ ἡμίσει αὐτοῦ ὑπερέχειν.

Νῦν δὲ δή, ἔφη ὁ Κέβης, τί σοι δοκεῖ περὶ αὐτῶν;

Πόρρω που, ἔφη, νὴ Δία ἐμὲ εἶναι τοῦ οἴεσθαι περὶ τούτων του τὴν αἰτίαν εἰδέναι, ὅς γε οὐκ ἀποδέχομαι ἐμαυτοῦ οὐδὲ ὡς ἐπειδὰν ἑνί τις προσθῇ ἕν, ἢ τὸ ἓν ᾧ προσετέθη δύο γέγονεν, ⟨ἢ τὸ προστεθέν⟩, ἢ τὸ προστεθὲν καὶ ᾧ προσ-
97 ετέθη διὰ τὴν πρόσθεσιν τοῦ ἑτέρου τῷ ἑτέρῳ δύο ἐγένετο· θαυμάζω γὰρ εἰ ὅτε μὲν ἑκάτερον αὐτῶν χωρὶς ἀλλήλων ἦν, ἓν ἄρα ἑκάτερον ἦν καὶ οὐκ ἤστην τότε δύο, ἐπεὶ δ' ἐπλησίασαν ἀλλήλοις, αὕτη ἄρα αἰτία αὐτοῖς ἐγένετο τοῦ δύο γενέσθαι, ἡ σύνοδος τοῦ πλησίον ἀλλήλων τεθῆναι. οὐδέ γε ὡς ἐάν τις ἓν διασχίσῃ, δύναμαι ἔτι πείθεσθαι ὡς αὕτη αὖ αἰτία γέγονεν, ἡ σχίσις, τοῦ δύο γεγονέναι· ἐναντία γὰρ
b γίγνεται ἢ τότε αἰτία τοῦ δύο γίγνεσθαι. τότε μὲν γὰρ ὅτι συνήγετο πλησίον ἀλλήλων καὶ προσετίθετο ἕτερον ἑτέρῳ, νῦν δ' ὅτι ἀπάγεται καὶ χωρίζεται ἕτερον ἀφ' ἑτέρου. οὐδέ γε δι' ὅτι ἓν γίγνεται ὡς ἐπίσταμαι, ἔτι πείθω ἐμαυτόν, οὐδ' ἄλλο οὐδὲν ἑνὶ λόγῳ δι' ὅτι γίγνεται ἢ ἀπόλλυται ἢ ἔστι, κατὰ τοῦτον τὸν τρόπον τῆς μεθόδου, ἀλλά τιν' ἄλλον τρόπον αὐτὸς εἰκῇ φύρω, τοῦτον δὲ οὐδαμῇ προσίεμαι.

dabei wären. Das Zwei-Fuß-Lange schien mir dadurch größer
als das Ein-Fuß-Lange, daß es es um die Hälfte überragt.
Und jetzt, sagte Kebes, wie stellst du dir denn das jetzt vor?
Weit entfernt bin ich, bei Zeus, sagte er, daß ich mir einbildete,
für so etwas die Ursache zu wissen, wo ich mir doch nicht ein-
mal darüber klar werden kann, ob, wenn einer eins zu eins
hinzusetzt, dann die Eins, zu der eins hinzugesetzt wird, zwei
geworden ist oder die hinzugesetzte Eins, oder ob beide, die
7a hinzugesetzte und die Eins, zu der sie hinzugesetzt wurde,
durch die Hinzusetzung der einen zur anderen zwei geworden
ist. Es ist mir nämlich unbegreiflich, wie jede der beiden, so-
lange sie noch voneinander getrennt waren, eins war, und daß
sie damals durchaus nicht zwei waren, wieso dann aber, als sie
nahe aneinander herangekommen waren, dies die Ursache ih-
res Zweiwerdens geworden sein soll, der Zusammenschluß
durch ihre gegenseitige Annäherung. Ebensowenig kann ich
mir vorstellen, daß, wenn einer eins durchspaltet, diese Spal-
tung ihrerseits wiederum die Ursache für das Zweigeworden-
sein werden kann. Denn das ist doch genau die umgekehrte
b Ursache für das Zweiwerden als vorhin. Eben noch wurden sie
aneinander nahe herangebracht und die eine zur anderen hin-
zugesetzt, jetzt dagegen wird die eine Eins von der anderen
weggenommen und abgetrennt. Ja, und jetzt verstehe ich nicht
einmal mehr, warum etwas überhaupt eines wird, und mit ei-
nem Worte: Ich verstehe überhaupt nicht mehr, warum irgend-
etwas entsteht oder vergeht oder ist, solange ich dieser Betrach-
tungsweise folge. So mische ich mir denn lieber auf gut Glück
eine andere Betrachtungsweise zusammen – auf diese lasse ich
mich jedenfalls nicht mehr ein.»

(Platon, Phaidon 95 e 7–97 b 7)

Platon, der hier durch den Dialogpartner «Sokrates» spricht, begann also seinen philosophischen Werdegang bei den Vorsokratikern, bei den «Naturphilosophen». Er charakterisiert deren Ausgangsfrage, die Frage nach dem Ursprung alles Werdenden und Vergehenden in der Erscheinungswelt. Allerdings setzt er nicht mehr das alte Wort für «Ursprung» (arche) ein, sondern ein anderes, das hier mit «Ursache» wiedergegeben ist (aitia).
«Aitia» bedeutet ursprünglich «Schuld» und bezeichnet dann in der philosophischen Sprache den Ursachenbegriff. Gegenüber dem vorsokratischen «Ursprung» ist dieser einerseits präziser, andererseits aber eingeschränkt auf das Verursachende. Bei der genealogischen Betrachtungsweise des Epos stand die wesenhafte Herkunft der Dinge im Vordergrund. Sie ist in «Ursprung» verblaßt, aber noch spürbar. Im Begriff «Ursache» ist sie verschwunden. Das wissenschaftlich-gedankliche Moment tritt dafür in den Vordergrund.
Bei Herodot und Thukydides war dieser Ursachenbegriff bereits aufgetaucht.[50] Wenn Herodot im Eingang seines Geschichtswerkes die neue Leitfrage stellt, «aus welcher Ursache sie miteinander Krieg führten», so bedient er sich bereits desselben Wortes. Auch früher, im Epos, konnten natürlich «Ursachen» für Ereignisse angegeben werden. Aber solches wurde nicht ausdrücklich formuliert. Es hieß stattdessen etwa: «Und es erfüllte sich des Zeus' Ratschluß». Rationales Denken ersetzt nun Götterwille durch menschlich einsehbare «Ursachen». Thukydides präzisiert diese neue Haltung. Was mythischem Bewußtsein noch deutbar war, wird dem Zufall (tyche) zugeschrieben. Und der Urachenbegriff wird differenziert in «Anlässe» (aitiai) und «wahren Grund» (prophasis). «Wahrer Grund» für den Peloponnesischen Krieg ist z.B. die Furcht Spartas vor dem Wachstum Athens.
Platon nun greift diesen vorgebildeten Ursachenbegriff auf und faßt ihn genauer: «Ursache» von Sinneswirlichkeit kann nicht

in dieser selbst liegen. Sonst wäre sie nicht Ursache davon! Darauf zielt seine Kritik an den «Naturphilosophen». Denn er kritisiert, daß die Erkenntnis dieses Ursächlichen von ihnen zwar beansprucht, jedoch nicht geleistet worden sei. Es würden dort zwar Gründe angegeben, doch seien diese nicht ordentlich von dem zu Begründenden zu unterscheiden. Was Platon hier als Mangel ankreidet, liegt ja in der Tat im vorsokratischen Bewußtseinshorizont.

Wir konnten es an Anaximanders Apeiron beobachten: Sein und Ursprung der Welterscheinungen – und somit auch deren Ursache im Sinne Platons – sind dasselbe. Platon selbst hat dies deutlicher unterschieden (darüber später), und beim Rückblick auf die vorsokratische Naturphilosophie «wurde mir damals aufgrund dieser Betrachtungsweise so dunkel, daß ich auch das nicht mehr verstand, was ich früher zu wissen meinte...».

Unabhängig von der erwähnten Präzisierung und Differenzierung des neuen Ursachenbegriffs zwischen Herodot und Platon konnten bisher drei Stufen von Ursächlichkeit in bewußtseinsgeschichtlicher Abfolge beobachtet werden:

1. Abstammung, Genealogie im Epos: sie betont *wesen*hafte Herkunft.
2. Ursprung (arche) bei den ionischen Naturphilosophen kennzeichnet ein *Sein*, das den Welterscheinungen zugrunde liegt.
3. Ursache (aitia) seit Herodot fragt nach der *Wirksamkeit* dessen, was den Welterscheinungen zugrunde liegt.

Eine weitere Transformation des Ursachenbegriffs wird bei Aristoteles begegnen.

Doch nun zurück zum Gedankengang Platons im «Phaidon». Die Naturphilosophie also beantwortete Platons Fragen nicht. Deshalb wandte er sich anderem zu[51]:

Ἀλλ' ἀκούσας μέν ποτε ἐκ βιβλίου τινός, ὡς ἔφη, Ἀναξ-
c αγόρου ἀναγιγνώσκοντος, καὶ λέγοντος ὡς ἄρα νοῦς ἐστιν ὁ διακοσμῶν τε καὶ πάντων αἴτιος, ταύτῃ δὴ τῇ αἰτίᾳ ἥσθην τε καὶ ἔδοξέ μοι τρόπον τινὰ εὖ ἔχειν τὸ τὸν νοῦν εἶναι πάντων αἴτιον, καὶ ἡγησάμην, εἰ τοῦθ' οὕτως ἔχει, τόν γε νοῦν κοσμοῦντα πάντα κοσμεῖν καὶ ἕκαστον τιθέναι ταύτῃ ὅπῃ ἂν βέλτιστα ἔχῃ· εἰ οὖν τις βούλοιτο τὴν αἰτίαν εὑρεῖν περὶ ἑκάστου ὅπῃ γίγνεται ἢ ἀπόλλυται ἢ ἔστι, τοῦτο δεῖν περὶ αὐτοῦ εὑρεῖν, ὅπῃ βέλτιστον αὐτῷ ἐστιν ἢ εἶναι ἢ
d ἄλλο ὁτιοῦν πάσχειν ἢ ποιεῖν· ἐκ δὲ δὴ τοῦ λόγου τούτου οὐδὲν ἄλλο σκοπεῖν προσήκειν ἀνθρώπῳ καὶ περὶ αὐτοῦ ἐκείνου καὶ περὶ τῶν ἄλλων ἀλλ' ἢ τὸ ἄριστον καὶ τὸ βέλτιστον. ἀναγκαῖον δὲ εἶναι τὸν αὐτὸν τοῦτον καὶ τὸ χεῖρον εἰδέναι· τὴν αὐτὴν γὰρ εἶναι ἐπιστήμην περὶ αὐτῶν. ταῦτα δὴ λογιζόμενος ἅσμενος ηὑρηκέναι ᾤμην διδάσκαλον τῆς αἰτίας περὶ τῶν ὄντων κατὰ νοῦν ἐμαυτῷ, τὸν Ἀναξαγόραν, καί μοι φράσειν πρῶτον μὲν πότερον ἡ γῆ πλατεῖά ἐστιν ἢ
e στρογγύλη, ἐπειδὴ δὲ φράσειεν, ἐπεκδιηγήσεσθαι τὴν αἰτίαν καὶ τὴν ἀνάγκην, λέγοντα τὸ ἄμεινον καὶ ὅτι αὐτὴν ἄμεινον ἦν τοιαύτην εἶναι· καὶ εἰ ἐν μέσῳ φαίη εἶναι αὐτήν, ἐπεκδιηγήσεσθαι ὡς ἄμεινον ἦν αὐτὴν ἐν μέσῳ εἶναι· καὶ εἴ μοι
98 ταῦτα ἀποφαίνοι, παρεσκευάσμην ὡς οὐκέτι ποθεσόμενος αἰτίας ἄλλο εἶδος. καὶ δὴ καὶ περὶ ἡλίου οὕτω παρεσκευάσμην ὡσαύτως πευσόμενος, καὶ σελήνης καὶ τῶν ἄλλων ἄστρων, τάχους τε πέρι πρὸς ἄλληλα καὶ τροπῶν καὶ τῶν ἄλλων παθημάτων, πῇ ποτε ταῦτ' ἄμεινόν ἐστιν ἕκαστον καὶ ποιεῖν καὶ πάσχειν ἃ πάσχει. οὐ γὰρ ἄν ποτε αὐτὸν ᾤμην, φάσκοντά γε ὑπὸ νοῦ αὐτὰ κεκοσμῆσθαι, ἄλλην τινὰ αὐτοῖς αἰτίαν ἐπενεγκεῖν ἢ ὅτι βέλτιστον αὐτὰ οὕτως ἔχειν
b ἐστὶν ὥσπερ ἔχει· ἑκάστῳ οὖν αὐτῶν ἀποδιδόντα τὴν αἰτίαν

«Nun hörte ich einmal aus einem Buche des Anaxagoras vorle-
c sen, und als es da hieß, daß der Geist[51a] es ist, der alles durchord-
net und von allem die Ursache ist (aitios), da war ich ganz glück-
lich, daß dies die Ursache (aitia) sei. Und es schien mir gewisser-
maßen ganz in Ordnung, daß der Geist Ursache von allem ist.
Ich stellte mir vor, wenn das so ist, daß dann der ordnende Geist
alles in Ordnung bringe, und ein jedes Ding so einrichte, wie es
am besten sei. Wenn nun jemand für irgend etwas die Ursache
wissen wollte, wie es entstehe oder vergehe oder sei, dann brau-
che er darüber nur herauszufinden, wie es für es am besten sei,
d für sein Sein wie für sein Tun und Lassen. Dieser Erwägung
zufolge habe der Mensch sowohl bei sich selber wie bei allem
anderen nichts anderes zu fragen, als was das Beste und Vorzüg-
lichste sei. Es folge aber notwendig, daß man im selben Atem
auch das Schlechtere wisse. Auf beides ginge ja ein und dieselbe
Erkenntnis. Indem ich mir das überlegte, glaubte ich höchst
erfreut, einen Lehrer für die Ursache alles Seienden gefunden zu
haben, der mir ganz nach dem Sinne war, eben Anaxagoras. Er
werde mir erstens einmal sagen, ob die Erde flach oder rund ist,
e und dann mir auch die Ursache dafür und die Notwendigkeit
dessen auseinandersetzen, und zwar, indem er das Bessere auf-
wiese, und zeige, daß es für sie besser sei, so zu sein. Und wenn
er sage, sie befände sich in der Mitte, auch dann werde er mir
erklären, wieso es für sie besser sei, in der Mitte zu sein. Wenn er
8a mir das bewiese, war ich entschlossen, nie mehr auf eine andere
Art von Ursache auszusein. Genauso war ich entschlossen,
mich über die Sonne belehren zu lassen, den Mond und alle
Sterne, ihre Geschwindigkeiten zueinander, ihre Bahn und was
sonst mit ihnen sei: stets möchte ich wissen, wie es für ein jedes
besser sei, sich zu verhalten im Tun und Lassen. Denn ich
dachte, auf keinen Fall werde doch jemand, der sagt, daß alles
vom Geist geordnet sei, irgendeine andere Ursache dafür bei-
bringen als die, daß es für sie (die Dinge) am besten sei, sich so zu
verhalten, wie sie sich verhalten. Wer für jedes Einzelne wie für

καὶ κοινῇ πᾶσι τὸ ἑκάστῳ βέλτιστον ᾤμην καὶ τὸ κοινὸν
πᾶσιν ἐπεκδιηγήσεσθαι ἀγαθόν· καὶ οὐκ ἂν ἀπεδόμην πολλοῦ
τὰς ἐλπίδας, ἀλλὰ πάνυ σπουδῇ λαβὼν τὰς βίβλους ὡς
τάχιστα οἷός τ' ἦ ἀνεγίγνωσκον, ἵν' ὡς τάχιστα εἰδείην τὸ
βέλτιστον καὶ τὸ χεῖρον.

Ἀπὸ δὴ θαυμαστῆς ἐλπίδος, ὦ ἑταῖρε, ᾠχόμην φερόμενος,
ἐπειδὴ προϊὼν καὶ ἀναγιγνώσκων ὁρῶ ἄνδρα τῷ μὲν νῷ
οὐδὲν χρώμενον οὐδέ τινας αἰτίας ἐπαιτιώμενον εἰς τὸ
c διακοσμεῖν τὰ πράγματα, ἀέρας δὲ καὶ αἰθέρας καὶ ὕδατα
αἰτιώμενον καὶ ἄλλα πολλὰ καὶ ἄτοπα. καί μοι ἔδοξεν
ὁμοιότατον πεπονθέναι ὥσπερ ἂν εἴ τις λέγων ὅτι Σωκράτης
πάντα ὅσα πράττει νῷ πράττει, κἄπειτα ἐπιχειρήσας λέγειν
τὰς αἰτίας ἑκάστων ὧν πράττω, λέγοι πρῶτον μὲν ὅτι διὰ
ταῦτα νῦν ἐνθάδε κάθημαι, ὅτι σύγκειταί μου τὸ σῶμα ἐξ
ὀστῶν καὶ νεύρων, καὶ τὰ μὲν ὀστᾶ ἐστιν στερεὰ καὶ
διαφυὰς ἔχει χωρὶς ἀπ' ἀλλήλων, τὰ δὲ νεῦρα οἷα ἐπι-
d τείνεσθαι καὶ ἀνίεσθαι, περιαμπέχοντα τὰ ὀστᾶ μετὰ τῶν
σαρκῶν καὶ δέρματος ὃ συνέχει αὐτά· αἰωρουμένων οὖν τῶν
ὀστῶν ἐν ταῖς αὑτῶν συμβολαῖς χαλῶντα καὶ συντείνοντα
τὰ νεῦρα κάμπτεσθαί που ποιεῖ οἷόν τ' εἶναι ἐμὲ νῦν τὰ
μέλη, καὶ διὰ ταύτην τὴν αἰτίαν συγκαμφθεὶς ἐνθάδε κά-
θημαι· καὶ αὖ περὶ τοῦ διαλέγεσθαι ὑμῖν ἑτέρας τοιαύτας
αἰτίας λέγοι, φωνάς τε καὶ ἀέρας καὶ ἀκοὰς καὶ ἄλλα μυρία
e τοιαῦτα αἰτιώμενος, ἀμελήσας τὰς ὡς ἀληθῶς αἰτίας λέγειν,
ὅτι, ἐπειδὴ Ἀθηναίοις ἔδοξε βέλτιον εἶναι ἐμοῦ καταψη-
φίσασθαι, διὰ ταῦτα δὴ καὶ ἐμοὶ βέλτιον αὖ δέδοκται ἐνθάδε
καθῆσθαι, καὶ δικαιότερον παραμένοντα ὑπέχειν τὴν δίκην
ἣν ἂν κελεύσωσιν· ἐπεὶ νὴ τὸν κύνα, ὡς ἐγῷμαι, πάλαι ἂν
99 ταῦτα τὰ νεῦρα καὶ τὰ ὀστᾶ ἢ περὶ Μέγαρα ἢ Βοιωτοὺς ἦν,
ὑπὸ δόξης φερόμενα τοῦ βελτίστου, εἰ μὴ δικαιότερον ᾤμην

alle zusammen die Ursache finden wolle, müsse also, meinte ich, das für ein jedes Beste und das für alle gemeinsam Gute anführen. Diese Erwartung hätte ich um alles nicht aus der Hand gegeben, sondern beschaffte mir voller Eifer so schnell wie möglich die Bücher und las sie, damit ich so schnell wie möglich das Beste und das Schlechtere erkennen lernte.

Von dieser großartigen Erwartung, mein lieber Freund, bin ich aber ganz abgekommen, als ich bei weiterem Lesen bemerkte, daß der Mann von dem Geist gar keinen Gebrauch macht und überhaupt keine wirklichen Ursachen für die rechte Ordnung
c der Dinge anführt und also albernes Zeug wie Lüfte und Äther und Wasser als Ursache angibt. Und mir schien, es war ihm ganz so gegangen, wie wenn einer sagte: Sokrates tue alles, was er tue, aufgrund von Geist, und wenn er dann die einzelnen Ursachen für das, was ich tue, anzugeben sucht, dann erst einmal erzählt, daß ich deswegen jetzt hier sitze, weil mein Körper aus Knochen und Sehnen zusammengebaut ist. Die Knochen seien starr und voneinander durch Gelenke getrennt, die Sehnen dagegen könnten sich anspannen und umspannen und um-
d schlössen die Knochen zusammen mit dem Fleisch und der Haut, die alles zusammenhalte. Da nun die Knochen in ihren Gelenken schwebten, bewirkten die Sehnen durch Nachlassen und Anspannen, daß ich meine Glieder so krümmen könne, und das sei die Ursache, daß ich hier so gekrümmt säße. Und dafür, daß ich mich mit euch unterhalte, gäbe er wieder andere solche Ursachen an, Klänge und Luftströme und Gehörwahrnehmungen und all so ein Zeug, und unterließe ganz, die wah-
e ren Ursachen anzugeben, nämlich: weil es den Athenern besser erschienen sei, mich zu verurteilen, deswegen erscheint es auch mir besser, hier zu sitzen, und rechtlicher, hier zu bleiben und die Strafe auf mich zu nehmen, welche auch immer sie mir auferlegten. Denn beim Hunde, das ist doch klar, längst wären
a diese Sehnen und Knochen in Megara oder Böotien, indem sie sich von dem, was ihnen am besten schiene, leiten ließen, wenn

καὶ κάλλιον εἶναι πρὸ τοῦ φεύγειν τε καὶ ἀποδιδράσκειν
ὑπέχειν τῇ πόλει δίκην ἥντιν' ἂν τάττῃ. ἀλλ' αἴτια μὲν
τὰ τοιαῦτα καλεῖν λίαν ἄτοπον· εἰ δέ τις λέγοι ὅτι ἄνευ
τοῦ τὰ τοιαῦτα ἔχειν καὶ ὀστᾶ καὶ νεῦρα καὶ ὅσα ἄλλα ἔχω
οὐκ ἂν οἷός τ' ἦ ποιεῖν τὰ δόξαντά μοι, ἀληθῆ ἂν λέγοι· ὡς
μέντοι διὰ ταῦτα ποιῶ ἃ ποιῶ, καὶ ταῦτα νῷ πράττων, ἀλλ' οὐ
b τῇ τοῦ βελτίστου αἱρέσει, πολλὴ ἂν καὶ μακρὰ ῥᾳθυμία εἴη
τοῦ λόγου. τὸ γὰρ μὴ διελέσθαι οἷόν τ' εἶναι ὅτι ἄλλο μέν
τί ἐστι τὸ αἴτιον τῷ ὄντι, ἄλλο δὲ ἐκεῖνο ἄνευ οὗ τὸ αἴτιον
οὐκ ἄν ποτ' εἴη αἴτιον· ὃ δή μοι φαίνονται ψηλαφῶντες οἱ
πολλοὶ ὥσπερ ἐν σκότει, ἀλλοτρίῳ ὀνόματι προσχρώμενοι,
ὡς αἴτιον αὐτὸ προσαγορεύειν. διὸ δὴ καὶ ὁ μέν τις δίνην
περιτιθεὶς τῇ γῇ ὑπὸ τοῦ οὐρανοῦ μένειν δὴ ποιεῖ τὴν γῆν,
ὁ δὲ ὥσπερ καρδόπῳ πλατείᾳ βάθρον τὸν ἀέρα ὑπερείδει·
c τὴν δὲ τοῦ ὡς οἷόν τε βέλτιστα αὐτὰ τεθῆναι δύναμιν οὕτω
νῦν κεῖσθαι, ταύτην οὔτε ζητοῦσιν οὔτε τινὰ οἴονται δαι-
μονίαν ἰσχὺν ἔχειν, ἀλλὰ ἡγοῦνται τούτου Ἄτλαντα ἄν
ποτε ἰσχυρότερον καὶ ἀθανατώτερον καὶ μᾶλλον ἅπαντα
συνέχοντα ἐξευρεῖν, καὶ ὡς ἀληθῶς τὸ ἀγαθὸν καὶ δέον
συνδεῖν καὶ συνέχειν οὐδὲν οἴονται. ἐγὼ μὲν οὖν τῆς
τοιαύτης αἰτίας ὅπῃ ποτὲ ἔχει μαθητὴς ὁτουοῦν ἥδιστ' ἂν
γενοίμην· ἐπειδὴ δὲ ταύτης ἐστερήθην καὶ οὔτ' αὐτὸς εὑρεῖν
οὔτε παρ' ἄλλου μαθεῖν οἷός τε ἐγενόμην, τὸν δεύτερον
d πλοῦν ἐπὶ τὴν τῆς αἰτίας ζήτησιν ᾗ πεπραγμάτευμαι βούλει
σοι, ἔφη, ἐπίδειξιν ποιήσωμαι, ὦ Κέβης;

ich es nicht für rechtlicher und schöner hielte, statt zu fliehen und davonzulaufen, die Strafe auf mich zu nehmen, welche auch immer die Stadt verhängte. Jene anderen Dinge dagegen Ursachen zu nennen, ist doch gar zu unsinnig. Natürlich, wenn einer nur sagen wollte, daß ich ohne solche Knochen und Sehnen und alles andere nicht im Stande wäre, das zu tun, was mir gut schiene, würde er etwas ganz Richtiges sagen. Daß ich aber dieser wegen tue, was ich tue und daß das aufgrund von Geist verfahren hieße, wenn es nicht die Wahl des Besten bedeutete, b das wäre doch die reinste Gedankenlosigkeit (rhathymia). Das hieße ja nicht unterscheiden können, daß das, was für ein Seiendes seine Ursache ist, etwas ganz anderes ist als das, ohne das das den Grund Bildende gar nicht Ursache sein könnte. Dies aber ist es, worauf die meisten, wie mir scheint, blind tappend wie in der Dunkelheit stoßen, und dafür gebrauchen sie einen ganz falschen Namen, wenn sie es Ursache nennen. So kommt es dazu, daß der eine rings um die Erde einen Wirbel herumlegt und die Erde unter dem Himmel bleiben läßt, wie sie ist, ein anderer c stützt sie wie einen flachen Trog mit Luft ab. Nach der Kraft dagegen, die bewirkt, daß sie möglichst aufs Beste eingerichtet ist und deshalb jetzt so gelagert ist, suchen sie überhaupt nicht, noch glauben sie, daß dazu eine besondere göttliche Kraft gehöre, sondern bilden sich ein, für sie einen neuen Atlas gefunden zu haben, der kräftiger und unsterblicher sei und alles besser zusammenhalte. Aber daß es das wahrhaft Gute und Verbindliche sei (agathon kai deon), das zusammenbinde und zusammenhalte, darauf kommen sie gar nicht. Meinerseits wäre ich für diese wirkliche Ursache gar zu gern bei wem auch immer in die Schule gegangen. Da ich diese Ursache aber so sehr vermißte und weder sie selber zu finden noch sie von einem anderen zu lernen imstande war, so will ich dir nun, mein lieber Kebes, d wenn es dir recht ist, erzählen, auf welchem Wege ich die zweitbeste Fahrt zur Suche nach der Ursache unternommen habe.»

(Platon, Phaidon 97 b 8–99 d 2)

'ὁμοῦ πάντα χρήματα ἦν, ἄπειρα καὶ πλῆθος καὶ σμικρότητα· καὶ γὰρ τὸ σμικρὸν ἄπειρον ἦν. καὶ πάντων ὁμοῦ ἐόντων οὐδὲν ἔνδηλον ἦν ὑπὸ σμικρότητος· πάντα γὰρ ἀήρ τε καὶ αἰθὴρ κατεῖχεν, ἀμφότερα ἄπειρα ἐόντα· ταῦτα γὰρ μέγιστα ἔνεστιν ἐν τοῖς σύμπασι καὶ πλήθει καὶ μεγέθει'.

τούτων δὲ οὕτως ἐχόντων χρὴ δοκεῖν ἐνεῖναι πολλά τε καὶ παντοῖα ἐν πᾶσι τοῖς συγκρινομένοις καὶ σπέρματα πάντων χρημάτων καὶ ἰδέας παντοίας ἔχοντα καὶ χροιὰς καὶ ἡδονάς. καὶ ἀνθρώπους τε συμπαγῆναι καὶ τὰ ἄλλα ζῶια ὅσα ψυχὴν ἔχει. καὶ τοῖς γε ἀνθρώποισιν εἶναι καὶ πόλεις συνωικημένας καὶ ἔργα κατεσκευασμένα, ὥσπερ παρ' ἡμῖν, καὶ ἠέλιόν τε αὐτοῖσιν εἶναι καὶ σελήνην καὶ τὰ ἄλλα, ὥσπερ παρ' ἡμῖν, καὶ τὴν γῆν αὐτοῖσι φύειν πολλά τε καὶ παντοῖα, ὧν ἐκεῖνοι τὰ ὀνήιστα συνενεγκάμενοι εἰς τὴν οἴκησιν χρῶνται. ταῦτα μὲν οὖν μοι λέλεκται περὶ τῆς ἀποκρίσιος, ὅτι οὐκ ἂν παρ' ἡμῖν μόνον ἀποκριθείη, ἀλλὰ καὶ ἄλληι.

πρὶν δὲ ἀποκριθῆναι ταῦτα πάντων ὁμοῦ ἐόντων οὐδὲ χροιὴ ἔνδηλος ἦν οὐδεμία· ἀπεκώλυε γὰρ ἡ σύμμιξις πάντων χρημάτων, τοῦ τε διεροῦ καὶ τοῦ ξηροῦ καὶ τοῦ θερμοῦ καὶ τοῦ ψυχροῦ καὶ τοῦ λαμπροῦ καὶ τοῦ

Auch Anaxagoras von Klazomenai (ca. 500–428 v. Chr.) hält also dem kritischen Blick Platons nicht stand. Den Geist als Weltprinzip zu sehen, das fasziniert Platon – aber Anaxagoras löst seinen Anspruch nicht ein. Was konnte Platon im Buche des Anaxagoras gelesen haben, welches «für eine Drachme in der Orchestra (des Dionysos-Theaters) zu kaufen war»?[52] Wir Heutigen müssen uns leider mit wenigen Fragmenten begnügen:

«Beisammen waren alle Dinge, grenzenlos nach Menge wie nach Kleinheit; denn das Kleine war grenzenlos. Und solange alle beisammen waren, war nichts deutlich erkennbar infolge der Kleinheit. Denn alles hielt Dunst und Äther nieder, beide grenzenlos. Denn diese beiden sind die größten von dem, was im Gesamt enthalten ist, an Menge wie an Größe.»

(Anaxagoras, Fragment 1)

Danach scheidet sich, was anfangs beisammen war:

«Wenn sich dies aber so verhält, so muß man annehmen, daß in allem, was sich vereinigt, Vieles und Mannigfaltiges enthalten ist und Keime von allen Dingen, die mannigfaltige Gestalten, Farben und Geschmäcke haben. Und daß sich so auch Menschen zusammenfügten und alle anderen Lebewesen, die Seele haben. Und daß diese Menschen nun auch bewohnte Städte und angebaute Äcker haben wie bei uns, und auch Sonne und Mond und die übrigen Gestirne haben wie bei uns, und daß die Erde ihnen Vieles und Mannigfaltiges hervorbringt, wovon sie das Nützlichste in ihre Wohnung zusammenbringen zu ihrem Gebrauch. Dies also ist meine Darlegung über die Abscheidung, daß sie nicht nur bei uns stattgefunden haben dürfte, sondern auch anderswo.

Bevor sich dies aber abschied, als noch alles beisammen war, ließ sich auch keine Farbe deutlich erkennen, keine einzige. Denn das verhinderte die Vermischung aller Dinge, des Feuchten und des Trockenen, des Warmen und des Kalten, des Hel-

ζοφεροῦ, καὶ γῆς πολλῆς ἐνεούσης καὶ σπερμάτων ἀπείρων πλῆθος οὐδὲν ἐοικότων ἀλλήλοις. οὐδὲ γὰρ τῶν ἄλλων οὐδὲν ἔοικε τὸ ἕτερον τῶι ἑτέρωι. τούτων δὲ οὕτως ἐχόντων ἐν τῶι σύμπαντι χρὴ δοκεῖν ἐνεῖναι πάντα χρήματα.

οὕτω τούτων περιχωρούντων τε καὶ ἀποκρινομένων ὑπὸ βίης τε καὶ ταχυτῆτος. βίην δὲ ἡ ταχυτὴς ποιεῖ. ἡ δὲ ταχυτὴς αὐτῶν οὐδενὶ ἔοικε χρήματι τὴν ταχυτῆτα τῶν νῦν ἐόντων χρημάτων ἐν ἀνθρώποις, ἀλλὰ πάντως πολλαπλασίως ταχύ ἐστι'.

ἐν παντὶ παντὸς μοῖρα ἔνεστι πλὴν νοῦ, ἔστιν οἷσι δὲ καὶ νοῦς ἔνι'.

τὰ μὲν ἄλλα παντὸς μοῖραν μετέχει, νοῦς δέ ἐστιν ἄπειρον καὶ αὐτοκρατὲς καὶ μέμεικται οὐδενὶ χρήματι, ἀλλὰ μόνος αὐτὸς ἐπ' ἑωυτοῦ ἐστιν. εἰ μὴ γὰρ ἐφ' ἑαυτοῦ ἦν, ἀλλά τεωι ἐμέμεικτο ἄλλωι, μετεῖχεν ἂν ἁπάντων χρημάτων, εἰ ἐμέμεικτό τεωι· ἐν παντὶ γὰρ παντὸς μοῖρα ἔνεστιν, ὥσπερ ἐν τοῖς πρόσθεν μοι λέλεκται· καὶ ἂν ἐκώλυεν αὐτὸν τὰ συμμεμειγμένα, ὥστε μηδενὸς χρήματος κρατεῖν ὁμοίως ὡς καὶ μόνον ἐόντα ἐφ' ἑαυτοῦ. ἔστι γὰρ λεπτότατόν τε πάντων χρημάτων καὶ καθαρώτατον, καὶ γνώμην γε περὶ παντὸς πᾶσαν ἴσχει καὶ ἰσχύει μέγιστον· καὶ ὅσα γε ψυχὴν ἔχει καὶ τὰ μείζω καὶ τὰ ἐλάσσω, πάντων νοῦς κρατεῖ. καὶ τῆς περιχωρήσιος τῆς συμ-

len und des Dunklen, zumal auch viel Erde sich darin befand und Keime grenzenlos an Menge, die in nichts einander glichen. Denn auch von den übrigen Dingen gleicht keines dem anderen. Wenn sich dies aber so verhält, dann sind in dem Gesamten, so muß man meinen, enthalten alle Dinge.»

(Anaxagoras, Fragment 4)

Nachdem also ursprünglich «alles zusammen war», kommt es zur Weltentstehung durch «Abscheidung» (apokrisis), durch Differenzierung. Diese Abscheidung und damit die Weltentstehung wird bewirkt vom Geist (nus).

«... während all dieses sich so umdreht und sich abscheidet infolge der Wucht und Schnelligkeit. Wucht aber schafft die Schnelligkeit. Ihre Schnelligkeit aber läßt sich mit der Schnelligkeit keines der jetzt unter Menschen vorhandenen Dinge vergleichen, sondern ist durchaus ein Vielfaches davon.»

(Anaxagoras, Fragment 9)

«In jedem ist von jedem ein Teil enthalten, außer vom Geist; in einigen aber ist auch Geist enthalten.»

(Anaxagoras, Fragment 11)

«Das Übrige hat Anteil an allem, Geist aber ist etwas nicht durch Grenze Bestimmtes und Selbstherrliches und ist vermischt mit keinem Dinge, sondern ist allein, selbständig, für sich. Denn wenn er nicht für sich wäre, sondern vermischt mit irgendetwas anderem, so hätte er an allen Dingen Teil, wenn er vermischt wäre mit irgendetwas. Denn in allem ist von allem ein Teil enthalten, wie ich im vorigen gesagt habe; auch würde ihn all das Beigemischte hindern, so daß er über kein Ding die Herrschaft in gleicher Weise ausüben könnte, wie wenn er allein für sich ist. Denn er ist viel feiner und reiner als alle Dinge und er besitzt von allem alle Kenntnis und hat die größte Kraft. Was Leben[52a] hat, die größeren wie die kleineren (Wesen), über

πάσης νοῦς ἐκρότησεν, ὥστε περιχωρῆσαι τὴν ἀρχήν. καὶ πρῶτον ἀπό του σμικροῦ ἤρξατο περιχωρεῖν, ἐπὶ δὲ πλέον περιχωρεῖ, καὶ περιχωρήσει ἐπὶ πλέον. καὶ τὰ συμμισγόμενά τε καὶ ἀποκρινόμενα καὶ διακρινόμενα πάντα ἔγνω νοῦς. καὶ ὁποῖα ἔμελλεν ἔσεσθαι καὶ ὁποῖα ἦν, ἅσσα νῦν μὴ ἔστι, καὶ ὅσα νῦν ἐστι καὶ ὁποῖα ἔσται, πάντα διεκόσμησε νοῦς, καὶ τὴν περιχώρησιν ταύτην, ἣν νῦν περιχωρέει τά τε ἄστρα καὶ ὁ ἥλιος καὶ ἡ σελήνη καὶ ὁ ἀὴρ καὶ ὁ αἰθὴρ οἱ ἀποκρινόμενοι. ἡ δὲ περιχώρησις αὐτὴ ἐποίησεν ἀποκρίνεσθαι. καὶ ἀποκρίνεται ἀπό τε τοῦ ἀραιοῦ τὸ πυκνὸν καὶ ἀπὸ τοῦ ψυχροῦ τὸ θερμὸν καὶ ἀπὸ τοῦ ζοφεροῦ τὸ λαμπρὸν καὶ ἀπὸ τοῦ διεροῦ τὸ ξηρόν. μοῖραι δὲ πολλαὶ πολλῶν εἰσι. παντάπασι δὲ οὐδὲν ἀποκρίνεται οὐδὲ διακρίνεται ἕτερον ἀπὸ τοῦ ἑτέρου πλὴν νοῦ. νοῦς δὲ πᾶς ὅμοιός ἐστι καὶ ὁ μείζων καὶ ὁ ἐλάττων. ἕτερον δὲ οὐδέν ἐστιν ὅμοιον οὐδενί, ἀλλ' ὅτων πλεῖστα ἔνι, ταῦτα ἐνδηλότατα ἓν ἕκαστόν ἐστι καὶ ἦν.

καὶ ἐπεὶ ἤρξατο ὁ νοῦς κινεῖν, ἀπὸ τοῦ κινουμένου παντὸς ἀπεκρίνετο, καὶ ὅσον ἐκίνησεν ὁ νοῦς, πᾶν τοῦτο διεκρίθη· κινουμένων δὲ καὶ διακρινομένων ἡ περιχώρησις πολλῶι μᾶλλον ἐποίει διακρίνεσθαι'.

'ὁ δὲ νοῦς, ὃς ἀεί ἐστι, τὸ κάρτα καὶ νῦν ἐστιν ἵνα καὶ τὰ ἄλλα πάντα, ἐν τῶι πολλῶι περιέχοντι καὶ ἐν τοῖς προσκριθεῖσι καὶ ἐν τοῖς ἀποκεκριμένοις'.

alle hat der Geist die Herrschaft. Auch über die gesamte Umdrehung hat der Geist die Herrschaft angetreten, so daß er dieser Umdrehung den Anstoß gab. Und zuerst fing diese Umdrehung von einem gewissen kleinen (Punkte) an, die Umdrehung greift aber weiter und wird noch weiter greifen. Und das, was sich da mischte und abschied und voneinander schied, alles erkannte der Geist. Und wie es werden sollte und wie es war, was jetzt nicht mehr ist, und alles, was jetzt ist, und wie es sein wird, alles ordnete der Geist an, und auch diese Umdrehung, die jetzt vollführen die Gestirne, die Sonne, der Mond, der Dunst und der Äther, die sich abscheiden. Gerade diese Umdrehung aber bewirkte, daß sie sich abschieden. Und es scheidet sich vom Dünnen das Dichte, vom Kalten das Warme, vom Dunkeln das Helle, vom Feuchten das Trockene. Dabei sind der Teile viele von vielem vorhanden. Vollständig aber scheidet sich nichts ab oder auseinander, das eine vom anderen, nur der Geist. Geist aber ist allemal von gleicher Art, der größere wie der kleinere. Sonst aber ist nichts dem anderen gleichartig, sondern wovon am meisten in einem Dinge ist, dies als das deutlichst Erkennbare ist und war das eine Einzelding.»

(Anaxagoras, Fragment 12)

«Und als der Geist die Bewegung begann, sonderte er sich ab von allem, was da in Bewegung gesetzt wurde; und so viel der Geist in Bewegung setzte, das wurde alles voneinander geschieden. Während der Bewegung und Scheidung aber bewirkte die Umdrehung eine noch viel stärkere Scheidung voneinander.»

(Anaxagoras, Fragment 13)

«Aber der Geist, der ewig ist, ist fürwahr auch jetzt, wo auch das andere alles ist, in der umgebenden (noch ungeschiedenen) Vielheit und in dem, was sich daran durch Scheidung ansetzte, und in dem bereits Abgeschiedenen.»

(Anaxagoras, Fragment 14)

'ἥλιος ἐντίθησι τηι σελήνηι τὸ λαμπρόν', εὐδοκίμησεν.

''Ἶριν δὲ καλέομεν τὸ ἐν τῆισιν νεφέληισιν ἀντιλάμπον τῶι ἡλίωι. χειμῶνος οὖν ἐστι σύμβολον· τὸ γὰρ περιχεόμενον ὕδωρ τῶι νέφει ἄνεμον ἐποίησεν ἢ ἐξέχεεν ὄμβρον'.

Man spürt das Bemühen des Anaxagoras, den Begriff eines Geistes zu fassen, der sich von allem anderen deutlich unterscheidet. Er tut dies einmal durch Superlative: «das Feinste aller Dinge und das Reinste..., hat die größte Kraft»; andererseits durch Betonung des Bewußtseinspols: «hat von allem alle Kenntnis». Außerdem unterscheidet sich der Geist von allem anderen dadurch, daß er nicht in allem enthalten ist. Insbesondere ist er verantwortlich für die Abscheidung, durch die die Welt in Gang kommt. Er hat somit die jetzige Weltordnung bewirkt.[53] Er selbst scheidet sich als Einziger von allem anderen ab. Er ist, da ewig, auch heute noch in allem bereits Abgeschiedenen und Differenzierten enthalten. – Worauf konnte nun Platon seine Kritik an Anaxagoras stützen, daß dieser seinen Geist gar nicht in Wirklichkeit tätig werden läßt, daß er «von dem Geist gar keinen Gebrauch macht»? – Wenn konkrete Welterscheinungen beschrieben werden, ist von einem wirkenden Geist bei Anaxagoras nicht die Rede:

«Die Sonne verleiht dem Monde seinen Glanz.»

(Anaxagoras, Fragment 18)

«Regenbogen aber nennen wir den Widerschein der Sonne in den Wolken. Das ist nun ein Sturmvorzeichen. Denn das um die Wolke sich ergießende Wasser pflegt Wind zu erregen oder Regen auszugießen.»

(Anaxagoras, Fragment 19)

Mit Aussagen dieser Art muß Anaxagoras zu Lebzeiten in Athen großes Aufsehen erregt haben. Das liegt gewiß nicht nur daran, daß die Athener damals noch nicht wußten, was Philosophie ist. (Anaxagoras, aus Klazomenai in Ionien stammend, ist der erste Philosoph, der in Athen ansässig wird.) Schon Xenophanes hatte die Iris als Wolke bezeichnet (Fragment 32, s.o.). Die Gegner des Sokrates glaubten dessen Gottlosigkeit gerade damit belegen zu können, daß sie ihn in die Nähe der naturphilosophischen Anschauung des Anaxagoras brachten. Sokrates muß diesen Irrtum vor Gericht richtigstellen.[54] Die spätantike Überlieferung berichtet, Anaxagoras habe die Sonne für eine glühend heiße, feurige Eisenmasse erklärt, größer als die Peloponnes. Er sei daher wegen Gottlosigkeit verurteilt worden.[55] Der Gott des Xenophanes, der «alles mit seines Geistes Denkkraft erschüttert» (Fragment 25), kann dies offenbar an *jeder* Stelle des Naturprozesses tun. Der Geist des Anaxagoras ist jedoch darauf beschränkt, ein für allemal die Welt durch seine Bewegung in Gang gesetzt zu haben. Aristoteles urteilt, die Kritik Platons bestätigend: «Anaxagoras gebraucht bei seiner Weltbildung (kosmopoiia) den Geist als Maschinengott (mechane), und wenn er in Verlegenheit kommt, aus welcher Ursache denn etwas notwendig sein soll, dann zieht er ihn herbei; im übrigen aber sucht er die Ursache eher in allem anderem als in dem Geist.»[56]

Kehren wir zurück zum «Phaidon». Platon verdeutlicht seine Kritik an Anaxagoras durch einen treffenden Vergleich: der Grund dafür, daß Sokrates jetzt im Gefängnis sitzt, ist nicht eine das Sitzen ermöglichende Körperkonstitution, sondern der Wille der Athener, ihn zu verurteilen und sein eigener Wille, nicht zu fliehen (was bekanntlich möglich gewesen wäre; vgl. Platons «Kriton»). Wer, wie Anaxagoras, «also albernes Zeug wie Lüfte und Äther und Wasser als Grund angibt», der verhält sich so, als würde er des Sokrates' Körperbeschaffenheit als Grund für sein Sitzen im Gefängnis ansehen.

Die Kritik an den Naturphilosophen und an Anaxagoras bereitet den Argumentationsschritt vor, den Platon zur Darlegung seiner eigenen Ansicht als notwendig erachtet. Gegen die Naturphilosophen wendet er ein, es müsse zwischen Ursache und Verursachtem deutlich unterschieden werden; gegen Anaxagoras wird geltend gemacht, eine solche Unterscheidung dürfe nicht pauschal geschehen, sondern das Ursächliche müsse konkret in jedem einzelnen Verursachten wirken. Platons Einwand klingt dabei erstaunlich modern. Ist es vielleicht ein ähnlicher Denkfehler, als physikalisch-chemisch aufgefaßte Vorgänge (z.B. die Genmutation) durch andere chemisch-physikalisch aufgefaßte Vorgänge (z.B. Veränderungen der DNA) «begründen» zu wollen? Und andererseits: Hilft es wirklich weiter, einfach von «Geist» zu reden, ohne damit irgend etwas Konkretes zu bezeichnen?

Was setzt Platon selbst an die Stelle des Kritisierten? Er spricht von seiner Ideenlehre als einer «zweitbesten Fahrt zur Suche nach der Ursache». Was der Ausdruck bedeutet, ist nicht ganz klar. Vermutlich ist das Bild aus der griechischen Seefahrt genommen. «Von einer zweitbesten Fahrt sprachen die griechischen Schiffer, wenn ihnen kein günstiger Fahrwind blies, sondern sie durch mühsames Rudern ihr Ziel ansteuern mußten.»[57] Die Ausbildung der Ideenlehre ist also notwendig und mühsam zugleich aufgrund einer geistigen «Windstille».

Um sicher, wenn auch langsam, der Welt der Ursachen entgegenzurudern, ist es notwendig, die Voraussetzungen des eigenen Denkens zu klären, anstatt alles – im oben angedeuteten Sinne – durcheinanderzumischen.

Die folgende Textpassage, die die Notwendigkeit der Ideenlehre begründet[58], enthält zwei voneinander unterscheidbare Anliegen. In ihnen klingen zwei Prinzipien der Ideenlehre an. Ein methodisches, nämlich in jedem Gedanken seine Voraussetzungen zu klären; und ein inhaltliches, nämlich Veränderungen nicht durch das Veränderte zu begründen, sondern durch Teilhabe am spezifischen Sein dessen, was die Veränderung bewirkt.

«Zu behaupten, daß wenn man eins zu eins hinzusetzt, die Hin-
zusetzung der Grund für das Zweigewordensein ist oder bei der
c Teilung die Teilung, würdest du dich davor nicht in Acht neh-
men und lieber steif und fest behaupten, daß ein jedes auf keine

Τί δέ; ἑνὶ ἑνὸς προστεθέντος τὴν πρόσθεσιν αἰτίαν εἶναι
c τοῦ δύο γενέσθαι ἢ διασχισθέντος τὴν σχίσιν οὐκ εὐλαβοῖο
ἂν λέγειν; καὶ μέγα ἂν βοῴης ὅτι οὐκ οἶσθα ἄλλως πως
ἕκαστον γιγνόμενον ἢ μετασχὸν τῆς ἰδίας οὐσίας ἑκάστου
οὗ ἂν μετάσχῃ, καὶ ἐν τούτοις οὐκ ἔχεις ἄλλην τινὰ αἰτίαν
τοῦ δύο γενέσθαι ἀλλ' ἢ τὴν τῆς δυάδος μετάσχεσιν, καὶ
δεῖν τούτου μετασχεῖν τὰ μέλλοντα δύο ἔσεσθαι, καὶ μονάδος
ὃ ἂν μέλλῃ ἓν ἔσεσθαι, τὰς δὲ σχίσεις ταύτας καὶ προσθέσεις
καὶ τὰς ἄλλας τὰς τοιαύτας κομψείας ἐῴης ἂν χαίρειν, παρεὶς
ἀποκρίνασθαι τοῖς σεαυτοῦ σοφωτέροις· σὺ δὲ δεδιὼς ἄν, τὸ
d λεγόμενον, τὴν σαυτοῦ σκιὰν καὶ τὴν ἀπειρίαν, ἐχόμενος
ἐκείνου τοῦ ἀσφαλοῦς τῆς ὑποθέσεως, οὕτως ἀποκρίναιο ἄν.
εἰ δέ τις αὐτῆς τῆς ὑποθέσεως ἔχοιτο, χαίρειν ἐῴης ἂν καὶ
οὐκ ἀποκρίναιο ἕως ἂν τὰ ἀπ' ἐκείνης ὁρμηθέντα σκέψαιο
εἴ σοι ἀλλήλοις συμφωνεῖ ἢ διαφωνεῖ· ἐπειδὴ δὲ ἐκείνης
αὐτῆς δέοι σε διδόναι λόγον, ὡσαύτως ἂν διδοίης, ἄλλην αὖ
ὑπόθεσιν ὑποθέμενος ἥτις τῶν ἄνωθεν βελτίστη φαίνοιτο,
e ἕως ἐπί τι ἱκανὸν ἔλθοις, ἅμα δὲ οὐκ ἂν φύροιο ὥσπερ οἱ
ἀντιλογικοὶ περί τε τῆς ἀρχῆς διαλεγόμενος καὶ τῶν ἐξ
ἐκείνης ὡρμημένων, εἴπερ βούλοιό τι τῶν ὄντων εὑρεῖν;
ἐκείνοις μὲν γὰρ ἴσως οὐδὲ εἷς περὶ τούτου λόγος οὐδὲ
φροντίς· ἱκανοὶ γὰρ ὑπὸ σοφίας ὁμοῦ πάντα κυκῶντες ὅμως
δύνασθαι αὐτοὶ αὑτοῖς ἀρέσκειν· σὺ δ', εἴπερ εἶ τῶν φιλοσόφων,
102 οἶμαι ἂν ὡς ἐγὼ λέγω ποιοῖς.

andere Weise so geworden ist, als dadurch, daß es an dem spezifischen Sein dessen, an dem es teilhat, teilgewonnen hat? Und würdest du nicht in den vorliegenden Fällen keinen anderen Grund für das Zweigewordensein anzugeben haben als eben diese Anteilgewinnung an der Zwei? Und daß alles, was je zwei sein wird, daran teilgewinnen müsse, und was immer eins sein soll, an der Eins? Wirst du nicht Deinerseits diese Teilungen und diese Hinzufügungen und alle diese schönen Dinge lieber ganz beiseite lassen und solche Antworten lieber denen überlassen, die klüger sind als du? Du dagegen, aus Angst vor deinem eige-
d nen Schatten und deiner Unerfahrenheit, wie man sagt, wirst dich fest an jene sichere Voraussetzung halten und entsprechend antworten. Wenn einer sich aber an diese Voraussetzung selber heranmacht, so wirst du dich auf nichts einlassen und nicht eher weitere Antworten geben, als bis du geprüft hast, ob das, was aus jener Voraussetzung folgt, miteinander in Einklang ist oder was sich widerspricht. Wenn du aber endlich über jene Voraussetzungen selber Rede stehen müßtest, dann würdest du es genauso machen, indem du wieder eine andere Voraussetzung zugrunde legtest, wie sie dir unter dem Vorausliegenden als die beste erscheint, bis du zu etwas Zureichendem kämest. Du wür-
e dest aber nicht wie diese Disputierhelden alles durcheinander mischen und gleichzeitig über den Ausgangspunkt und das, was aus jenem folgt, diskutieren, wenn anders du etwas, wie es wirklich ist, herausfinden willst. Jene Leute dagegen geben sich darüber vielleicht überhaupt keine Rechenschaft und machen sich darüber keine Sorgen. Vor lauter Weisheit sind sie imstande, alles durcheinanderzurühren und trotzdem ganz mit sich zufrieden zu sein. Du dagegen wirst, wenn du wirklich zu den
2a Philosophen gehörst, es so machen, wie ich sage.»

(Platon, Phaidon 101 b 3–102 a 1)

Σκόπει δή, ἔφη, τὰ ἑξῆς ἐκείνοις ἐάν σοι συνδοκῇ ὥσπερ ἐμοί. φαίνεται γάρ μοι, εἴ τί ἐστιν ἄλλο καλὸν πλὴν αὐτὸ τὸ καλόν, οὐδὲ δι' ἓν ἄλλο καλὸν εἶναι ἢ διότι μετέχει ἐκείνου τοῦ καλοῦ· καὶ πάντα δὴ οὕτως λέγω. τῇ τοιᾷδε αἰτίᾳ συγχωρεῖς;

Συγχωρῶ, ἔφη.

Οὐ τοίνυν, ἦ δ' ὅς, ἔτι μανθάνω οὐδὲ δύναμαι τὰς ἄλλας αἰτίας τὰς σοφὰς ταύτας γιγνώσκειν· ἀλλ' ἐάν τίς μοι λέγῃ
d δι' ὅτι καλόν ἐστιν ὁτιοῦν, ἢ χρῶμα εὐανθὲς ἔχον ἢ σχῆμα ἢ ἄλλο ὁτιοῦν τῶν τοιούτων, τὰ μὲν ἄλλα χαίρειν ἐῶ, —ταράττομαι γὰρ ἐν τοῖς ἄλλοις πᾶσι—τοῦτο δὲ ἁπλῶς καὶ ἀτέχνως καὶ ἴσως εὐήθως ἔχω παρ' ἐμαυτῷ, ὅτι οὐκ ἄλλο τι ποιεῖ αὐτὸ καλὸν ἢ ἡ ἐκείνου τοῦ καλοῦ εἴτε παρουσία εἴτε κοινωνία εἴτε ὅπῃ δὴ καὶ ὅπως †προσγενομένη· οὐ γὰρ ἔτι τοῦτο διισχυρίζομαι, ἀλλ' ὅτι τῷ καλῷ πάντα τὰ καλὰ [γίγνεται] καλά. τοῦτο γάρ μοι δοκεῖ ἀσφαλέστατον εἶναι καὶ ἐμαυτῷ ἀποκρίνασθαι καὶ ἄλλῳ, καὶ τούτου ἐχόμενος
e ἡγοῦμαι οὐκ ἄν ποτε πεσεῖν, ἀλλ' ἀσφαλὲς εἶναι καὶ ἐμοὶ καὶ ὁτῳοῦν ἄλλῳ ἀποκρίνασθαι ὅτι τῷ καλῷ τὰ καλὰ [γίγνεται] καλά· ἢ οὐ καὶ σοὶ δοκεῖ;

Δοκεῖ.

Καὶ μεγέθει ἄρα τὰ μεγάλα μεγάλα καὶ τὰ μείζω μείζω, καὶ σμικρότητι τὰ ἐλάττω ἐλάττω;

Ναί.

Das zweite der erwähnten Anliegen, nämlich Veränderungen nicht durch das Veränderte zu begründen, erläutert Platon in gleichem Zusammenhang an einem Beispiel[59]:

«Prüfe also, sagte er (Sokrates), ob dir auch das Folgende ebenso einleuchtet wie mir. Mir nämlich scheint ganz klar, wenn irgend etwas anderes schön ist außer dem Schönen an ihm selbst, es aus keinem einzigen anderen Grunde schön ist, als weil es an jenem an ihm selbst seienden Schönen Anteil hat. Und entsprechend in allen Fällen. Bist du mit dieser Art von Grund einverstanden?

Ja, ich bin einverstanden, sagte er (Kebes).

Ich verstehe nämlich gar nicht mehr, sagte er (Sokrates), und vermag es überhaupt nicht zu begreifen, was es da noch für andere schlaue Gründe geben soll. Vielmehr, wenn einer mir
d als Grund dafür, warum irgend etwas schön ist, seine blühende Farbe nennt oder seine Gestalt oder irgend etwas derart, lasse ich mich auf all das überhaupt nicht ein – bei so etwas verwirrt sich mir nur alles. Daran aber halte ich schlicht und einfach und vielleicht einfältig für mich fest, daß nichts anderes etwas schön machen kann, als die Anwesenheit oder die Gesellschaft von jenem Schönen an ihm selbst oder wie immer man solches Zusammensein nennen mag. Darauf nämlich kommt es mir gar nicht an, sondern nur darauf, daß es das Schöne an ihm selbst ist, durch das alle schönen Dinge schön sind. Das scheint mir nämlich die allersicherste Antwort zu sein, die ich mir selber oder wem sonst geben kann, und wenn ich die festhalte, dann,
e meine ich, werde ich nie zu Fall kommen, sondern es scheint mir für mich selbst wie für jeden anderen die einzig sichere Antwort, daß durch das Schöne die schönen Dinge schön sind. Leuchtet dir das nicht auch ein?

Es leuchtet mir ein.

Und ebenso, daß durch die Größe das Große groß und das Größere größer ist und durch die Kleinheit das Kleinere kleiner?

Ja.» *(Platon, Phaidon 100 c 3–100 e 1)*

Es nützt also nichts, meint Sokrates, Schönheit eines sinnlichen Gegenstandes dadurch zu erklären, daß man etwas anderes Sinnliches als Ursache angibt. Die schöne rote Blüte ist schön nicht durch die rote Farbe. Die gleiche rote Farbe könnte, bei anderer Gelegenheit und an einem anderen Gegenstand, durchaus häßlich wirken. Vielmehr ist die schöne rote Blüte schön durch Teilhabe an der Schönheit. – Um in die Welt der Ursachen vorzudringen, so führt Platon hier aus, bedarf es einer radikalen Wendung weg von der Welt des sinnlich Anschaubaren, in der sich immer nur Bewirktes, Verursachtes findet, hin zu der Welt der Ursachen selbst, der Ideenwelt. Was im vorsokratischen Bewußtseinshorizont zunächst ungeschieden ist und sich dann allmählich differenziert, die Welt der Sinne und die Welt des denkenden Anschauens – Platon hat beides erstmals deutlich unterschieden. Er ist der erste, der dem vorhandenen Begriff des Denkens den Begriff der «Sinneswahrnehmung» entgegensetzt. Denken und Sinneswahrnehmung sind zwei Tätigkeiten des Menschen, die jeweils verschiedene Weltbereiche betreffen.[60] – Eine Fülle von Fragen taucht hier auf. Wie hängen Sinneswelt und Ideenwelt zusammen? Wie kann sich der Mensch in die Ideenwelt einleben? Welcher Denkvoraussetzungen bedarf es, um die ideellen Ursachen zu erkennen? Dazu im folgenden einige Antworten aus Platons Werk. Zunächst zur Frage nach der Erfahrbarkeit der Ideen und damit zur Frage nach der Erkenntnismöglichkeit des Menschen überhaupt.

Nicht umsonst steht die zitierte Einführung in die Ideenlehre im Zusammenhang mit der Frage nach der Unsterblichkeit der Seele. Ist doch mit der Ideenwelt als der Welt der wahren Ursachen ein stoff- und sinnlichkeitsfreies Dasein angesprochen, dem ein rein geistiger, vom Leib unabhängiger Bewußtseinszustand des Menschen entsprechen muß, wenn es erfahrbar sein soll. Die Frage nach der Erkenntnisfähigkeit des Menschen steht bei Platon in engem Zusammenhang mit dem Gedanken der Unsterblichkeit und der Wiederverkörperung des Menschen in mehreren Erdenleben.

Ἅτε οὖν ἡ ψυχὴ ἀθάνατός τε οὖσα καὶ πολλάκις γεγονυῖα,
καὶ ἑωρακυῖα καὶ τὰ ἐνθάδε καὶ τὰ ἐν Ἅιδου καὶ πάντα
χρήματα, οὐκ ἔστιν ὅτι οὐ μεμάθηκεν· ὥστε οὐδὲν θαυμαστὸν
καὶ περὶ ἀρετῆς καὶ περὶ ἄλλων οἷόν τ' εἶναι αὐτὴν ἀναμνη-
σθῆναι, ἅ γε καὶ πρότερον ἠπίστατο. ἅτε γὰρ τῆς φύσεως
d ἁπάσης συγγενοῦς οὔσης, καὶ μεμαθηκυίας τῆς ψυχῆς ἅπαντα,
οὐδὲν κωλύει ἓν μόνον ἀναμνησθέντα—ὃ δὴ μάθησιν καλοῦσιν
ἄνθρωποι—τἆλλα πάντα αὐτὸν ἀνευρεῖν, ἐάν τις ἀνδρεῖος ᾖ

6

ERKENNTNIS ALS ERINNERUNG. EIN GRUNDMOTIV DER PLATONISCHEN IDEENLEHRE

Der Zusammenhang zwischen Erkenntnis und Wiederverkörperung wird zum ersten Mal deutlich im Dialog «Menon». Im Laufe des Dialogs gerät Sokrates mit seinem Gesprächspartner in eine Auseinandersetzung darüber, ob Erkenntnis überhaupt möglich ist. Menon versucht den Standpunkt zu vertreten, Erkenntnis sei auf keinen Fall möglich: Es ist dem Menschen weder möglich, nach demjenigen zu forschen, was er weiß, noch nach dem, was er nicht weiß. In dem ersteren Falle bedarf es keiner Nachforschung, im zweiten Falle weiß er ja gar nicht, wonach er forschen soll.[60a] An dieser Stelle bringt Sokrates eine alte Lehre zur Sprache, die er von «Männern und Frauen, die Bescheid wissen mit den göttlichen Dingen», habe verkünden hören: «Die Seele des Menschen sei unsterblich und abwechselnd scheide sie ab, was man dann Sterben nennt und lebe dann wieder auf; zugrunde aber gehe sie niemals.»[61]

«Sokrates:

Da also die Seele unsterblich und oft wiedererstanden ist und, was hier auf Erden und was im Hades ist, kurz, alle Dinge geschaut hat, gibt es nichts, was ihr unbekannt wäre. Mithin ist es kein Wunder, wenn sie imstande ist, hinsichtlich der Tugend sowie anderer Dinge sich wieder zu erinnern an das, was sie ehedem ja doch wußte. Denn da die ganze Natur in innigem
d Zusammenhang steht und die Seele mit allem bekannt geworden ist, so hindert nichts, daß man, wenn man sich nur an eines wieder erinnert – was die Leute dann lernen nennen –, auch alles andere wieder auffindet, wenn man nur den Mut nicht

καὶ μὴ ἀποκάμνῃ ζητῶν· τὸ γὰρ ζητεῖν ἄρα καὶ τὸ μανθάνειν ἀνάμνησις ὅλον ἐστίν. οὔκουν δεῖ πείθεσθαι τούτῳ τῷ ἐριστικῷ λόγῳ· οὗτος μὲν γὰρ ἂν ἡμᾶς ἀργοὺς ποιήσειεν καὶ ἔστιν τοῖς μαλακοῖς τῶν ἀνθρώπων ἡδὺς ἀκοῦσαι, ὅδε
e δὲ ἐργατικούς τε καὶ ζητητικοὺς ποιεῖ· ᾧ ἐγὼ πιστεύων ἀληθεῖ εἶναι ἐθέλω μετὰ σοῦ ζητεῖν ἀρετὴ ὅτι ἐστίν.

ΜΕΝ. Ναί, ὦ Σώκρατες· ἀλλὰ πῶς λέγεις τοῦτο, ὅτι οὐ μανθάνομεν, ἀλλὰ ἣν καλοῦμεν μάθησιν ἀνάμνησίς ἐστιν; ἔχεις με τοῦτο διδάξαι ὡς οὕτως ἔχει;

ΣΩ. Καὶ ἄρτι εἶπον, ὦ Μένων, ὅτι πανοῦργος εἶ, καὶ
82 νῦν ἐρωτᾷς εἰ ἔχω σε διδάξαι, ὃς οὔ φημι διδαχὴν εἶναι ἀλλ' ἀνάμνησιν, ἵνα δὴ εὐθὺς φαίνωμαι αὐτὸς ἐμαυτῷ τἀναντία λέγων.

ΜΕΝ. Οὐ μὰ τὸν Δία, ὦ Σώκρατες, οὐ πρὸς τοῦτο βλέψας εἶπον, ἀλλ' ὑπὸ τοῦ ἔθους· ἀλλ' εἴ πώς μοι ἔχεις ἐνδείξασθαι ὅτι ἔχει ὥσπερ λέγεις, ἔνδειξαι.

ΣΩ. Ἀλλ' ἔστι μὲν οὐ ῥᾴδιον, ὅμως δὲ ἐθέλω προθυμηθῆναι σοῦ ἕνεκα. ἀλλά μοι προσκάλεσον τῶν πολλῶν
b ἀκολούθων τουτωνὶ τῶν σαυτοῦ ἕνα, ὅντινα βούλει, ἵνα ἐν τούτῳ σοι ἐπιδείξωμαι.

verliert und die Mühe des Forschens nicht scheut. Denn das Suchen (zetein) und Lernen (manthanein) ist eben durchweg Wiedererinnerung (anamnesis). Also jenem eristischen Satz (daß es Erkenntnis nicht gebe – D.) muß man den Glauben versagen. Denn er würde uns nur träge machen und hat für Weichlinge allerdings einen verführerischen Klang. Der mei-
e nige dagegen regt zu Arbeit und Forschung an. Ihn halte ich denn für wahr, und in diesem Vertrauen will ich mit dir untersuchen, was die Tugend ist.» *(Platon, Menon 81 c 5–e 2)*

Es wird also geschlossen, daß es nichts gibt, was der Seele unbekannt wäre, da sie alles schon einmal vor ihrem jetzigen Erdenleben geschaut hat.

Nun bleibt es im «Menon» nicht dabei, aus einer «alten Lehre» die These «Lernen ist Erinnerung» abzuleiten, sondern gleich im Anschluß daran wird der Beweis auch umgekehrt geführt:

«Menon: Ja, Sokrates. Aber wie meinst du es damit, daß wir nicht lernen, sondern daß dies sogenannte Lernen Wiedererinnerung sei? Kannst du mich darüber belehren, daß es sich tatsächlich so verhält?

Sokrates: Sagte ich nicht eben erst, Menon, du seist ein Schelm!
a Und jetzt fragst du mich, ob ich dich belehren kann, ungeachtet meiner Versicherung, es gebe kein Lernen, sondern nur Wiedererinnerung. Offenbar also hast du es sehr eilig damit zu zeigen, daß ich mir selbst widerspreche.

Menon: Gott bewahre, Sokrates, eine solche Absicht lag mir ganz fern; wenn ich so sprach, so folgte ich nur der Gewohnheit. Aber wenn du mir irgendwie klar machen kannst, daß es sich so verhält, wie du sagst, so halte nicht zurück damit.

Sokrates: Nun, leicht ist es eben nicht; doch will ich um deinetwillen mich entschlossen ans Werk machen. Also rufe mir ir-
b gendeinen Beliebigen aus deinem zahlreichen Gefolge hier herbei, damit ich es dir an ihm klarmache.»

(Platon, Menon, 81 e 3–82 b 2)

Sokrates läßt Menon einen Sklaven auswählen, von dem er sicher ist, daß er nie Geometrie gelernt hat. Diesem Sklaven stellt Sokrates eine geometrische Aufgabe (die Verdoppelung der Fläche eines gegebenen Quadrats). Der Sklave macht das zunächst falsch, wird aber dann von Sokrates durch ständiges Fragen in mehreren Schritten zur richtigen Lösung geführt. Dabei «lehrt» Sokrates nichts, sondern macht den Partner nur auf Konsequenzen von dessen eigenen Aussagen aufmerksam. Am Ende zeigt sich, daß der ungebildete Sklave eine nicht ganz leichte geometrische Aufgabe gelöst hat. Was er dabei «gelernt» hat, ist von Sokrates ganz aus des Sklaven eigenem Wesen heraufgeholt worden; nichts wurde von außen an ihn herangetragen. Menon kann schließlich nicht anders, als Sokrates zuzugeben, daß «Wissen aus sich selbst gewinnen so viel heißt als: sich wieder erinnern». Da das Wissen nicht im jetzigen Leben erworben wurde, ist der ganze Vorgang ein Beleg für die Wiederverkörperung der Seele – so wird er jedenfalls im «Menon» einvernehmlich verstanden. Platons Lerntheorie und die Präexistenz des Menschen: beide Anschauungen stützen sich hier gegenseitig. Das gesamte platonische Erkenntnisgebäude gründet sich auf die Präexistenz. Denn die erste und einfachste Frage nach der Erkenntnis (wie kommt etwas in mein Bewußtsein herein?) wird von Platon dahingehend beantwortet, daß dies nur durch Erinnerung an eine vorgeburtliche Erfahrung möglich sei.
Die Gedankengänge des «Menon» werden im «Phaidon» fortgesetzt. Gleich zu Beginn stellt Sokrates die These auf, Philosophie sei eine Vorbereitung auf das nachtodliche Leben.[62]

«Alle die, welche sich mit der Philosophie richtig befassen, beschäftigen sich offenbar, ohne daß die anderen es merken, eigentlich mit nichts anderem als mit dem Sterben und mit dem Totsein.»

Der Tod gilt als Trennung der Seele vom Leib, und der Philosoph wird gerne, eher als alle anderen Menschen, die Seele von der Gemeinschaft mit dem Leib lösen. Tod ist Befreiung der Seele vom Körper. Er ist also für die Philosophen weniger schrecklich als für alle anderen Menschen.
Beschäftigung mit der Wahrheit dient der Reinigung von allem Leibgebundenen. Mit dem Begriff der Reinigung (katharsis) rückt Platon die Philosophie in die Nähe der Eleusinischen Mysterien:

«So mögen auch die bekannten Stifter der Geheimlehren keine geringen Leute gewesen sein, haben sie doch in Wirklichkeit schon lange angedeutet, daß, wer ohne die Weihen und ungeheiligt in die Unterwelt kommt, im Schlammstrom liegen muß, während der, der gereinigt und geweiht dorthin kommt, bei den Göttern wohnen wird. ‹Viele sind Thyrsosträger› – so sagen die in die Mysterien Eingeweihten –, ‹wenige aber sind echt Begeisterte›. Dies sind aber nach meiner Meinung keine anderen als die echten Philosophen.»[62 a]

Von diesem Ausgangspunkt aus ergibt sich die Frage nach der Unsterblichkeit der Seele. Zunächst werden die beiden Argumentationsstufen aus dem «Menon» wiederholt: die Berufung auf eine alte Lehre und die Erinnerung an das im «Menon» gemachte Experiment. Dann aber wird ein neuer Schritt hinzugefügt: Simmias aus Theben, einer der anwesenden Schüler des Sokrates, fordert, nicht nur die Folgen der Präexistenz experimentell vorgeführt zu bekommen (wie im «Menon»), sondern diese *selbst* erfahren zu können: «Das glaube ich zwar schon; nur möchte ich an mir erfahren, was diese Erinnerung eigentlich ist, von der wir reden.» – Sokrates verweist seinen Gesprächspartner auf eine Beobachtung, die beim begrifflichen Denken zu gewinnen ist: es gibt doch so etwas wie «Gleichheit». Damit ist nicht gemeint: gleiche Dinge. Bevor ich Dinge als «gleich» erkennen kann, muß ich wissen, was das ist,

Gleichheit als solche. Woher nehmen wir das Wissen davon? Denn alle Dinge in der sinnlichen Welt sind ja doch verschieden! Wenn uns zwei Gegenstände der Sinneswelt als «gleich» erscheinen, so beruht diese Gleichheit nicht auf dem sinnlichen Eindruck. Denn der Sinneswahrnehmung nach sind sie verschieden. Das Bilden des Begriffes «Gleichheit» ist also etwas, was wir nicht an der Sinneswahrnehmung gewonnen haben können. Wir müssen dieses Wissen woanders her haben, und da können wir es nur vor unserer Geburt erhalten haben. Dies gilt nicht nur für das «Gleiche», sondern z.B. auch für das «Größere» und «Kleinere», das «Schöne», das «Gute», das «Gerechte», das «Fromme» und alles, «dem wir den Stempel des Seins an sich aufdrücken».

Gegenüber dem «Menon» ist festzuhalten: Die Wiedererinnerung betrifft nur den begrifflich-gedanklichen Teil der Welt, nicht den sinnlichen. Das war im Menon noch nicht unterschieden worden. Ferner: Es wird unter Berufung auf das Urteil jedes einzelnen Mitdenkers dargelegt, wie das Denken nicht aus der Sinneswahrnehmung gewonnen sein kann, sondern einen anderen, den präexistenten Ursprung hat (Beispiel: «Gleichheit»). Schließlich: Die Rolle der sinnlichen Wahrnehmung im Erkenntnisakt wird ebenfalls gewürdigt: Die sinnliche Wahrnehmung des Einzelnen ist dem Menschen *Anlaß* für die Bildung von Begriffen. Nur über die *Herkunft* der Begriffe gibt sie keinen Aufschluß.

Auf die Darlegungen über die Präexistenz folgen nun im «Phaidon» Beweise für die «Unsterblichkeit der Seele», die Postexistenz des Menschen. Sie führen weiter in Platons Ideenlehre hinein. Auch daran erweist sich, daß, wie schon bei der Wiedererinnerungslehre, die Frage nach der Erkenntnis und die Frage nach dem geistigen Wesen des Menschen eng zusammenhängen.

Wie eng dieser Zusammenhang ist, zeigt sich auch bei Platons bedeutendstem Schüler, Aristoteles. In dessen Erkenntnislehre

– sie wird unten im 9. Kapitel ausführlicher vorgestellt – tritt die Geist-Erinnerung zurück zugunsten einer stärkeren Betonung der Sinneswahrnehmung für den Erkenntnisprozeß. Und zugleich ist von Wiederverkörperung nicht mehr die Rede.

Stand bisher der Zusammenhang zwischen Erkenntnis und menschlichem Wesen im Vordergrund, so erschließt das nächste Kapitel die Bedeutung der platonischen Erkenntnisstufen für die verschiedenen Ebenen von Wirklichkeit.

Πολλὰ καλά, ἦν δ' ἐγώ, καὶ πολλὰ ἀγαθὰ καὶ ἕκαστα οὕτως εἶναί φαμέν τε καὶ διορίζομεν τῷ λόγῳ.

Φαμὲν γάρ.

Καὶ αὐτὸ δὴ καλὸν καὶ αὐτὸ ἀγαθόν, καὶ οὕτω περὶ πάντων ἃ τότε ὡς πολλὰ ἐτίθεμεν, πάλιν αὖ κατ' ἰδέαν μίαν ἑκάστου ὡς μιᾶς οὔσης τιθέντες, "ὃ ἔστιν" ἕκαστον προσαγορεύομεν.

Ἔστι ταῦτα.

Καὶ τὰ μὲν δὴ ὁρᾶσθαί φαμεν, νοεῖσθαι δ' οὔ, τὰς δ' αὖ ἰδέας νοεῖσθαι μέν, ὁρᾶσθαι δ' οὔ.

7
SEIN, ERKENNEN, LEBEN. DIE DREI GLEICHNISSE IN PLATONS «STAAT»

Eine weitere Dimension der Ideenlehre erschließt sich, wenn nach dem Sein der Ideenwelt und ihrem Zusammenhang mit der irdischen Welt gefragt wird. Hierauf findet man eine Antwort in den drei Gleichnissen, dem Sonnen-, Linien- und Höhlengleichnis in der Mitte des umfangreichen Dialogs «Der Staat», der Platons mittlerer Schaffensperiode angehört. Die drei Gleichnisse folgen dort unmittelbar aufeinander. Sonnen- und Liniengleichnis haben den Zweck, das Höhlengleichnis verständlicher zu machen.

Das Sonnengleichnis[63]

Sokrates berichtet:

«Wir behaupten doch, es gebe vieles Schöne, erwiderte ich, und vieles Gute und so von jeder Art, und wir unterscheiden dies auch in der Sprache.

‹Ja, das behaupten wir.›

Und auch ein Schönes selbst und ein Gutes selbst gebe es; und so setzten wir bei allem, was wir vorhin als Vieles gesetzt haben, auch wiederum eine einzige Urgestalt (Idee) von jeglichem an, da sie ja einheitlich ist, und sprechen jegliches als das an, was es ist.

‹So ist es.›

Und von dem ersteren sagten wir, es sei sichtbar, aber nicht einsehbar; während die Ideen eingesehen, aber nicht gesehen werden.

Παντάπασι μὲν οὖν.

c Τῷ οὖν ὁρῶμεν ἡμῶν αὐτῶν τὰ ὁρώμενα;

Τῇ ὄψει, ἔφη.

Οὐκοῦν, ἦν δ' ἐγώ, καὶ ἀκοῇ τὰ ἀκουόμενα, καὶ ταῖς ἄλλαις αἰσθήσεσι πάντα τὰ αἰσθητά;

Τί μήν;

Ἆρ' οὖν, ἦν δ' ἐγώ, ἐννενόηκας τὸν τῶν αἰσθήσεων δημιουργὸν ὅσῳ πολυτελεστάτην τὴν τοῦ ὁρᾶν τε καὶ ὁρᾶσθαι δύναμιν ἐδημιούργησεν;

Οὐ πάνυ, ἔφη.

Ἀλλ' ὧδε σκόπει. ἔστιν ὅτι προσδεῖ ἀκοῇ καὶ φωνῇ
γένους ἄλλου εἰς τὸ τὴν μὲν ἀκούειν, τὴν δὲ ἀκούεσθαι, ὃ
d ἐὰν μὴ παραγένηται τρίτον, ἡ μὲν οὐκ ἀκούσεται, ἡ δὲ οὐκ
ἀκουσθήσεται;

Οὐδενός, ἔφη.

Οἶμαι δέ γε, ἦν δ' ἐγώ, οὐδ' ἄλλαις πολλαῖς, ἵνα μὴ εἴπω ὅτι οὐδεμιᾷ, τοιούτου προσδεῖ οὐδενός. ἢ σύ τινα ἔχεις εἰπεῖν;

Οὐκ ἔγωγε, ἦ δ' ὅς.

Τὴν δὲ τῆς ὄψεως καὶ τοῦ ὁρατοῦ οὐκ ἐννοεῖς ὅτι προσδεῖται;

Πῶς;

Ἐνούσης που ἐν ὄμμασιν ὄψεως καὶ ἐπιχειροῦντος τοῦ
ἔχοντος χρῆσθαι αὐτῇ, παρούσης δὲ χρόας ἐν αὐτοῖς, ἐὰν μὴ
e παραγένηται γένος τρίτον ἰδίᾳ ἐπ' αὐτὸ τοῦτο πεφυκός, οἶσθα
ὅτι ἥ τε ὄψις οὐδὲν ὄψεται, τά τε χρώματα ἔσται ἀόρατα.

Τίνος δὴ λέγεις, ἔφη, τούτου;

Ὃ δὴ σὺ καλεῖς, ἦν δ' ἐγώ, φῶς.

Ἀληθῆ, ἔφη, λέγεις.

Οὐ σμικρᾷ ἄρα ἰδέᾳ ἡ τοῦ ὁρᾶν αἴσθησις καὶ ἡ τοῦ ὁρᾶσθαι
508 δύναμις τῶν ἄλλων συζεύξεων τιμιωτέρῳ ζυγῷ ἐζύγησαν,
εἴπερ μὴ ἄτιμον τὸ φῶς.

‹Allerdings.›

c Womit in uns sehen wir nun das, was wir sehen?

‹Mit dem Gesicht›, sagte er.

Und ebenso mit dem Gehör das, was wir hören, fuhr ich fort, und mit den übrigen Sinnen alles, was wir sonst wahrnehmen.

‹Zweifellos.›

Hast du nun nicht bemerkt, fuhr ich fort, wie der Bildner der Sinne das Vermögen des Sehens und des Gesehenwerdens weitaus am vollkommensten geschaffen hat?

‹Durchaus nicht›, erwiderte er.

So betrachte es denn so: Muß beim Gehör und der Stimme noch etwas anderes dazukommen, damit jenes hören und da-
d mit diese gehört werden kann, dergestalt, daß ohne dieses Dritte das eine nicht hört, das andere nicht gehört wird?

‹Nein›, sagte er.

Ich glaube, auch die meisten anderen Vermögen brauchen nichts Derartiges, fuhr ich fort, um nicht zu sagen, überhaupt keines. Oder kannst du eines nennen?

‹Ich weiß keines›, sagte er.

Das Vermögen des Sehens und das des Gesehenwerdens aber brauchen noch etwas; das siehst du doch ein?

‹Wieso?›

Wenn wir in unseren Augen auch Sehkraft haben und sie anwenden wollen, und wenn an den sichtbaren Dingen auch
e Farbe ist, so weißt du doch, daß das Gesicht nichts sieht und die Farben unsichtbar bleiben, wenn nicht noch ein Drittes dazukommt, das eigens dafür geschaffen ist.

‹Was meinst du damit?› fragte er.

Das, was du Licht nennst, sagte ich.

‹Du hast recht›, erwiderte er.

Durch keine geringe Erscheinung sind also der Sinn des Sehens und das Vermögen des Gesehenwerdens miteinander ver-
8a knüpft durch ein edleres Band als die anderen Verbindungen, da ja doch das Licht etwas überaus Edles ist.

Ἀλλὰ μήν, ἔφη, πολλοῦ γε δεῖ ἄτιμον εἶναι.

Τίνα οὖν ἔχεις αἰτιάσασθαι τῶν ἐν οὐρανῷ θεῶν τούτου κύριον, οὗ ἡμῖν τὸ φῶς ὄψιν τε ποιεῖ ὁρᾶν ὅτι κάλλιστα καὶ τὰ ὁρώμενα ὁρᾶσθαι;

Ὅνπερ καὶ σύ, ἔφη, καὶ οἱ ἄλλοι· τὸν ἥλιον γὰρ δῆλον ὅτι ἐρωτᾷς.

Ἆρ᾽ οὖν ὧδε πέφυκεν ὄψις πρὸς τοῦτον τὸν θεόν;

Πῶς;

Οὐκ ἔστιν ἥλιος ἡ ὄψις οὔτε αὐτὴ οὔτ᾽ ἐν ᾧ ἐγγίγνεται, ὃ
b δὴ καλοῦμεν ὄμμα.

Οὐ γὰρ οὖν.

Ἀλλ᾽ ἡλιοειδέστατόν γε οἶμαι τῶν περὶ τὰς αἰσθήσεις ὀργάνων.

Πολύ γε.

Οὐκοῦν καὶ τὴν δύναμιν ἣν ἔχει ἐκ τούτου ταμιευομένην ὥσπερ ἐπίρρυτον κέκτηται;

Πάνυ μὲν οὖν.

Ἆρ᾽ οὖν οὐ καὶ ὁ ἥλιος ὄψις μὲν οὐκ ἔστιν, αἴτιος δ᾽ ὢν αὐτῆς ὁρᾶται ὑπ᾽ αὐτῆς ταύτης;

Οὕτως, ἦ δ᾽ ὅς.

Τοῦτον τοίνυν, ἦν δ᾽ ἐγώ, φάναι με λέγειν τὸν τοῦ ἀγαθοῦ ἔκγονον, ὃν τἀγαθὸν ἐγέννησεν ἀνάλογον ἑαυτῷ, ὅτιπερ αὐτὸ
c ἐν τῷ νοητῷ τόπῳ πρός τε νοῦν καὶ τὰ νοούμενα, τοῦτο τοῦτον ἐν τῷ ὁρατῷ πρός τε ὄψιν καὶ τὰ ὁρώμενα.

Πῶς; ἔφη· ἔτι δίελθέ μοι.

Ὀφθαλμοί, ἦν δ᾽ ἐγώ, οἶσθ᾽ ὅτι, ὅταν μηκέτι ἐπ᾽ ἐκεῖνά τις αὐτοὺς τρέπῃ ὧν ἂν τὰς χρόας τὸ ἡμερινὸν φῶς ἐπέχῃ, ἀλλὰ ὧν νυκτερινὰ φέγγη, ἀμβλυώττουσί τε καὶ ἐγγὺς φαίνονται τυφλῶν, ὥσπερ οὐκ ἐνούσης καθαρᾶς ὄψεως;

Καὶ μάλα, ἔφη.

‹Ja, es ist bei weitem nichts Unedles›, erwiderte er.

Wen von den Göttern am Himmel kannst du nun als den Urheber davon bezeichnen und sagen, er sei Herr des Gestirns, dessen Licht bewirkt, daß unser Gesicht aufs herrlichste sieht und daß das, was wir sehen, gesehen wird?

‹Denselben, den auch du meinst und die anderen›, sagte er. ‹Denn du fragst doch offenbar nach Helios (der Sonne).›

Zu diesem Gott verhält sich nun das Gesicht doch wohl folgendermaßen:

‹Wie?›

Das Gesicht ist selbst nicht die Sonne, und auch das nicht,
b worin es wohnt und was wir Auge nennen.

‹Nein, das nicht.›

Aber es ist doch, denke ich, das sonnenhafteste unter den Sinnesorganen.

‹Ja, bei weitem.›

Und das Vermögen, das es hat, besitzt es wie einen Zufluß, der ihm von jenem Gotte zugeteilt wird?

‹Ja, gewiß.›

Und so ist doch auch Helios nicht Gesicht, aber Urheber davon, und als solcher wird er von dem Gesicht gesehen.

‹So ist es›, sagte er.

So verkünde also, fuhr ich fort, daß ich ihn meinte, als ich vom Sprößling des Guten sprach, den das Gute als sein Ebenbild gezeugt hat. Und wie sich dieses im einsehbaren Raume zur
c Einsicht und zu dem Eingesehenen verhält, so verhält sich Helios im sichtbaren Raume zum Gesicht und zu dem Gesehenen.

‹Wie denn?› frage er; ‹erkläre mir das noch genauer!›

Du weißt doch, fuhr ich fort, wenn wir unsere Augen nicht mehr auf die Dinge richten, deren Farben vom Tageslicht beschienen sind, sondern auf die, bei denen nächtlicher Dämmerschein herrscht, so werden sie stumpf und scheinen beinahe blind, als ob keine reine Sehkraft mehr in ihnen wäre.

d Ὅταν δέ γ' οἶμαι ὧν ὁ ἥλιος καταλάμπει, σαφῶς ὁρῶσι, καὶ τοῖς αὐτοῖς τούτοις ὄμμασιν ἐνοῦσα φαίνεται.

Τί μήν;

Οὕτω τοίνυν καὶ τὸ τῆς ψυχῆς ὧδε νόει· ὅταν μὲν οὗ καταλάμπει ἀλήθειά τε καὶ τὸ ὄν, εἰς τοῦτο ἀπερείσηται, ἐνόησέν τε καὶ ἔγνω αὐτὸ καὶ νοῦν ἔχειν φαίνεται· ὅταν δὲ εἰς τὸ τῷ σκότῳ κεκραμένον, τὸ γιγνόμενόν τε καὶ ἀπολλύμενον, δοξάζει τε καὶ ἀμβλυώττει ἄνω καὶ κάτω τὰς δόξας μεταβάλλον, καὶ ἔοικεν αὖ νοῦν οὐκ ἔχοντι.

Ἔοικε γάρ.

e Τοῦτο τοίνυν τὸ τὴν ἀλήθειαν παρέχον τοῖς γιγνωσκομένοις καὶ τῷ γιγνώσκοντι τὴν δύναμιν ἀποδιδὸν τὴν τοῦ ἀγαθοῦ ἰδέαν φάθι εἶναι· αἰτίαν δ' ἐπιστήμης οὖσαν καὶ ἀληθείας, ὡς γιγνωσκομένης μὲν διανοοῦ, οὕτω δὲ καλῶν ἀμφοτέρων ὄντων, γνώσεώς τε καὶ ἀληθείας, ἄλλο καὶ κάλλιον ἔτι τούτων ἡγούμενος αὐτὸ ὀρθῶς ἡγήσῃ· ἐπιστήμην
509 δὲ καὶ ἀλήθειαν, ὥσπερ ἐκεῖ φῶς τε καὶ ὄψιν ἡλιοειδῆ μὲν νομίζειν ὀρθόν, ἥλιον δ' ἡγεῖσθαι οὐκ ὀρθῶς ἔχει, οὕτω καὶ ἐνταῦθα ἀγαθοειδῆ μὲν νομίζειν ταῦτ' ἀμφότερα ὀρθόν, ἀγαθὸν δὲ ἡγεῖσθαι ὁπότερον αὐτῶν οὐκ ὀρθόν, ἀλλ' ἔτι μειζόνως τιμητέον τὴν τοῦ ἀγαθοῦ ἕξιν.

Ἀμήχανον κάλλος, ἔφη, λέγεις, εἰ ἐπιστήμην μὲν καὶ ἀλήθειαν παρέχει, αὐτὸ δ' ὑπὲρ ταῦτα κάλλει ἐστίν· οὐ γὰρ δήπου σύ γε ἡδονὴν αὐτὸ λέγεις.

Εὐφήμει, ἦν δ' ἐγώ· ἀλλ' ὧδε μᾶλλον τὴν εἰκόνα αὐτοῦ ἔτι ἐπισκόπει.

b Πῶς;

Τὸν ἥλιον τοῖς ὁρωμένοις οὐ μόνον οἶμαι τὴν τοῦ ὁρᾶσθαι

d ‹Ja, gewiß›, sagte er.

Richten sie sich aber auf das, was die Sonne bescheint, dann, denke ich, sehen sie klar, und diesen selben Augen wohnt jetzt offenbar Sehkraft inne.

‹Ohne Zweifel.›

So stelle dir denn dasselbe auch bei der Seele vor. Wenn sie sich auf das richtet, worauf die Wahrheit herabscheint und das Seiende, so sieht sie es auf einmal ein und erkennt es nun, und es zeigt sich, daß sie Einsicht hat. Richtet sie sich aber auf das, was mit Finsternis vermischt ist, auf das Werdende und Vergehende, so meint sie nur, wird schwachsichtig und ändert ihre Meinungen hin und her, so wie einer, der keine Einsicht hat.

‹Ja, offenbar.›

e Das ist es also, was dem Erkannten Wahrheit verleiht und was dem Erkennenden das Vermögen (des Erkennens) gibt: verkünde es nur, das sei die Idee (Urgestalt) des Guten. Denke sie dir als die Ursache des Wissens und der Wahrheit, die wir erkennen. So schön aber auch diese beiden, Erkenntnis und Wahrheit, sind, so wirst du es doch recht halten, wenn du die Idee des Guten für etwas hältst, das noch schöner ist als diese beiden. So wie es dort richtig war, Licht und Gesicht als etwas
a Sonnenhaftes anzuerkennen, aber unrichtig, sie für die Sonne selbst zu halten, so ist es auch hier richtig, diese beiden, Wissen und Wahrheit, als etwas Guthaftes anzuerkennen, aber unrichtig, eines von ihnen für das Gute zu halten. Nein, man muß das Wesen des Guten noch höher einschätzen.

‹Von einer nicht auszudenkenden Schönheit sprichst du da›, sagte er, ‹wenn es Wissen und Wahrheit verleiht, diese aber an Schönheit selbst noch übertrifft. Denn die Sinnenlust meinst *du* ja gewiß nicht damit!›

Lästere nicht! rief ich, sondern betrachte das Abbild des Guten noch weiter in folgender Weise.

b ‹Wie denn?›

Ich denke, du wirst zugeben, daß Helios dem Sichtbaren nicht

δύναμιν παρέχειν φήσεις, ἀλλὰ καὶ τὴν γένεσιν καὶ αὔξην καὶ τροφήν, οὐ γένεσιν αὐτὸν ὄντα.

Πῶς γάρ;

Καὶ τοῖς γιγνωσκομένοις τοίνυν μὴ μόνον τὸ γιγνώσκεσθαι φάναι ὑπὸ τοῦ ἀγαθοῦ παρεῖναι, ἀλλὰ καὶ τὸ εἶναί τε καὶ τὴν οὐσίαν ὑπ' ἐκείνου αὐτοῖς προσεῖναι, οὐκ οὐσίας ὄντος τοῦ ἀγαθοῦ, ἀλλ' ἔτι ἐπέκεινα τῆς οὐσίας πρεσβείᾳ καὶ δυνάμει ὑπερέχοντος.

nur das Vermögen verleiht, gesehen zu werden, sondern auch Werden und Wachstum und Nahrung, ohne daß er selbst ein Werden ist.
‹Wie sollte er das!›
So gib auch zu, daß das Erkannte vom Guten nicht nur das Erkanntwerden bekommt, sondern daß es ihm auch sein Dasein und sein Wesen verdankt. Und doch ist das Gute nicht Wesen, sondern es steht noch jenseits des Wesens (Seins) und übertrifft es an Würde und Macht.»

(Platon, Der Staat, Sonnengleichnis, 507 b–509 b)

Die in diesem Gleichnis anfänglich dargelegte Seinslehre teilt die Welt in zwei Bereiche ein, den sichtbaren Bereich und den «einsehbaren» (noeton, das heißt: denkbaren). Den beiden Erkenntnistätigkeiten, Sinneswahrnehmung und Denken, die von Platon erstmals unterschieden wurden, gehören je spezifische Weltbereiche zu. Zwischen diesen Bereichen gibt es im Sonnengleichnis keinen Übergang; ihr Verhältnis zueinander wird erst im nachfolgenden Liniengleichnis untersucht. Jedoch sind beide Bereiche durch zweierlei verbunden: 1. durch eine strikte Parallelität ihrer Glieder. Das wird durch nachstehende Zusammenfassung deutlich (Figur 1). 2. durch denselben Ursprung: die Idee des Guten, die noch «jenseits des Seins» steht. Zunächst scheint es für jeden Bereich eine eigene Ursache zu geben: Die Idee des Guten für den Denkbereich und die Sonne für den sichtbaren Bereich. Jedoch wird dann, wie nebenbei (508 c), die Sonne «Sprößling des Guten» genannt. Das Sonnengleichnis taugt also, trotz seiner strikten Trennung der beiden Bereiche, nicht dazu, Platon einen ontologischen Dualismus zuzuschreiben.[64] Ferner fällt auf, daß beide Ursachen, das Gute ebenso wie die Sonne, sowohl Ursachen des *Seins* sind als auch Ursachen des *Bewußtseins.* Am Beispiel der Sonne: Sie läßt nicht nur alles wachsen, sondern beleuchtet es auch, macht es erkennbar. Zusammenfassend also:

Das Sonnengleichnis

Ursache:	Die Idee des Guten/Das Gute	
		Sonne
Bereich:	Denkbarer Bereich	Sichtbarer Bereich
Medium:	Wahrheit	Licht
Vorhandenes:	Seiendes/Sein	Werdendes/ Werden, Wachsen
Möglichkeit für die Objekte:	Erkanntwerden	Gesehenwerden
Tätigkeiten der Subjekte:	Erkenntnis (episteme, gnosis)	Sehen (opsis)
Vermögen der Subjekte:	Geist (geistiges Schauen, nus)	Sehvermögen (opsis)
Organe:	Seele	Augen
Deren Eigenschaften:	Dem Guten gleichend	Der Sonne gleichend

Figur 1

Dem Guten kommt hier besondere Bedeutung zu. Es ist, unpersönlich im Neutrum gefaßt, an die Stelle des Xenophanesischen «Gottes» getreten, der «alles mit seines Geistes Denkkraft erschüttert», und an die Stelle des «Geistes» bei Anaxagoras, der den Weltprozeß in Gang setzt. Es ist Ursprung und Urbild alles Seienden, alles Bewußtseins und alles Wirkens; also auch der Ideen selbst. Diese sind, im Gegensatz zum einheitlichen Sein bei Parmenides, vielfältig und differenziert. Die verschiedenen Dinge der Sinneswelt haben jeweils an der ihnen zugrundeliegenden Idee Anteil. «Teilhabe» der natürlichen Dinge (im heutigen Sprachgebrauch) an der Ideenwelt ist ein zentraler Begriff der platonischen Ideenlehre.[65] Er entspricht auf der Seinsseite, in der Welt der Dinge, demjenigen, was für das Bewußtsein die «Wiedererinnerung» ist. Er wird im nachfolgenden Liniengleichnis vorausgesetzt.

d Νόησον τοίνυν, ἦν δ' ἐγώ, ὥσπερ λέγομεν, δύο αὐτὼ εἶναι, καὶ βασιλεύειν τὸ μὲν νοητοῦ γένους τε καὶ τόπου, τὸ δ' αὖ ὁρατοῦ, ἵνα μὴ οὐρανοῦ εἰπὼν δόξω σοι σοφίζεσθαι περὶ τὸ ὄνομα. ἀλλ' οὖν ἔχεις ταῦτα διττὰ εἴδη, ὁρατόν, νοητόν;

Ἔχω.

Ὥσπερ τοίνυν γραμμὴν δίχα τετμημένην λαβὼν ἄνισα τμήματα, πάλιν τέμνε ἑκάτερον τὸ τμῆμα ἀνὰ τὸν αὐτὸν λόγον, τό τε τοῦ ὁρωμένου γένους καὶ τὸ τοῦ νοουμένου, καί σοι ἔσται σαφηνείᾳ καὶ ἀσαφείᾳ πρὸς ἄλληλα ἐν μὲν τῷ ὁρωμένῳ
e τὸ μὲν ἕτερον τμῆμα εἰκόνες—λέγω δὲ τὰς εἰκόνας πρῶτον
510 μὲν τὰς σκιάς, ἔπειτα τὰ ἐν τοῖς ὕδασι φαντάσματα καὶ ἐν τοῖς ὅσα πυκνά τε καὶ λεῖα καὶ φανὰ συνέστηκεν, καὶ πᾶν τὸ τοιοῦτον, εἰ κατανοεῖς.

Ἀλλὰ κατανοῶ.

Τὸ τοίνυν ἕτερον τίθει ᾧ τοῦτο ἔοικεν, τά τε περὶ ἡμᾶς ζῷα καὶ πᾶν τὸ φυτευτὸν καὶ τὸ σκευαστὸν ὅλον γένος.

Τίθημι, ἔφη.

Ἦ καὶ ἐθέλοις ἂν αὐτὸ φάναι, ἦν δ' ἐγώ, διῃρῆσθαι ἀληθείᾳ τε καὶ μή, ὡς τὸ δοξαστὸν πρὸς τὸ γνωστόν, οὕτω τὸ ὁμοιωθὲν πρὸς τὸ ᾧ ὡμοιώθη;

Das unmittelbar anschließende Liniengleichnis nimmt die Unterteilung in einen sichtbaren und einen denkbaren Bereich auf, verbindet jedoch die parallele Beschreibung der beiden Bereiche deutlicher mit der Gemeinsamkeit des Ursprungs. Dabei wird die Denkwelt ebenso wie die Sinneswelt noch einmal untergliedert[66]:

d «Sieh also ein, fuhr ich fort: daß dies, wie gesagt, zwei verschiedene Mächte sind. Die eine herrscht über die Gattung und den Bereich des Einsehbaren, die andere über die Gattung und den Bereich des Sichtbaren… Du hältst also die beiden Arten fest: das *Sichtbare* und das *Einsehbare* (Denkbare, noeton).

‹Ja.›

Stelle dir das nun als eine Linie vor, die durch einen Schnitt in zwei ungleiche Abschnitte geteilt ist, und schneide dann jeden Abschnitt noch einmal im selben Verhältnis durch, sowohl die Gattung des Gesehenen wie die des Eingesehenen, dann stellt der eine Abschnitt beim Gesehenen – wenn man nach Graden
e der *Klarheit* oder *Unklarheit* unterscheidet – die *Abbilder* dar.
a Ich verstehe unter Abbildern erstens die *Schatten*, zweitens die *Spiegelbilder* im Wasser und auf allem, was fest, glatt und glänzend beschaffen ist, und alles Derartige; verstehst du?

‹Ja.›

Den anderen Abschnitt nimm nun als das, dem diese Abbilder gleichen, also als die *Tiere*, die um uns leben, die ganze *Pflanzenwelt* und die ganze Gattung der *Geräte*.

‹Ja›, sagte er.

Und wärest du nun nicht zu dem Zugeständnis bereit, fuhr ich fort, daß diese Aufteilung nach Wahrheit und Nichtwahrheit geschieht: daß sich nämlich das Nachgebildete zu dem, dem es nachgebildet ist, so verhält, wie der Gegenstand des Meinens zu dem des Erkennens?

b Ἔγωγ', ἔφη, καὶ μάλα.

Σκόπει δὴ αὖ καὶ τὴν τοῦ νοητοῦ τομὴν ᾗ τμητέον.

Πῇ;

Ἧι τὸ μὲν αὐτοῦ τοῖς τότε μιμηθεῖσιν ὡς εἰκόσιν χρωμένη ψυχὴ ζητεῖν ἀναγκάζεται ἐξ ὑποθέσεων, οὐκ ἐπ' ἀρχὴν πορευομένη ἀλλ' ἐπὶ τελευτήν, τὸ δ' αὖ ἕτερον—τὸ ἐπ' ἀρχὴν ἀνυπόθετον—ἐξ ὑποθέσεως ἰοῦσα καὶ ἄνευ τῶν περὶ ἐκεῖνο εἰκόνων, αὐτοῖς εἴδεσι δι' αὐτῶν τὴν μέθοδον ποιουμένη.

Ταῦτ', ἔφη, ἃ λέγεις, οὐχ ἱκανῶς ἔμαθον.

c Ἀλλ' αὖθις, ἦν δ' ἐγώ· ῥᾷον γὰρ τούτων προειρημένων μαθήσῃ. οἶμαι γάρ σε εἰδέναι ὅτι οἱ περὶ τὰς γεωμετρίας τε καὶ λογισμοὺς καὶ τὰ τοιαῦτα πραγματευόμενοι, ὑποθέμενοι τό τε περιττὸν καὶ τὸ ἄρτιον καὶ τὰ σχήματα καὶ γωνιῶν τριττὰ εἴδη καὶ ἄλλα τούτων ἀδελφὰ καθ' ἑκάστην μέθοδον, ταῦτα μὲν ὡς εἰδότες, ποιησάμενοι ὑποθέσεις αὐτά, οὐδένα λόγον οὔτε αὑτοῖς οὔτε ἄλλοις ἔτι ἀξιοῦσι περὶ αὐτῶν διδόναι
d ὡς παντὶ φανερῶν, ἐκ τούτων δ' ἀρχόμενοι τὰ λοιπὰ ἤδη διεξιόντες τελευτῶσιν ὁμολογουμένως ἐπὶ τοῦτο οὗ ἂν ἐπὶ σκέψιν ὁρμήσωσι.

Πάνυ μὲν οὖν, ἔφη, τοῦτό γε οἶδα.

Οὐκοῦν καὶ ὅτι τοῖς ὁρωμένοις εἴδεσι προσχρῶνται καὶ τοὺς λόγους περὶ αὐτῶν ποιοῦνται, οὐ περὶ τούτων διανοούμενοι, ἀλλ' ἐκείνων πέρι οἷς ταῦτα ἔοικε, τοῦ τετραγώνου αὐτοῦ

b ‹Ja, durchaus›, sagte er.

Sieh nun auch, durch welchen Schnitt das Einsehbare geteilt werden muß.

‹Wie denn?›

Folgendermaßen: den einen Teil von ihm muß die Seele *von gewissen Voraussetzungen aus* suchen, wobei sie die vorhin erwähnten Gegenstände der Nachbildung ihrerseits *als Abbilder benutzt;* sie geht dabei nicht auf den Anfang zurück, sondern vorwärts *auf das Ende zu.* Beim Suchen des anderen Teiles geht sie auch *von einer Voraussetzung aus,* aber in Richtung auf den *voraussetzungslosen Anfang* hin, und zwar ohne die Bilder, die sie beim ersten Teil benutzt hat; sie verfolgt ihren geregelten Gang (ihre ‹Methode›) *mit Hilfe der Ideen* (Urgestalten) *selbst und durch sie hindurch.*

‹Was du da sagst›, erwiderte er, ‹habe ich nicht recht verstanden.›

c Also noch einmal, sagte ich. Du wirst es leichter verstehen, wenn ich folgendes vorausschicke: Ich denke, du weißt, daß die Leute, die sich mit Geometrie und Rechnungen und ähnlichen Dingen beschäftigen, von bestimmten Voraussetzungen ausgehen. Bei jedem Beweisgang nehmen sie das Ungerade und das Gerade, die Figuren und die drei Arten von Winkeln und anderes, was damit verwandt ist, und legen es, als ob sie darüber Bescheid wüßten, ihrer Untersuchung zugrunde. Dabei denken sie nicht daran, sich und anderen darüber Rechenschaft
zu geben, da diese Dinge ja jedem klar seien. Von diesen
d Grundlagen aus leiten sie nun gleich das Weitere ab und gelangen schließlich folgerichtig zu dem, worauf sie es mit ihrer Untersuchung abgesehen hatten.

‹Ja, das ist mir freilich bekannt›, sagte er.

Und du weißt doch auch, daß sie die sichtbaren Gestalten zu Hilfe nehmen und ihre Reden auf diese beziehen, obschon eigentlich nicht sie den Gegenstand ihres Nachdenkens bilden, sondern jene, von denen diese die Abbilder sind. Wegen des

ἕνεκα τοὺς λόγους ποιούμενοι καὶ διαμέτρου αὐτῆς, ἀλλ' οὐ
e ταύτης ἣν γράφουσιν, καὶ τἆλλα οὕτως, αὐτὰ μὲν ταῦτα ἃ
πλάττουσίν τε καὶ γράφουσιν, ὧν καὶ σκιαὶ καὶ ἐν ὕδασιν
εἰκόνες εἰσίν, τούτοις μὲν ὡς εἰκόσιν αὖ χρώμενοι, ζητοῦντες
511 δὲ αὐτὰ ἐκεῖνα ἰδεῖν ἃ οὐκ ἂν ἄλλως ἴδοι τις ἢ τῇ διανοίᾳ.

Ἀληθῆ, ἔφη, λέγεις.

Τοῦτο τοίνυν νοητὸν μὲν τὸ εἶδος ἔλεγον, ὑποθέσεσι δ' ἀναγκαζομένην ψυχὴν χρῆσθαι περὶ τὴν ζήτησιν αὐτοῦ, οὐκ ἐπ' ἀρχὴν ἰοῦσαν, ὡς οὐ δυναμένην τῶν ὑποθέσεων ἀνωτέρω ἐκβαίνειν, εἰκόσι δὲ χρωμένην αὐτοῖς τοῖς ὑπὸ τῶν κάτω ἀπεικασθεῖσιν καὶ ἐκείνοις πρὸς ἐκεῖνα ὡς ἐναργέσι δεδοξασμένοις τε καὶ τετιμημένοις.

b Μανθάνω, ἔφη, ὅτι τὸ ὑπὸ ταῖς γεωμετρίαις τε καὶ ταῖς
ταύτης ἀδελφαῖς τέχναις λέγεις.

Τὸ τοίνυν ἕτερον μάνθανε τμῆμα τοῦ νοητοῦ λέγοντά με τοῦτο οὗ αὐτὸς ὁ λόγος ἅπτεται τῇ τοῦ διαλέγεσθαι δυνάμει, τὰς ὑποθέσεις ποιούμενος οὐκ ἀρχὰς ἀλλὰ τῷ ὄντι ὑποθέσεις, οἷον ἐπιβάσεις τε καὶ ὁρμάς, ἵνα μέχρι τοῦ ἀνυποθέτου ἐπὶ τὴν τοῦ παντὸς ἀρχὴν ἰών, ἁψάμενος αὐτῆς, πάλιν αὖ ἐχόμενος τῶν ἐκείνης ἐχομένων, οὕτως ἐπὶ τελευτὴν καταβαίνῃ,
c αἰσθητῷ παντάπασιν οὐδενὶ προσχρώμενος, ἀλλ' εἴδεσιν
αὐτοῖς δι' αὐτῶν εἰς αὐτά, καὶ τελευτᾷ εἰς εἴδη.

Μανθάνω, ἔφη, ἱκανῶς μὲν οὔ—δοκεῖς γάρ μοι συχνὸν ἔργον λέγειν—ὅτι μέντοι βούλει διορίζειν σαφέστερον εἶναι

Vierecks selbst führen sie ihre Beweise oder wegen der Diagoe nale selbst, aber nicht wegen derjenigen, die sie zeichnen. Und so auch bei dem anderen: die (sichtbaren) Gestalten selbst, die sie da modellieren und zeichnen, und wovon es auch wieder Schatten und Spiegelbilder im Wasser gibt, die verwenden sie ihrerseits wieder als Bilder, während sie jenes zu erblicken suchen, das man auf keine andere Weise erblicken kann als mit

1a dem vernünftigen Nachdenken.

‹Du hast recht›, sagte er.

Von dieser Art also sagte ich, sie sei zwar einsehbar, aber die Seele müsse sich bei ihrer Erforschung auf Voraussetzungen stützen. Sie gehe nicht auf den Anfang zurück, da sie nicht imstande sei, über die Voraussetzungen nach oben hin hinauszugehen, brauche hingegen als Bilder diejenigen Dinge, die ihrerseits durch das noch tiefer Stehende wieder abgebildet werden und die im Vergleich zu jenem als leibhaftig gelten und geschätzt werden.

b ‹Ich verstehe›, sagte er. ‹Du redest von dem, was zur Geometrie und den ihr verwandten Fächern gehört.›

Nun merke auch, was ich mit dem zweiten Abschnitt des Einsehbaren meine. Es ist das, was die vernünftige Rede (Logos) selbst (d. h. ohne die Hilfe von Bildern) mit dem Vermögen der Auseinandersetzung (Dialektik) anrührt. Sie verwendet die Voraussetzungen nicht als Anfänge, sondern wirklich nur als Unterlagen, gleichsam als Einsprünge und Startrillen, um bis zum Voraussetzungslosen, zum Anfang des Alls vorzudringen, ihn anzurühren und dann wieder, im Anschluß an das, was von ihm ausgeht, zum Ende herabzusteigen. Dabei nimmt

c sie überhaupt nichts Wahrnehmbares zu Hilfe, sondern nur die Ideen selbst, schreitet so von Idee zu Idee und endet auch bei Ideen.

‹Ich verstehe das freilich nicht ganz›, sagte er; ‹denn du redest da offenbar von einer gewaltigen Aufgabe. Aber so viel verstehe ich: Du willst feststellen, daß das, was durch die dialekti-

τὸ ὑπὸ τῆς τοῦ διαλέγεσθαι ἐπιστήμης τοῦ ὄντος τε καὶ
νοητοῦ θεωρούμενον ἢ τὸ ὑπὸ τῶν τεχνῶν καλουμένων, αἷς
αἱ ὑποθέσεις ἀρχαὶ καὶ διανοίᾳ μὲν ἀναγκάζονται ἀλλὰ μὴ
αἰσθήσεσιν αὐτὰ θεᾶσθαι οἱ θεώμενοι, διὰ δὲ τὸ μὴ ἐπ᾽ ἀρχὴν
d ἀνελθόντες σκοπεῖν ἀλλ᾽ ἐξ ὑποθέσεων, νοῦν οὐκ ἴσχειν περὶ
αὐτὰ δοκοῦσί σοι, καίτοι νοητῶν ὄντων μετὰ ἀρχῆς. διάνοιαν
δὲ καλεῖν μοι δοκεῖς τὴν τῶν γεωμετρικῶν τε καὶ τὴν τῶν
τοιούτων ἕξιν ἀλλ᾽ οὐ νοῦν, ὡς μεταξύ τι δόξης τε καὶ νοῦ
τὴν διάνοιαν οὖσαν.

Ἱκανώτατα, ἦν δ᾽ ἐγώ, ἀπεδέξω. καί μοι ἐπὶ τοῖς
τέτταρσι τμήμασι τέτταρα ταῦτα παθήματα ἐν τῇ ψυχῇ
γιγνόμενα λαβέ, νόησιν μὲν ἐπὶ τῷ ἀνωτάτω, διάνοιαν
e δὲ ἐπὶ τῷ δευτέρῳ, τῷ τρίτῳ δὲ πίστιν ἀπόδος καὶ τῷ
τελευταίῳ εἰκασίαν, καὶ τάξον αὐτὰ ἀνὰ λόγον, ὥσπερ ἐφ᾽ οἷς
ἔστιν ἀληθείας μετέχει, οὕτω ταῦτα σαφηνείας ἡγησάμενος
μετέχειν.

Μανθάνω, ἔφη, καὶ συγχωρῶ καὶ τάττω ὡς λέγεις.

sche Wissenschaft vom Seienden und vom Einsehbaren betrachtet wird, klarer ist als das, was die sogenannten Fachwissenschaften (technai) betrachten, für die die Voraussetzungen die Anfänge bilden. Auch hier müssen zwar die Betrachter ihre Gegenstände mit dem vernünftigen Nachdenken und nicht mit den Sinnen betrachten; weil sie aber bei ihren Untersuchungen
d nicht zum Anfang aufsteigen, sondern bloß Voraussetzungen machen, so scheinen sie dir keine Einsicht in die Dinge zu gewinnen, obschon diese auch einsehbar wären, wenn man den Anfang hinzunähme. Das Verhalten der geometrischen und ähnlicher Fächer nennst du offenbar Vernunft (diskursives Denken, Nachdenken, Reflexion), nicht Einsicht, denn die Vernunft (diá-noia) liegt in der Mitte zwischen Meinung (doxa) und Einsicht (nus).›

Vollkommen ausreichend hast du das aufgefaßt, sagte ich. So nimm nun für unsere vier Abschnitte auch folgende vier Widerfahrnisse an, die sich in der Seele ereignen: *geistige Anschauung* (noesis) für den höchsten, *Vernunft* (Nachdenken)
e für den zweiten Abschnitt; dem dritten aber weise *das Vertrauen* (das Für-wahr-Halten) und dem letzten das *Vermuten* zu. Ordne sie in der entsprechenden Reihenfolge an, indem du annimmst, daß einem jeden so viel an Klarheit zukommt, wie ihre Gegenstände an der Wahrheit Anteil haben.

‹Ich verstehe›, sagte er; ‹ich bin einverstanden und ordne sie so an, wie du sagst.›»

(Platon, Der Staat, Liniengleichnis, 509 d–511 e)

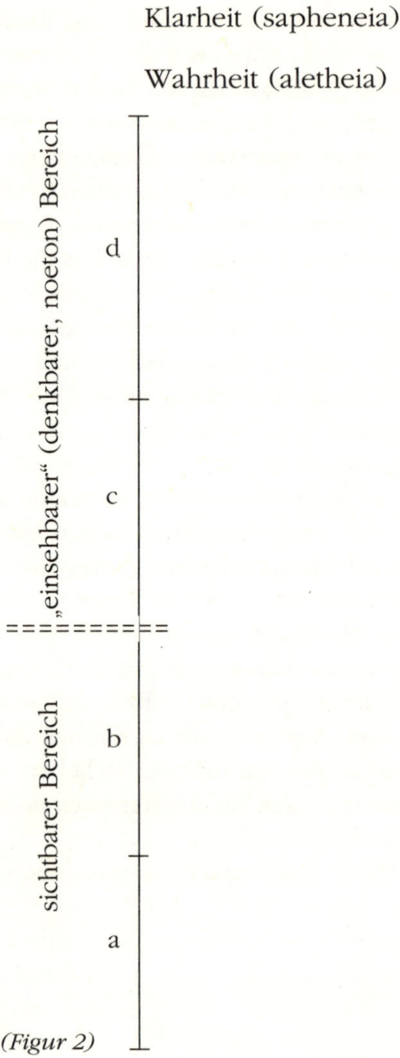
Klarheit (sapheneia)
Wahrheit (aletheia)
„einsehbarer“ (denkbarer, noeton) Bereich
sichtbarer Bereich
d
c
b
a

(Figur 2)

Man wird den Inhalt des Gleichnisses am leichtesten verstehen, wenn man Platons Aufforderung wörtlich nimmt, sich «eine Linie vorzustellen». Die im Text kursiv gedruckten Wörter finden sich auf nachfolgendem Schema wieder.
Zunächst die Linie, die durch einen Schnitt in zwei ungleiche Abschnitte geteilt ist, deren einer die sichtbare Welt, der andere die dem Denken zugängliche Welt bezeichnet, beide Bereiche nach demselben Verhältnis noch einmal unterteilt.[67] Die vier dadurch entstehenden Bereiche seien um einer besseren Verständigung willen mit kleinen Buchstaben gekennzeichnet (a bis d) (Figur 2).
Sodann werden die vier entstandenen Bereiche genauer gekennzeichnet. In dem untersten Bereich (a) die «Abbilder» der sinnlichen Gegenstände: *Schatten* und *Spiegelbilder.* Im zweiten Abschnitt (b) sodann «das, dem diese Bilder gleichen»: *Tiere*, *Pflanzenwelt* und die künstlich hergestellten *«Geräte»*, insgesamt also die Dinge der Sinneswelt. Somit ist die Sinneswelt – und wie sich später zeigen wird, gilt dies auch für die Bereiche des «Einsehbaren» – nach *Klarheit* bzw. Unklarheit und *Wahrheit* bzw. Unwahrheit unterteilt. (Den Begriff der Klarheit [sapheneia] haben wir bereits bei Thukydides und Xenophanes kennengelernt, den griechischen Wahrheitsbegriff [aletheia] bei Parmenides.)
Die Einteilung der Sinneswelt nach Gegenständen (b) und deren Spiegel- bzw. Schattenbildern (a) ist leicht einsehbar und dient als Folie für die schwieriger zu verstehende Einteilung der Denkwelt:
Das Denken im unteren Bereich der Denkwelt (c) ist durch zweierlei charakterisiert: zum einen geht dort die Seele von «gewissen *Voraussetzungen*» (hypotheseis) aus, wobei sie diese Voraussetzungen nicht hinterfragt, sondern von ihnen aus zum *Ziel* des Gedankenganges vorschreitet. Außerdem bedient sich die denkende Seele in diesem Bereich der sinnlichen Gegenstände (b), die ihrerseits *Abbilder* des Denkbereichs (c)

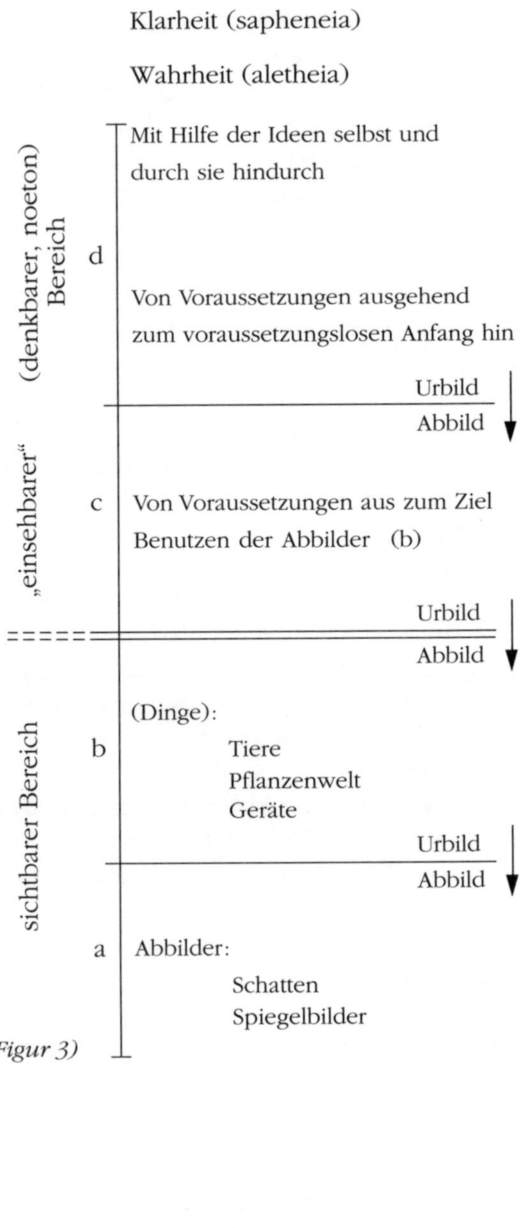
Klarheit (sapheneia)
Wahrheit (aletheia)
Mit Hilfe der Ideen selbst und
durch sie hindurch
d
Von Voraussetzungen ausgehend
zum voraussetzungslosen Anfang hin
(denkbarer, noeton) Bereich
Urbild
Abbild
„einsehbarer“
c
Von Voraussetzungen aus zum Ziel
Benutzen der Abbilder (b)
Urbild
Abbild
(Dinge):
b
Tiere
Pflanzenwelt
Geräte
Urbild
Abbild
sichtbarer Bereich
a
Abbilder:
Schatten
Spiegelbilder

(Figur 3)

sind. Es herrscht also ein Urbild-Abbild-Verhältnis nicht nur von b zu a, sondern auch von c zu b, und, wie sich zeigen wird, auch von d zu c. Das Verhältnis der beiden großen Weltbereiche, der Sinneswelt und der Denkwelt, war im Sonnengleichnis hingegen als streng parallel gekennzeichnet. Im Liniengleichnis wird das Verhältnis der beiden Weltbereiche präzisiert: sie verhalten sich außerdem zueinander wie Urbild und Abbild. Für den obersten Denkbereich (d) gilt: hier geht die Seele auch von *Voraussetzungen* aus, gelangt aber über die Voraussetzungen «nach oben hin hinaus» zum *«voraussetzungslosen Anfang»*. Und sie bedient sich keiner der Sinneswelt entnommenen Abbilder, sondern «verfolgt ihren geregelten Gang *mit Hilfe der Ideen selbst und durch sie hindurch*» (Figur 3).

Da es auf den Unterschied zwischen den beiden Denkbereichen c und d und insbesondere auf die Charakterisierung von d im Liniengleichnis besonders ankommt, folgt bei Platon noch eine nähere Erläuterung dieser beiden Bereiche.

Dem unteren Denkbereich (c) gehören «die Geometrie und die ihr verwandten Fächer» an. Daran können die beiden Eigenschaften dieses Denkens erläutert werden. Gegenstand der Geometrie sind gedachte Linien (Kreis, Dreieck usw.), die zur Veranschaulichung auch sichtbar gemacht (gezeichnet) werden. Die Gesetzmäßigkeiten der Geometrie gelten nur für die gedachten Linien, nicht für die gezeichneten. Weder ist eine gezeichnete Gerade wirklich gerade, noch ist sie überhaupt kontinuierlich. Ebensowenig hat ein gezeichnetes Dreieck die Winkelsumme von 180 Grad usw. Geometrie handelt von gedachten, ideellen Figuren, benutzt aber deren (sinnliche) Abbilder als Hilfsmittel. Dies ist das eine Charakteristikum des unteren Denkbereichs (c). Das andere ist, daß dieses Denken von Voraussetzungen ausgeht. Hierfür liefert Platon Beispiele ebenfalls aus der Geometrie: die Geometer «nehmen das Ungerade und das Gerade, die Figuren und die drei Arten von

Winkeln und anderes, was damit verwandt ist, und legen es, als ob sie darüber Bescheid wüßten, ihrer Untersuchung zugrunde. Dabei denken sie nicht daran, sich und anderen darüber Rechenschaft zu geben, da diese Dinge ja jedem klar seien. Von diesen Grundlagen aus leiten sie nun gleich das Weitere ab und gelangen schließlich folgerichtig zu dem, worauf sie es mit ihrer Untersuchung abgesehen hatten.» Geometrie und Mathematik sind hier Beispiele für ein Denken, das seine Grundlagen nicht bis ins Letzte klärt, sie dafür aber erfolgreich im Gedankengang einsetzt und so zum «Ziel» kommt, dahin, «worauf sie es mit ihrer Untersuchung abgesehen hatten.» Man wird jedes begriffliche Denken, das von Axiomen ausgeht, diesem Bereich zuweisen dürfen, überhaupt alles logische Denken. Zwar sind die ersten Axiome erst von Aristoteles formuliert worden, jedoch können sie der Sache nach bereits bei Parmenides gefunden werden (s.o.). So wenig der Geometer nach dem Wesen des Geraden, Ungeraden, des Dreiecks usw. fragt, sondern mit diesen Begriffen einfach umgeht, ebensowenig fragen wir uns im wissenschaftlichen Denken nach der Berechtigung und dem Wesen des Satzes der Identität (A = A), des Satzes vom verbotenen Widerspruch oder des Satzes vom ausgeschlossenen Dritten. Wir legen diese Axiome – oft, ohne es uns ganz bewußt zu machen – unserem Denken zugrunde. Ja, wir kommen normalerweise gar nicht auf die Idee, diese prinzipiell unbeweisbaren Grundlagen der Logik zu hinterfragen.
Was für eine Art des Denkens aber gibt es, für welche die beiden genannten Eigenschaften nicht gelten? Was kann Platon mit dem oberen Denkbereich (d) meinen? – Platon selbst wendet große Sorgfalt auf die Erklärung. Zunächst zu den «Voraussetzungen». Der Logos selbst bewegt sich hier vermittels der Fähigkeit der «Dialektik», ohne sich irgendwelcher Abbilder als Hilfsmittel zu bedienen. Das heißt, die Seele «nimmt überhaupt nichts Wahrnehmbares zu Hilfe, sondern nur die Ideen selbst, schreitet so von Idee zu Idee und endet auch bei

Ideen». In diesem Bereich sind Wahrheit und Klarheit nicht durch irgendwelche Abbilder verstellt. Doch wie bewegt man sich in diesem Denkbereich? Auch in ihm wird von den Voraussetzungen, offenbar denselben wie in (c), ausgegangen. Doch werden diese Voraussetzungen nicht wie Ursprünge des Denkens behandelt, sondern als «Unterlagen», von denen aus das Denken zum Ursprung aufsteigen und dann wieder zum Ziel herabsteigen kann. Platon verwendet hier ein sprechendes Bild: die «Voraussetzungen» seien «gleichsam Stufen und Ansätze», genauer: «Sprungbalken und Startrillen». Das Bild ist vom Sport genommen. Wer als Läufer pfeilschnell über die Rennbahn fliegen will, muß sich beim Start eines Hilfsmittels bedienen. Heute nimmt man Startblöcke, im alten Griechenland gab es Startrillen, ebenerdig in die Rennbahn eingelassene Marmorschwellen mit Rillen, in denen sich die Zehen der Läufer beim Start abstoßen konnten (die antike Rennbahn in Olympia etwa zeigt diese marmornen Startrillen noch heute). Das heißt, der Läufer, der doch vom Startpunkt loskommen will, muß zunächst etwas Paradoxes tun: er muß sich möglichst fest mit der Startrille verbinden. Je fester er diese Verbindung schafft zu dem, wovon er eigentlich loskommen will, umso erfolgreicher ist sein Lauf. (Das Wort für Startrille (horme) ist in der Übersetzung von Rufener mit «Ansätze» wiedergegeben.) – Ähnlich beim Weitsprung: Da kommt es zusätzlich noch auf etwas Anderes an, nicht nur darauf, sich vom Sprungbalken mit möglichst großer Kraft abzustoßen (also eine ähnlich paradoxe Startbewegung wie vor dem Lauf). Es kommt außerdem darauf an, den Sprungbalken sehr *präzise* zu treffen: nichts zu «verschenken», aber auch nicht zu «übertreten». Auch der Absprungbalken beim Weitsprung (epibasis, übersetzt mit «Stufen») ist ein sehr gutes Bild für den Umgang des Ideendenkens (d) mit den «Voraussetzungen»: sie sind nicht zu umgehen oder zu leugnen, sondern sie dienen dazu, sich kräftig und präzis davon abstoßen. – Mit dem Begriff der «Dia-

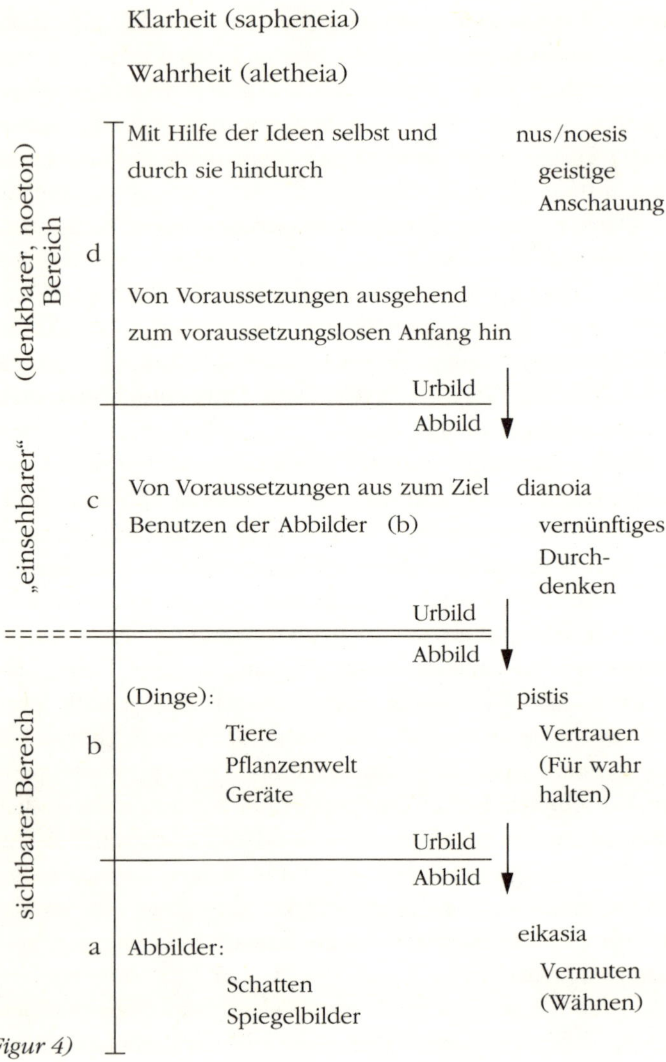
Klarheit (sapheneia)
Wahrheit (aletheia)
(denkbarer, noeton) Bereich
„einsehbarer“
sichtbarer Bereich
d
Mit Hilfe der Ideen selbst und durch sie hindurch
nus/noesis
geistige Anschauung
Von Voraussetzungen ausgehend zum voraussetzungslosen Anfang hin
Urbild
Abbild
c
Von Voraussetzungen aus zum Ziel
Benutzen der Abbilder (b)
dianoia
vernünftiges Durch-denken
Urbild
Abbild
b
(Dinge):
Tiere
Pflanzenwelt
Geräte
pistis
Vertrauen (Für wahr halten)
Urbild
Abbild
a
Abbilder:
Schatten
Spiegelbilder
eikasia
Vermuten (Wähnen)

(Figur 4)

lektik» ist ein weiterer Hinweis auf die Bewegung des Denkens im Ideenbereich gegeben: man geht in kleinen Schritten vor, immer wieder Halt suchend und sich des Errungenen vergewissernd. So charakterisiert hier Platon den obersten, wahrsten und klarsten Seinsbereich und die Bewegung des Bewußtseins darin.

Nach dem Durchgang durch die beiden Bereiche der Denkwelt werden diese noch einmal rückblickend beschrieben und mit entsprechenden Begriffen gekennzeichnet (vgl. Figur 4). Das Denken in (c) wird bezeichnet als *dianoia,* das Denken im Ideenbereich (d) als *nus.* Nus ist geistige Anschauung (s. o. Kapitel 1). Darauf weist bei Platon auch dasjenige hin, *was* vom nus geschaut wird: die «Idee». Idea (eidos), die Idee, und idein, das Sehen, gehören sprachlich zusammen. «Idee» ist schon vom Wort her dasjenige, was man geistig «schaut»; nicht irgendetwas Ausgedachtes, sondern eine geistige Wirklichkeit, deren der Mensch mit Hilfe des nus innewird. Das andere, im praktischen Leben angewandte Denken (c), das nach dem Muster der Mathematik und Geometrie verläuft, heißt dia-noia. Auch hier liegt das Wort no-os (= nus) zugrunde, durch die Vorsilbe dia (= durch) wird zum Ausdruck gebracht, was auch im Gleichnis selbst charakterisiert ist: Dies ist ein Denken, das, von den Voraussetzungen ausgehend, auf sein Ziel hin *durch*läuft.

Schließlich wird für alle vier Bereiche des Liniengleichnisses die jeweilige Befindlichkeit der Seele terminologisch erfaßt («Widerfahrnisse in der Seele»): *geistiges Anschauen (noesis;* die Endung -sis bedeutet im Griechischen Tätigkeit; hier also geistige Tätigkeit) (d), *vernünftiges Durchdenken (dianoia)* (c), *Vertrauen (pistis)* den Gegenständen in der Sinneswelt gegenüber (b) und *Wähnen, Vermuten (eikasia)* im Bereich der Schatten und Spiegelbilder (a) (Figur 4).

Es sind zwei große Unterscheidungen, auf die Platon im Liniengleichnis abhebt. Die erste war auch im Sonnengleichnis thematisiert: die Unterscheidung zwischen sinnlicher Welt und Denkwelt. Wodurch unterscheidet sich ein gezeichneter Kreis vom Begriff des Kreises («ein Kreis ist eine Linie, auf der alle Punkte von einem gegebenen Punkt gleich weit entfernt sind»)? – Jeder sinnlich sichtbare (z. B. gezeichnete) Kreis hat Spezialisierungen und Eigenschaften, die dem Kreisbegriff als solchem fehlen: eine bestimmte Farbe, bestimmte Größe, bestimmte Lage im Raum. Der *Begriff* «Kreis» hat keine Farbe, Größe und Lage. Andererseits hat der Kreisbegriff Eigenschaften, die dem gezeichneten Kreis durchaus fehlen: der gezeichnete Kreis kann, wie alles sinnlich Sichtbare, auch verschwinden oder zerstört werden. Der Begriff Kreis nicht. Er ist von Dauer. Und schließlich ist nur der gedachte Kreis wirklich rund. Der gezeichnete Kreis hat, wie Platon bei anderer Gelegenheit formuliert, immer noch sehr starken Anteil an seinem Gegenteil, dem Geraden.[68] – So betrachtet, sind der sinnlich sichtbare Kreis und der begrifflich gedachte Kreis nicht nur verschieden, sondern geradezu gegensätzlich. Ihren Zusammenhang erhalten beide dadurch, daß der gezeichnete (sinnlich sichtbare) Kreis ein Abbild des gedachten Kreises ist. Freilich ein mit Mängeln und Einschränkungen behaftetes Abbild – aber dies ist die Eigenschaft aller Abbilder im platonischen Sinne. (Daß es nicht umgekehrt sein kann, daß nicht einem abstrahierten Kreisbegriff ursprünglich viele gezeichnete Kreise zugrunde liegen können, hat Platon prinzipiell gezeigt am Begriff der «Gleichheit» im «Phaidon», s. o.). Es sind also zwei verschiedene, ja gegensätzliche Weltbereiche, in die der Mensch mit dem sinnlichen Wahrnehmen einerseits und dem Denken andererseits vorstößt. Der geheimnisvolle Zusammenhang beider Bereiche beruht darauf, daß der eine, die Sinneswelt, teilhat am anderen, der seine Realität in der Ideenwelt hat.

Das Liniengleichnis betont, über das Sonnengleichnis hinausgehend, noch einen anderen Unterschied: den zwischen dem dianoetischen (rationalen, diskursiven) Denken einerseits und der geistigen Anschauung des nus andererseits. Diese ausdrückliche Unterscheidung von schauendem Denken und diskursivem Denken ist geistesgeschichtlich neu. Menschliches Denken kann sich nach zwei Richtungen bewegen: einerseits nach «unten», zur Sinneswelt; und es kann andererseits in entgegengesetzter Richtung den Ideen entgegenstreben. Dem begrifflichen Denken nach dem Muster der Geometrie und Mathematik kommt dabei eine besondere Stellung zu. Es ist auf der einen Seite wirkliches begriffliches Denken, wohl zu unterscheiden von allem Wahrnehmen. Und andererseits hat es die Dinge der Wahrnehmungswelt unmittelbar als seine «Abbilder». Man kann daher verstehen, daß Platon niemanden zur Ideenlehre zugelassen haben soll, der sich nicht sicher im mathematischen Denken bewegen konnte.

Sonnen- und Liniengleichnis dienen ausdrücklich dem Zweck, das unmittelbar nachfolgende Höhlengleichnis verständlich zu machen. Dieses fügt nun noch eine weitere Dimension hinzu:

a Μετὰ ταῦτα δή, εἶπον, ἀπείκασον τοιούτῳ πάθει τὴν
ἡμετέραν φύσιν παιδείας τε πέρι καὶ ἀπαιδευσίας. ἰδὲ γὰρ
ἀνθρώπους οἷον ἐν καταγείῳ οἰκήσει σπηλαιώδει, ἀναπεπτα-
μένην πρὸς τὸ φῶς τὴν εἴσοδον ἐχούσῃ μακρὰν παρὰ πᾶν
τὸ σπήλαιον, ἐν ταύτῃ ἐκ παίδων ὄντας ἐν δεσμοῖς καὶ τὰ
σκέλη καὶ τοὺς αὐχένας, ὥστε μένειν τε αὐτοὺς εἴς τε τὸ
b πρόσθεν μόνον ὁρᾶν, κύκλῳ δὲ τὰς κεφαλὰς ὑπὸ τοῦ δεσμοῦ
ἀδυνάτους περιάγειν, φῶς δὲ αὐτοῖς πυρὸς ἄνωθεν καὶ πόρ-
ρωθεν καόμενον ὄπισθεν αὐτῶν, μεταξὺ δὲ τοῦ πυρὸς καὶ
τῶν δεσμωτῶν ἐπάνω ὁδόν, παρ᾽ ἣν ἰδὲ τειχίον παρῳκο-
δομημένον, ὥσπερ τοῖς θαυματοποιοῖς πρὸ τῶν ἀνθρώπων
πρόκειται τὰ παραφράγματα, ὑπὲρ ὧν τὰ θαύματα δεικνύασιν.

Ὁρῶ, ἔφη.

Ὅρα τοίνυν παρὰ τοῦτο τὸ τειχίον φέροντας ἀνθρώπους
c σκεύη τε παντοδαπὰ ὑπερέχοντα τοῦ τειχίου καὶ ἀνδριάντας
515 καὶ ἄλλα ζῷα λίθινά τε καὶ ξύλινα καὶ παντοῖα εἰργασμένα,
οἷον εἰκὸς τοὺς μὲν φθεγγομένους, τοὺς δὲ σιγῶντας τῶν
παραφερόντων.

Ἄτοπον, ἔφη, λέγεις εἰκόνα καὶ δεσμώτας ἀτόπους.

Ὁμοίους ἡμῖν, ἦν δ᾽ ἐγώ· τοὺς γὰρ τοιούτους πρῶτον μὲν
ἑαυτῶν τε καὶ ἀλλήλων οἴει ἄν τι ἑωρακέναι ἄλλο πλὴν
τὰς σκιὰς τὰς ὑπὸ τοῦ πυρὸς εἰς τὸ καταντικρὺ αὐτῶν τοῦ
σπηλαίου προσπιπτούσας;

Πῶς γάρ, ἔφη, εἰ ἀκινήτους γε τὰς κεφαλὰς ἔχειν ἠναγκα-
b σμένοι εἶεν διὰ βίου;

Τί δὲ τῶν παραφερομένων; οὐ ταὐτὸν τοῦτο;

Τί μήν;

Das Höhlengleichnis[69]

4a «Hierauf vergleiche nun, fuhr ich fort, unsere Natur in bezug auf Bildung und Unbildung mit folgendem Erlebnis. Stelle dir Menschen vor in einer unterirdischen, höhlenartigen Behausung; diese hat einen Zugang, der zum Tageslicht hinaufführt, so groß wie die ganze Höhle. In dieser Höhle sind sie von Kind auf, gefesselt an Schenkeln und Nacken, so daß sie an Ort und Stelle bleiben und immer nur geradeaus schauen; ihrer Fesseln
b wegen können sie den Kopf nicht herumdrehen. Licht aber erhalten sie von einem Feuer, das hinter ihnen weit oben in der Ferne brennt. Zwischen dem Feuer und den Gefesselten aber führt oben ein Weg hin; dem entlang denke dir eine kleine Mauer errichtet, wie die Schranken, die die Gaukler vor den Zuschauern aufbauen und über die hinweg sie ihre Kunststücke zeigen.

‹Ich sehe es vor mir›, sagte er.

Stelle dir nun längs der kleinen Mauer Menschen vor, die aller-
c hand Geräte vorübertragen, so, daß diese über die Mauer hin-
5a ausragen, Statuen von Menschen und anderen Lebewesen aus Stein und aus Holz und in mannigfacher Ausführung. Wie natürlich, redet ein Teil dieser Träger, ein anderer schweigt still.

‹Ein seltsames Bild führst du da vor, und seltsame Gefesselte›, sagte er.

Sie sind uns ähnlich, erwiderte ich. Denn erstens: glaubst du, diese Menschen hätten von sich selbst und voneinander je etwas anderes zu sehen bekommen als die Schatten, die das Feuer auf die ihnen gegenüberliegende Seite der Höhle wirft?

‹Wie sollten sie›, sagte er, ‹wenn sie zeitlebens gezwungen
b sind, den Kopf unbeweglich zu halten?›

Was sehen sie aber von den Dingen, die vorübergetragen werden? Doch eben dasselbe?

‹Zweifellos.›

Εἰ οὖν διαλέγεσθαι οἷοί τ' εἶεν πρὸς ἀλλήλους, οὐ ταῦτα ἡγῇ ἂν τὰ ὄντα αὐτοὺς νομίζειν ἅπερ ὁρῷεν;

'Ανάγκη.

Τί δ' εἰ καὶ ἠχὼ τὸ δεσμωτήριον ἐκ τοῦ καταντικρὺ ἔχοι; ὁπότε τις τῶν παριόντων φθέγξαιτο, οἴει ἂν ἄλλο τί αὐτοὺς ἡγεῖσθαι τὸ φθεγγόμενον ἢ τὴν παριοῦσαν σκιάν;

Μὰ Δί' οὐκ ἔγωγ', ἔφη.

c Παντάπασι δή, ἦν δ' ἐγώ, οἱ τοιοῦτοι οὐκ ἂν ἄλλο τι νομίζοιεν τὸ ἀληθὲς ἢ τὰς τῶν σκευαστῶν σκιάς.

Πολλὴ ἀνάγκη, ἔφη.

Σκόπει δή, ἦν δ' ἐγώ, αὐτῶν λύσιν τε καὶ ἴασιν τῶν τε δεσμῶν καὶ τῆς ἀφροσύνης, οἵα τις ἂν εἴη, εἰ φύσει τοιάδε συμβαίνοι αὐτοῖς· ὁπότε τις λυθείη καὶ ἀναγκάζοιτο ἐξαίφνης ἀνίστασθαί τε καὶ περιάγειν τὸν αὐχένα καὶ βαδίζειν καὶ πρὸς τὸ φῶς ἀναβλέπειν, πάντα δὲ ταῦτα ποιῶν ἀλγοῖ τε καὶ διὰ τὰς μαρμαρυγὰς ἀδυνατοῖ καθορᾶν ἐκεῖνα ὧν d τότε τὰς σκιὰς ἑώρα, τί ἂν οἴει αὐτὸν εἰπεῖν, εἴ τις αὐτῷ λέγοι ὅτι τότε μὲν ἑώρα φλυαρίας, νῦν δὲ μᾶλλόν τι ἐγγυτέρω τοῦ ὄντος καὶ πρὸς μᾶλλον ὄντα τετραμμένος ὀρθότερον βλέποι, καὶ δὴ καὶ ἕκαστον τῶν παριόντων δεικνὺς αὐτῷ ἀναγκάζοι ἐρωτῶν ἀποκρίνεσθαι ὅτι ἔστιν; οὐκ οἴει αὐτὸν ἀπορεῖν τε ἂν καὶ ἡγεῖσθαι τὰ τότε ὁρώμενα ἀληθέστερα ἢ τὰ νῦν δεικνύμενα;

Πολύ γ', ἔφη.

e Οὐκοῦν κἂν εἰ πρὸς αὐτὸ τὸ φῶς ἀναγκάζοι αὐτὸν βλέπειν, ἀλγεῖν τε ἂν τὰ ὄμματα καὶ φεύγειν ἀποστρεφόμενον πρὸς ἐκεῖνα ἃ δύναται καθορᾶν, καὶ νομίζειν ταῦτα τῷ ὄντι σαφέστερα τῶν δεικνυμένων;

Wenn sie nun miteinander reden könnten, glaubst du nicht, sie würden das als das Seiende bezeichnen, was sie sehen?

‹Notwendig.›

Und wenn das Gefängnis von der gegenüberliegenden Wand her auch ein Echo hätte und wenn dann einer der Vorübergehenden spräche – glaubst du, sie würden etwas anderes für den Sprechenden halten als den vorbeiziehenden Schatten?

‹Nein, beim Zeus›, sagte er.

c Auf keinen Fall, fuhr ich fort, könnten solche Menschen irgend etwas anderes für das Wahre halten als die Schatten jener künstlichen Gegenstände.

‹Das wäre ganz unvermeidlich›, sagte er.

Überlege dir nun, fuhr ich fort, wie es wäre, wenn sie von ihren Fesseln befreit und damit auch von ihrer Torheit geheilt würden; da müßte ihnen doch naturgemäß folgendes widerfahren: Wenn einer aus den Fesseln gelöst und genötigt würde, plötzlich aufzustehen, den Hals zu wenden, zu gehen und gegen das Licht zu schauen, und wenn er bei all diesem Tun Schmerzen empfände und wegen des blendenden Glanzes jene Dinge nicht
d recht erkennen könnte, deren Schatten er vorher gesehen hat – was meinst du wohl, daß er antworten würde, wenn ihm jemand erklärte, er hätte vorher nur Nichtigkeiten gesehen, jetzt aber sei er dem Seienden näher und so, dem eigentlichen Seienden zugewendet, sehe er richtiger? Und wenn der ihm dann ein jedes von dem Vorüberziehenden zeigte und ihn fragte und zu sagen nötigte, was das sei? Meinst du nicht, er wäre in Verlegenheit und würde das, was er vorher gesehen hat, für wahrer (wirklicher) halten als das, was man ihm jetzt zeigt?

‹Für viel wahrer (wirklicher)›, erwiderte er.

e Und wenn man ihn gar nötigte, das Licht selber anzublicken, dann schmerzten ihn doch wohl die Augen, und er wendete sich ab und flöhe zu den Dingen, die er anzuschauen vermag, und glaubte, diese seien tatsächlich klarer als das, was man ihm jetzt zeigt?

Οὕτως, ἔφη.

Εἰ δέ, ἦν δ' ἐγώ, ἐντεῦθεν ἕλκοι τις αὐτὸν βίᾳ διὰ
τραχείας τῆς ἀναβάσεως καὶ ἀνάντους, καὶ μὴ ἀνείη πρὶν
ἐξελκύσειεν εἰς τὸ τοῦ ἡλίου φῶς, ἆρα οὐχὶ ὀδυνᾶσθαί τε
516 ἂν καὶ ἀγανακτεῖν ἑλκόμενον, καὶ ἐπειδὴ πρὸς τὸ φῶς ἔλθοι,
αὐγῆς ἂν ἔχοντα τὰ ὄμματα μεστὰ ὁρᾶν οὐδ' ἂν ἓν δύνασθαι
τῶν νῦν λεγομένων ἀληθῶν;

Οὐ γὰρ ἄν, ἔφη, ἐξαίφνης γε.

Συνηθείας δὴ οἶμαι δέοιτ' ἄν, εἰ μέλλοι τὰ ἄνω ὄψεσθαι.
καὶ πρῶτον μὲν τὰς σκιὰς ἂν ῥᾷστα καθορῷ, καὶ μετὰ τοῦτο
ἐν τοῖς ὕδασι τά τε τῶν ἀνθρώπων καὶ τὰ τῶν ἄλλων εἴδωλα,
ὕστερον δὲ αὐτά· ἐκ δὲ τούτων τὰ ἐν τῷ οὐρανῷ καὶ αὐτὸν
τὸν οὐρανὸν νύκτωρ ἂν ῥᾷον θεάσαιτο, προσβλέπων τὸ τῶν
b ἄστρων τε καὶ σελήνης φῶς, ἢ μεθ' ἡμέραν τὸν ἥλιόν τε
καὶ τὸ τοῦ ἡλίου.

Πῶς δ' οὔ;

Τελευταῖον δὴ οἶμαι τὸν ἥλιον, οὐκ ἐν ὕδασιν οὐδ' ἐν ἀλλοτρίᾳ ἕδρᾳ φαντάσματα αὐτοῦ, ἀλλ' αὐτὸν καθ' αὑτὸν ἐν τῇ αὑτοῦ χώρᾳ δύναιτ' ἂν κατιδεῖν καὶ θεάσασθαι οἷός ἐστιν.

Ἀναγκαῖον, ἔφη.

Καὶ μετὰ ταῦτ' ἂν ἤδη συλλογίζοιτο περὶ αὐτοῦ ὅτι οὗτος
ὁ τάς τε ὥρας παρέχων καὶ ἐνιαυτοὺς καὶ πάντα ἐπιτρο-
c πεύων τὰ ἐν τῷ ὁρωμένῳ τόπῳ, καὶ ἐκείνων ὧν σφεῖς ἑώρων
τρόπον τινὰ πάντων αἴτιος.

Δῆλον, ἔφη, ὅτι ἐπὶ ταῦτα ἂν μετ' ἐκεῖνα ἔλθοι.

Τί οὖν; ἀναμιμνῃσκόμενον αὐτὸν τῆς πρώτης οἰκήσεως καὶ τῆς ἐκεῖ σοφίας καὶ τῶν τότε συνδεσμωτῶν οὐκ ἂν οἴει αὐτὸν μὲν εὐδαιμονίζειν τῆς μεταβολῆς, τοὺς δὲ ἐλεεῖν;

‹Es ist so›, sagte er.

Schleppte man ihn aber von dort mit Gewalt den rauhen und steilen Aufgang hinauf, fuhr ich fort, und ließe ihn nicht los, bis man ihn an das Licht der Sonne hinausgezogen hätte –
6a würde er da nicht Schmerzen empfinden und sich nur widerwillig so schleppen lassen? Und wenn er ans Licht käme, hätte er doch die Augen voll Glanz und vermöchte auch rein gar nichts von dem zu sehen, was man ihm nun als das Wahre bezeichnete?

‹Nein›, erwiderte er, ‹wenigstens nicht im ersten Augenblick.›

Er müßte sich also daran gewöhnen, denke ich, wenn er die Dinge dort oben sehen wollte. Zuerst würde er wohl am leichtesten die Schatten erkennen, dann die Spiegelbilder der Menschen und der anderen Gegenstände im Wasser und dann erst sie selbst. Und daraufhin könnte er dann das betrachten, was am Himmel ist, und den Himmel selbst, und zwar leichter bei
b Nacht, indem er zum Licht der Sterne und des Mondes aufblickte, als am Tage zur Sonne und zum Licht der Sonne.

‹Ohne Zweifel.›

Zuletzt aber, denke ich, würde er die Sonne, nicht ihre Spiegelbilder im Wasser oder anderswo, sondern sie selbst, an sich, an ihrem eigenen Platz ansehen und sie so betrachten können, wie sie wirklich ist.

‹Ja, notwendig›, sagte er.

Und dann würde er wohl die zusammenfassende Überlegung über sie anstellen, daß sie es ist, die die Jahreszeiten und Jahre
c herbeiführt und über allem waltet in dem sichtbaren Raume, und daß sie in gewissem Sinne auch von allem, was sie früher gesehen haben, die Ursache ist.

‹Offenbar›, sagte er, ‹würde er nach alledem so weit kommen.›

Wenn er nun aber an seine erste Behausung zurückdenkt und an die Weisheit, die dort galt, und an seine damaligen Mitgefangenen, dann wird er sich wohl zu der Veränderung glücklich preisen und jene bedauern – meinst du nicht?

Καὶ μάλα.

Τιμαὶ δὲ καὶ ἔπαινοι εἴ τινες αὐτοῖς ἦσαν τότε παρ'
ἀλλήλων καὶ γέρα τῷ ὀξύτατα καθορῶντι τὰ παριόντα, καὶ
μνημονεύοντι μάλιστα ὅσα τε πρότερα αὐτῶν καὶ ὕστερα
d εἰώθει καὶ ἅμα πορεύεσθαι, καὶ ἐκ τούτων δὴ δυνατώτατα
ἀπομαντευομένῳ τὸ μέλλον ἥξειν, δοκεῖς ἂν αὐτὸν ἐπιθυμη-
τικῶς αὐτῶν ἔχειν καὶ ζηλοῦν τοὺς παρ' ἐκείνοις τιμωμένους
τε καὶ ἐνδυναστεύοντας, ἢ τὸ τοῦ Ὁμήρου ἂν πεπονθέναι
καὶ σφόδρα βούλεσθαι "ἐπάρουρον ἐόντα θητευέμεν
ἄλλῳ ἀνδρὶ παρ' ἀκλήρῳ" καὶ ὁτιοῦν ἂν πεπονθέναι
μᾶλλον ἢ 'κεῖνά τε δοξάζειν καὶ ἐκείνως ζῆν;

e Οὕτως, ἔφη, ἔγωγε οἶμαι, πᾶν μᾶλλον πεπονθέναι ἂν
δέξασθαι ἢ ζῆν ἐκείνως.

Καὶ τόδε δὴ ἐννόησον, ἦν δ' ἐγώ. εἰ πάλιν ὁ τοιοῦτος
καταβὰς εἰς τὸν αὐτὸν θᾶκον καθίζοιτο, ἆρ' οὐ σκότους ⟨ἂν⟩
ἀνάπλεως σχοίη τοὺς ὀφθαλμούς, ἐξαίφνης ἥκων ἐκ τοῦ
ἡλίου;

Καὶ μάλα γ', ἔφη.

Τὰς δὲ δὴ σκιὰς ἐκείνας πάλιν εἰ δέοι αὐτὸν γνωματεύοντα
διαμιλλᾶσθαι τοῖς ἀεὶ δεσμώταις ἐκείνοις, ἐν ᾧ ἀμβλυώττει,
517 πρὶν καταστῆναι τὰ ὄμματα, οὗτος δ' ὁ χρόνος μὴ πάνυ
ὀλίγος εἴη τῆς συνηθείας, ἆρ' οὐ γέλωτ' ἂν παράσχοι, καὶ
λέγοιτο ἂν περὶ αὐτοῦ ὡς ἀναβὰς ἄνω διεφθαρμένος ἥκει
τὰ ὄμματα, καὶ ὅτι οὐκ ἄξιον οὐδὲ πειρᾶσθαι ἄνω ἰέναι; καὶ
τὸν ἐπιχειροῦντα λύειν τε καὶ ἀνάγειν, εἴ πως ἐν ταῖς χερσὶ
δύναιντο λαβεῖν καὶ ἀποκτείνειν, ἀποκτεινύναι ἄν;

Σφόδρα γ', ἔφη.

Ταύτην τοίνυν, ἦν δ' ἐγώ, τὴν εἰκόνα, ὦ φίλε Γλαύκων,
b προσαπτέον ἅπασαν τοῖς ἔμπροσθεν λεγομένοις, τὴν μὲν

‹Ja, gewiß.›
Die Ehren aber und das Lob, das sie einander dort spendeten,
und die Belohnungen für den, der die vorüberziehenden Schat-
ten am schärfsten erkannte und der sich am besten einprägte,
welche von ihnen zuerst, und welche danach, und welche
d gleichzeitig vorbeizukommen pflegten, und daraus am besten
vorauszusagen wußte, was jetzt kommen werde – glaubst du,
er sei noch auf dieses Lob erpicht und beneide die, die bei jenen
dort in Ehre und Macht stehen? Oder wird es ihm so gehen,
wie Homer sagt, daß er viel lieber auf dem Acker bei einem
armen Mann im Taglohn arbeiten und lieber alles mögliche er-
dulden will, als wieder in jenen Meinungen befangen sein und
jenes Leben führen?
e ‹Ja, das glaube ich›, sagte er. ‹Lieber wird er alles andere ertra-
gen als jenes Leben.›
Denke dir nun auch folgendes, fuhr ich fort: Wenn so ein
Mensch wieder hinunterstiege und sich an seinen alten Platz
setzte, dann bekäme er doch seine Augen voll Finsternis, wenn
er so plötzlich aus der Sonne käme?
‹Ja, gewiß›, erwiderte er.
Wenn er dann aber wieder versuchen müßte, im Wettstreit mit
denen, die immer dort gefesselt waren, jene Schatten zu beur-
teilen, während seine Augen noch geblendet sind und sich noch
7a nicht wieder umgestellt haben (und diese Zeit der Umgewöh-
nung dürfte ziemlich lange dauern), so würde man ihn gewiß
auslachen und von ihm sagen, er komme von seinem Aufstieg
mit verdorbenen Augen zurück und es lohne sich nicht, auch
nur versuchsweise dort hinaufzugehen. Wer aber Hand an-
legte, um sie zu befreien und hinaufzuführen, den würden sie
wohl umbringen, wenn sie nur seiner habhaft werden und ihn
töten könnten.
‹Ja, gewiß›, sagte er.
Dieses ganze Gleichnis, mein lieber Glaukon, fuhr ich fort,
b mußt du nun an das anknüpfen, was wir vorhin besprochen

δι' ὄψεως φαινομένην ἕδραν τῇ τοῦ δεσμωτηρίου οἰκήσει ἀφομοιοῦντα, τὸ δὲ τοῦ πυρὸς ἐν αὐτῇ φῶς τῇ τοῦ ἡλίου δυνάμει· τὴν δὲ ἄνω ἀνάβασιν καὶ θέαν τῶν ἄνω τὴν εἰς τὸν νοητὸν τόπον τῆς ψυχῆς ἄνοδον τιθεὶς οὐχ ἁμαρτήσῃ τῆς γ' ἐμῆς ἐλπίδος, ἐπειδὴ ταύτης ἐπιθυμεῖς ἀκούειν. θεὸς δέ που οἶδεν εἰ ἀληθὴς οὖσα τυγχάνει. τὰ δ' οὖν ἐμοὶ φαινόμενα οὕτω φαίνεται, ἐν τῷ γνωστῷ τελευταία ἡ τοῦ
c ἀγαθοῦ ἰδέα καὶ μόγις ὁρᾶσθαι, ὀφθεῖσα δὲ συλλογιστέα εἶναι ὡς ἄρα πᾶσι πάντων αὕτη ὀρθῶν τε καὶ καλῶν αἰτία, ἔν τε ὁρατῷ φῶς καὶ τὸν τούτου κύριον τεκοῦσα, ἔν τε νοητῷ αὐτὴ κυρία ἀλήθειαν καὶ νοῦν παρασχομένη, καὶ ὅτι δεῖ ταύτην ἰδεῖν τὸν μέλλοντα ἐμφρόνως πράξειν ἢ ἰδίᾳ ἢ δημοσίᾳ.

Συνοίομαι, ἔφη, καὶ ἐγώ, ὅν γε δὴ τρόπον δύναμαι.

Ἴθι τοίνυν, ἦν δ' ἐγώ, καὶ τόδε συνοιήθητι καὶ μὴ θαυμάσῃς ὅτι οἱ ἐνταῦθα ἐλθόντες οὐκ ἐθέλουσιν τὰ τῶν ἀνθρώπων πράττειν, ἀλλ' ἄνω ἀεὶ ἐπείγονται αὐτῶν αἱ ψυχαὶ διατρίβειν·
d εἰκὸς γάρ που οὕτως, εἴπερ αὖ κατὰ τὴν προειρημένην εἰκόνα τοῦτ' ἔχει.

Εἰκὸς μέντοι, ἔφη.

Τί δέ; τόδε οἴει τι θαυμαστόν, εἰ ἀπὸ θείων, ἦν δ' ἐγώ, θεωριῶν ἐπὶ τὰ ἀνθρώπειά τις ἐλθὼν κακὰ ἀσχημονεῖ τε καὶ φαίνεται σφόδρα γελοῖος ἔτι ἀμβλυώττων καὶ πρὶν ἱκανῶς συνήθης γενέσθαι τῷ παρόντι σκότῳ ἀναγκαζόμενος ἐν δικαστηρίοις ἢ ἄλλοθί που ἀγωνίζεσθαι περὶ τῶν τοῦ δικαίου σκιῶν ἢ ἀγαλμάτων ὧν αἱ σκιαί, καὶ διαμιλλᾶσθαι
e περὶ τούτου, ὅπῃ ποτὲ ὑπολαμβάνεται ταῦτα ὑπὸ τῶν αὐτὴν δικαιοσύνην μὴ πώποτε ἰδόντων;

haben. Die durch das Gesicht uns erscheinende Region setze dem Wohnen im Gefängnis gleich und das Licht des Feuers in ihr der Kraft der Sonne. Und wenn du nun den Aufstieg und die Betrachtung der Dinge dort oben für den Aufstieg der Seele in den Raum des Einsehbaren nimmst, so wirst du meine Ahnung nicht verfehlen, die du doch zu hören wünschest. Gott aber mag wissen, ob sie richtig ist. Meine Ansicht darüber geht jedenfalls dahin, daß unter dem Erkennbaren als letztes und
c nur mit Mühe die Idee des Guten gesehen wird; hat man sie aber gesehen, so muß man die Überlegung anstellen, daß sie für alles die Urheberin alles Richtigen und Schönen ist. Denn im Sichtbaren bringt sie das Licht und seinen Herrn hervor; im Einsehbaren aber verleiht sie selbst als Herrin Wahrheit und Einsicht. Sie muß man erblickt haben, wenn man für sich oder im öffentlichen Leben vernünftig handeln will.

‹Ich bin derselben Ansicht›, sagte er, ‹soweit ich zu folgen vermag.›

Wohlan denn, fuhr ich fort, schließe dich auch im folgenden meiner Meinung an. Wundere dich nicht: Wer dahin gelangt ist, will vom menschlichen Treiben nichts mehr wissen, sondern seine Seele hat den Drang, für immer hier oben zu verwei-
d len. Das ist auch ganz natürlich, wenn es dem vorhin beschriebenen Gleichnis entsprechen soll.

‹Ja, freilich›, sagte er.

Glaubst du nun aber, fuhr ich fort, man dürfe sich darüber wundern, daß, wenn einer von der Betrachtung des Göttlichen in das menschliche Elend versetzt wird, er sich dann ungeschickt benimmt und höchst lächerlich erscheint? Denn während sein Auge noch geblendet ist und bevor er sich noch recht an die herrschende Finsternis gewöhnt hat, muß er vor Gericht oder anderswo über die Schatten des Gerechten streiten oder über die Bildwerke, deren Schatten sie sind, und muß sich mit den Vermutungen herumschlagen, die jene Leute darüber anstellen, die
e die Gerechtigkeit selbst nie zu sehen bekommen haben.

Οὐδ' ὁπωστιοῦν θαυμαστόν, ἔφη.
518 Ἀλλ' εἰ νοῦν γε ἔχοι τις, ἦν δ' ἐγώ, μεμνῇτ' ἂν ὅτι
διτταὶ καὶ ἀπὸ διττῶν γίγνονται ἐπιταράξεις ὄμμασιν, ἔκ τε
φωτὸς εἰς σκότος μεθισταμένων καὶ ἐκ σκότους εἰς φῶς.
ταὐτὰ δὲ ταῦτα νομίσας γίγνεσθαι καὶ περὶ ψυχήν, ὁπότε
ἴδοι θορυβουμένην τινὰ καὶ ἀδυνατοῦσάν τι καθορᾶν, οὐκ
ἂν ἀλογίστως γελῷ, ἀλλ' ἐπισκοποῖ ἂν πότερον ἐκ φανο-
τέρου βίου ἥκουσα ὑπὸ ἀηθείας ἐσκότωται, ἢ ἐξ ἀμαθίας
πλείονος εἰς φανότερον ἰοῦσα ὑπὸ λαμπροτέρου μαρμαρυγῆς
b ἐμπέπλησται, καὶ οὕτω δὴ τὴν μὲν εὐδαιμονίσειεν ἂν τοῦ
πάθους τε καὶ βίου, τὴν δὲ ἐλεήσειεν, καὶ εἰ γελᾶν ἐπ' αὐτῇ
βούλοιτο, ἧττον ἂν καταγέλαστος ὁ γέλως αὐτῷ εἴη ἢ ὁ
ἐπὶ τῇ ἄνωθεν ἐκ φωτὸς ἡκούσῃ.
Καὶ μάλα, ἔφη, μετρίως λέγεις.
Δεῖ δή, εἶπον, ἡμᾶς τοιόνδε νομίσαι περὶ αὐτῶν, εἰ ταῦτ'
ἀληθῆ· τὴν παιδείαν οὐχ οἵαν τινὲς ἐπαγγελλόμενοί φασιν
εἶναι τοιαύτην καὶ εἶναι. φασὶ δέ που οὐκ ἐνούσης ἐν τῇ
c ψυχῇ ἐπιστήμης σφεῖς ἐντιθέναι, οἷον τυφλοῖς ὀφθαλμοῖς
ὄψιν ἐντιθέντες.
Φασὶ γὰρ οὖν, ἔφη.
Ὁ δέ γε νῦν λόγος, ἦν δ' ἐγώ, σημαίνει ταύτην τὴν
ἐνοῦσαν ἑκάστου δύναμιν ἐν τῇ ψυχῇ καὶ τὸ ὄργανον ᾧ
καταμανθάνει ἕκαστος, οἷον εἰ ὄμμα μὴ δυνατὸν ἦν ἄλλως
ἢ σὺν ὅλῳ τῷ σώματι στρέφειν πρὸς τὸ φανὸν ἐκ τοῦ
σκοτώδους, οὕτω σὺν ὅλῃ τῇ ψυχῇ ἐκ τοῦ γιγνομένου περι-
ακτέον εἶναι, ἕως ἂν εἰς τὸ ὂν καὶ τοῦ ὄντος τὸ φανότατον
δυνατὴ γένηται ἀνασχέσθαι θεωμένη· τοῦτο δ' εἶναί φαμεν
d τἀγαθόν. ἦ γάρ;
Ναί.

‹Nein, das ist gar nicht zu verwundern›, sagte er.

a Ein Einsichtiger, fuhr ich fort, würde vielmehr bedenken, daß es für die Augen zwei Arten und zwei Ursachen von Störungen gibt: die eine, wenn man aus dem Licht in das Dunkel, die andere, wenn man aus dem Dunkel in das Licht versetzt wird. Erkennt er nun an, daß dasselbe auch mit der Seele vor sich geht, so wird er nicht unüberlegt lachen, wenn er eine Seele sieht, die verwirrt ist und etwas nicht zu erkennen vermag. Sondern er wird prüfen, ob sie aus einem helleren Leben kam und jetzt von der Finsternis, an die sie nicht gewöhnt ist, umhüllt wird, oder ob sie aus größerer Unwissenheit in größere Klarheit gekommen ist und nun vom helleren Glanze geblendet wird. Und so wird er die eine um ihres Zustandes und ihres Lebens willen
b glücklich preisen und die andere bedauern; und wollte er über diese lachen, so wäre sein Lachen hier weniger lächerlich als das über die andere, die von oben aus dem Licht kommt.

‹Was du sagst, ist durchaus am Platze›, erwiderte er.

Wenn das aber wahr ist, fuhr ich fort, so müssen wir darüber zu folgender Ansicht kommen: daß die Bildung nicht das ist, wofür sie einige in ihren Anpreisungen ausgeben. Sie behaupten nämlich, sie pflanzten der Seele ein Wissen ein, das vorher
c nicht darin war, wie wenn sie blinden Augen Sehkraft geben könnten.

‹Ja, das behaupten sie›, sagte er.

Unser Gespräch zeigt nun aber, fuhr ich fort, daß der Seele eines jeden Menschen das Vermögen und das Organ innewohnt, mit dem er lernen kann. Wie aber das Auge nicht imstande ist, sich anders als mit dem ganzen Leibe aus dem Dunkel gegen das Helle zu wenden, so muß auch dieses Organ zugleich mit der ganzen Seele vom Werdenden weggewendet werden, bis diese imstande ist, den Anblick des Seienden und des
d Hellsten unter den Seienden auszuhalten; dies aber, behaupten wir, ist das Gute; nicht wahr?

‹Ja.›

Τούτου τοίνυν, ἦν δ' ἐγώ, αὐτοῦ τέχνη ἂν εἴη, τῆς περιαγωγῆς, τίνα τρόπον ὡς ῥᾷστά τε καὶ ἀνυσιμώτατα μεταστραφήσεται, οὐ τοῦ ἐμποιῆσαι αὐτῷ τὸ ὁρᾶν, ἀλλ' ὡς ἔχοντι μὲν αὐτό, οὐκ ὀρθῶς δὲ τετραμμένῳ οὐδὲ βλέποντι οἷ ἔδει, τοῦτο διαμηχανήσασθαι.

Ἔοικεν γάρ, ἔφη.

Αἱ μὲν τοίνυν ἄλλαι ἀρεταὶ καλούμεναι ψυχῆς κινδυ-
νεύουσιν ἐγγύς τι εἶναι τῶν τοῦ σώματος—τῷ ὄντι γὰρ
e οὐκ ἐνοῦσαι πρότερον ὕστερον ἐμποιεῖσθαι ἔθεσι καὶ ἀσκή-
σεσιν—ἡ δὲ τοῦ φρονῆσαι παντὸς μᾶλλον θειοτέρου τινὸς
τυγχάνει, ὡς ἔοικεν, οὖσα, ὃ τὴν μὲν δύναμιν οὐδέποτε
ἀπόλλυσιν, ὑπὸ δὲ τῆς περιαγωγῆς χρήσιμόν τε καὶ ὠφέλιμον
519 καὶ ἄχρηστον αὖ καὶ βλαβερὸν γίγνεται. ἢ οὔπω ἐννενόηκας,
τῶν λεγομένων πονηρῶν μέν, σοφῶν δέ, ὡς δριμὺ μὲν βλέπει
τὸ ψυχάριον καὶ ὀξέως διορᾷ ταῦτα ἐφ' ἃ τέτραπται, ὡς
οὐ φαύλην ἔχον τὴν ὄψιν, κακίᾳ δ' ἠναγκασμένον ὑπηρετεῖν,
ὥστε ὅσῳ ἂν ὀξύτερον βλέπῃ, τοσούτῳ πλείω κακὰ ἐργα-
ζόμενον;

Πάνυ μὲν οὖν, ἔφη.

Τοῦτο μέντοι, ἦν δ' ἐγώ, τὸ τῆς τοιαύτης φύσεως εἰ
ἐκ παιδὸς εὐθὺς κοπτόμενον περιεκόπη τὰς τῆς γενέσεως
b συγγενεῖς ὥσπερ μολυβδίδας, αἳ δὴ ἐδωδαῖς τε καὶ τοιούτων
ἡδοναῖς τε καὶ λιχνείαις προσφυεῖς γιγνόμεναι [περὶ] κάτω
στρέφουσι τὴν τῆς ψυχῆς ὄψιν· ὧν εἰ ἀπαλλαγὲν περιε-
στρέφετο εἰς τὰ ἀληθῆ, καὶ ἐκεῖνα ἂν τὸ αὐτὸ τοῦτο τῶν αὐτῶν
ἀνθρώπων ὀξύτατα ἑώρα, ὥσπερ καὶ ἐφ' ἃ νῦν τέτραπται.

Εἰκός γε, ἔφη.

Die Bildung, fuhr ich fort, wäre nun also eine Kunst der ‹Umlenkung›, die Art nämlich, wie dieses Organ am leichtesten und am wirksamsten umgewendet werden kann. Sie ist nicht die Kunst, ihm das Sehen zu verleihen; sondern indem sie voraussetzt, daß es dieses zwar besitzt, aber nicht nach der richtigen Seite gewandt ist und deshalb nicht dorthin schaut, wohin es schauen sollte, will sie ihm behilflich sein.

‹Ja, offenbar›, sagte er.

Die anderen sogenannten Tüchtigkeiten der Seele sind nun offenbar mit denen des Leibes nahe verwandt; sie scheinen näm-
e lich am Anfang wirklich nicht vorhanden zu sein, sondern erst nachträglich durch Gewohnheit und Übung in sie hineingebracht zu werden. Die des Denkens aber hat anscheinend mit etwas viel Göttlicherem zu tun. Niemals verliert das seine Kraft; es wird aber durch die Wendung, die man ihm gibt, ent-
a weder brauchbar und heilsam oder unbrauchbar und schädlich. Oder hast du noch nicht bemerkt, wie scharf die kleine Seele derer blickt, die man böse, aber klug nennt, und wie genau sie das durchschaut, worauf sie sich richtet? Sie hat keine geringe Sehkraft, muß aber der Schlechtigkeit dienen, so daß sie, je schärfer sie sieht, desto mehr Schlechtes tut.

‹Allerdings›, sagte er.

Wenn jedoch, fuhr ich fort, dieses Organ einer solchen Natur gleich von Kindheit an beschnitten worden wäre und man das,
b was daran mit dem Werden verwandt ist, ringsum abgehauen hätte, das nämlich, was ihr gleichsam wie Bleikugeln anhängt, die durch allzu reichliches Essen und die Lust daran und Schwelgereien mit ihr verwachsen sind und den Blick der Seele nach unten ziehen – wenn es also davon befreit und dem Wahren zugewendet würde, dann würde eben dieses Organ derselben Menschen jene höheren Dingen mit ganzer Schärfe sehen, so wie es das sieht, dem es jetzt zugewendet ist.

‹Ja, wahrscheinlich›, sagte er.»

(Platon, Der Staat, Höhlengleichnis, 514 a–519 b)

Es sind drei Teile des Gleichnisses zu unterscheiden:

1. Der Aufstieg aus der Höhle.
2. Der Wiederhinabstieg des Erleuchteten.
3. Die Konsequenzen des Gleichnisses.

Der Aufstieg: Die Gesamtsituation des Höhlengleichnisses unterscheidet zwei große Bereiche: innerhalb der Höhle und außerhalb der Höhle am Tageslicht. Beide Bereiche sind wieder je zweigeteilt:
In der Höhle blicken die Gefesselten auf die Schatten und verwechseln sie mit den Gegenständen, von denen sie an die Höhlenwand geworfen werden; danach gibt es den Blick auf die Gegenstände (die Statuen) selbst, die die Schatten werfen; und dazu die Aufklärung, daß es gar nicht die abgebildeten Gegenstände sind, die sprechen, sondern deren unsichtbare Träger. In der Außenwelt wiederum werden zunächst die Schatten und Spiegelbilder gesehen, dann folgt der Blick nach oben, in die vom Sonnenlicht beleuchtete Natur; und schließlich ein Blick auf die Sonne selbst als die Ursache all dessen, was man zuvor gesehen hat. Gegenüber dem Liniengleichnis also ergibt sich ein differenziertes Bild. Ausgangspunkt ist hier nicht mehr die Beschreibung verschiedener Seinsbereiche, sondern das Erleben des Menschen, wenn er gezwungen wird, sich von seinem abgeschatteten Bewußtsein zu lösen und in die Welt des Lichts emporzusteigen. War im Liniengleichnis vor allem der Zusammenhang der beiden Weltbereiche (Sinneswelt und Denkwelt) im Blick, so sind es hier die Erlebnisse des aufsteigenden Menschen. Beim Versuch, die drei Gleichnisse zusammenzusehen – das wird ja von Platon ausdrücklich gefordert –, bemerkt man, daß es nicht angeht, sie im Detail aufeinander zu beziehen. Die «Sonne» des Höhlengleichnisses entspricht beispielsweise nicht der «Sonne» des Sonnengleichnisses, sondern der Idee des Guten. Die Sonne des Sonnengleichnisses entspricht im Höhlengleichnis dem Feuer. Und die Idee des Guten als Ur-

sprung alles Seins und Erkennens war im Liniengleichnis gar nicht ausdrücklich enthalten, höchstens angedeutet im Bereich (d), wo das Denken zum «wirklichen Anfang des Alls» zurückgeht, bevor es sich der Welt wieder zuwendet.

Auffällig ist auch, daß der «Gleichnischarakter» der drei Gleichnisse durchaus verschieden ist. Die beiden ersten, die das Höhlengleichnis erläutern sollen, führen eine realistische Sprache. Die dort angesprochenen Seins- und Erkenntnisbereiche sind so bezeichnet, wie sie «wirklich» sind. Im Liniengleichnis wird durch die nach bestimmten Grundsätzen geteilte Linie ein bildhaftes Moment hereingebracht. Jedoch hat man den Eindruck, daß das, was das Bild der «Linie» sagt, genauso gut auch im Text des Gleichnisses selber zum Ausdruck kommt. Die abnehmenden Grade der «Klarheit» und «Wahrheit» sprechen sich in der von (d) nach (a) immer kleiner werdenden Strecke aus. Sonst fügt das Linienbild wenig hinzu; höchstens dies, daß nach der vorgegebenen Proportion die Bereiche (b) und (c), also die Gegenstände der Sinneswelt und die mathematischen Begriffe betreffend, gleich groß sein müssen. Das mag über den Text des Gleichnisses hinaus zum Nachdenken über das Verhältnis von mathematischem Begriff und Sinneswelt anregen. – Im Höhlengleichnis ist dagegen das Bildhafte des Gleichnisses stark in den Vordergrund gerückt. Ist das Ganze nicht überhaupt eine fiktive Situation? Gibt es sie wirklich? – Das wendet ja auch der Gesprächspartner Glaukon sofort ein («Ein seltsames Bild führst du da vor...»). Aber durch einen einzigen Satz wird das scheinbar fiktive Bild an die tatsächliche Lebens- und Erkenntnissituation des Menschen angeschlossen: «Sieh, die Gefangenen in der Höhle, die auf die Schatten blicken, sind uns ähnlich», sagt Sokrates. Hier ist der Angelpunkt, der das Gleichnis ausdrücklich und eindeutig an die Realität des menschlichen Lebens anschließt.

Wir haben somit in den drei Gleichnissen eine stufenweise Verdichtung und Differenzierung desselben Sachverhalts beschrieben: die zwei großen Weltbereiche im Sonnengleichnis; eine Differenzierung dieser Bereiche und ihre Beziehung zu den Erkenntnisstufen im Liniengleichnis; den Zusammenhang von Sein und Erkennen mit dem menschlichen Leben im Höhlengleichnis.

Im Höhlengleichnis ist von zentraler Bedeutung, daß der Erleuchtete in die Höhle zurückkehrt. Es geht Platon nicht nur um eine Ideenschau als Erkenntnisvorgang, sondern darum, das Geschaute im Leben zu verwirklichen. Nur so kann die Idee des Guten zur Macht werden in der Menschenwelt.[70]

Allerdings sind damit Schwierigkeiten verbunden. – Der Erleuchtete erinnert sich seiner einstigen Gefährten und kehrt (freiwillig) in die Höhle zurück. Dort aber ist er zunächst geblendet und muß sich ob seiner Unbeholfenheit verspotten lassen. Die Gefährten müssen zu dem Urteil kommen, es sei ganz sinnverwirrend, einen solchen Aufstieg zu unternehmen. Und sie werden sich mit aller Kraft einer derartigen Zumutung widersetzen. «Wer aber Hand anlegte, um sie zu befreien und hinaufzuführen, den würden sie wohl umbringen, wenn sie nur seiner habhaft werden und ihn töten könnten». Im übrigen ein unmißverständlicher Hinweis auf das Schicksal des Sokrates!

Auch bei den Gefesselten in der Höhle gibt es eine Art Wissenschaft. Man bemüht sich, die Schatten der verschiedenen Statuen zu unterscheiden, prägt sich ihre Reihenfolge ein und gelangt dadurch zu Voraussagen, «was jetzt kommen werde». Für erfolgreiche Wissenschaftler dieser Art gibt es dort unten «Ehren», «Lob», «Belohnungen», mit heutigen Worten: Posten und Preise. Diese Art von Wissenschaft stellt nicht die Frage nach der Ursache des Gesehenen, sie kann sich auf das Einzelne nicht genau einlassen (entbehrt insofern der «Genauigkeit») und setzt Wahrscheinlichkeit an die Stelle von Wahrheit (übrigens alles Merkmale der modernen Statistik!). Der in die Höhle Zurückkehrende durchschaut den Scheincharakter dieser Wissenschaft, kann aber für längere Zeit dort nicht mehr mithalten. So kommt es, daß die Befreiung und der Aufstieg für gefährlich und der Befreite für töricht gehalten werden. Dieser tragische Unterton wird im Gleichnis ebensowenig aufgelöst wie im Leben des Sokrates. Für Sokrates endete diese Situation mit dem Tode.

Der dritte Teil des Textes gibt die Konsequenzen des Gleichnisses für das Leben in begrifflicher Form an. Besonders wird über das Verhalten des Erleuchteten in der Höhle nachgedacht. Seine Lächerlichkeit ist nicht verwunderlich. «Denn während sein Auge noch geblendet ist und bevor er sich noch recht an die herrschende Finsternis gewöhnt hat, muß er vor Gericht oder anderswo über die Schatten des Gerechten streiten oder über die Bildwerke, deren Schatten sie sind, und muß sich mit den Vermutungen herumschlagen, die jene Leute darüber anstellen, die die Gerechtigkeit selbst nie zu sehen bekommen haben.» Dagegen ist zu bedenken – doch dazu gehört Einsicht (nus) –, daß es «für die Augen zwei Arten und zwei Ursachen von Störungen gibt: die eine, wenn man aus dem Licht in das Dunkel, die andere, wenn man aus dem Dunkel in das Licht versetzt wird.» Und Gleiches gilt eben auch für die Seelen. Daher wird der Einsichtige «nicht unüberlegt lachen, wenn er eine Seele sieht, die verwirrt ist». Er wird vielmehr prüfen, ob die Verwirrung durch fehlende Anpassung an plötzliche Helligkeit oder an Dunkelheit hervorgerufen ist.

Am Schluß wird das Gleichnis in den Kontext des Dialogs «Der Staat» hineingestellt. Es geht um die Frage, wie solche Menschen, die im Staat Verantwortung übernehmen sollen, zu erziehen sind. Platon setzt sich hier (wie auch sonst) von dem Versprechen der sophistischen Volksbildung ab, jedem Menschen (gegen angemessenes Honorar) alle gewünschten Kenntnisse und Fertigkeiten einpflanzen zu können. Er charakterisiert die Sophisten an anderer Stelle als «Krämer mit Kenntnissen».[71] Bildung ist aber in Wirklichkeit «Kunst der Umlenkung der Seele». Sie muß leisten, was im Höhlengleichnis selbst ungelöst blieb: die in der Schattenwelt befangenen Seelen umzuwenden und dem Licht zuzuwenden. Sie kann das nur, weil «der Seele eines jeden Menschen das Vermögen und das Organ innewohnt, mit dem er lernen kann.» Es wird dabei vorausgesetzt, daß die Seele bereits die Fähigkeit des geistigen Sehens besitzt, daß dieses Sehen jedoch nach der richtigen Seite gelenkt werden muß. Bildung unterstützt damit nur, was in der Seele ohnehin veranlagt ist. Dies aber gilt nicht für alle Tätigkeiten der Seele, sondern ausdrücklich nur für das Denken. Nur dieses ist «von Anfang an» vorhanden. Alle anderen Leistungen der Seele können ebenso wie die des Leibes nachträglich «durch Gewohnheit und Übung» vermittelt werden; nur das Denken nicht. Auch hier wendet sich Platon offensichtlich zugleich gegen die sophistische Maxime, Naturanlage (physis) und Übung (askesis) seien die Grundpfeiler der Erziehung (Protagoras, Fragment 3). Platon zeigt, daß diese Aufzählung nicht vollständig ist. Für den Menschen kommt außerdem noch etwas anderes in Betracht als Naturanlage und Übung. Dieses andere betrifft gerade die Hauptsache, das denkende Erkennen.

Warum das nach Platons Menschenverständnis so ist, wird im nächsten Kapitel näher erläutert.

In den drei Gleichnissen des «Staates» wurde, wie gezeigt, die Dimension jeweils erweitert: von den Seinsstufen über die Erkenntnisstufen bis hin zu Stufen des Lebens. Hier bleibt noch ein weiterer Schritt anzufügen, durch den das Leben des Menschen nicht nur zwischen Geburt und Tod, sondern über den Tod hinaus betrachtet wird. Erkenntnis ist Erinnerung an vorgeburtliche Ideenerfahrung. Wie diese Erinnerung auftaucht, wurde im «Phaidon» am Beispiel des Begriffes «Gleichheit» dargestellt. Woran aber erinnert sich die Seele bei der Begriffsbildung? Welches waren die Erfahrungen zwischen Tod und Geburt, die sie die Ideen schauen ließen? – Platon pflegt solche

Themen nicht in begrifflicher, beweisender Form, sondern in einem «Mythos», zu behandeln. Die mythische Form ermöglicht es, den Erlebnischarakter der geistigen Erfahrung (des Denkens) stärker hervorzuheben. Der Mythos des Dialogs «Phaidros» beschreibt bildhaft die Schau der Ideenwelt.
So vereinigt die Thematik des folgenden achten Kapitels zugleich die Gesichtspunkte aus dem sechsten und siebten.

Περὶ μὲν οὖν ἀθανασίας αὐτῆς ἱκανῶς· περὶ δὲ τῆς ἰδέας αὐτῆς ὧδε λεκτέον. οἷον μέν ἐστι, πάντῃ πάντως θείας εἶναι καὶ μακρᾶς διηγήσεως, ᾧ δὲ ἔοικεν, ἀνθρωπίνης τε καὶ ἐλάττονος· ταύτῃ οὖν λέγωμεν. ἐοικέτω δὴ συμφύτῳ δυνάμει ὑποπτέρου ζεύγους τε καὶ ἡνιόχου. θεῶν μὲν οὖν ἵπποι τε καὶ ἡνίοχοι πάντες αὐτοί τε ἀγαθοὶ καὶ ἐξ ἀγαθῶν,
b τὸ δὲ τῶν ἄλλων μέμεικται. καὶ πρῶτον μὲν ἡμῶν ὁ ἄρχων συνωρίδος ἡνιοχεῖ, εἶτα τῶν ἵππων ὁ μὲν αὐτῷ καλός τε καὶ ἀγαθὸς καὶ ἐκ τοιούτων, ὁ δ᾽ ἐξ ἐναντίων τε καὶ ἐναντίος· χαλεπὴ δὴ καὶ δύσκολος ἐξ ἀνάγκης ἡ περὶ ἡμᾶς ἡνιόχησις. πῇ δὴ οὖν θνητόν τε καὶ ἀθάνατον ζῷον ἐκλήθη πειρατέον εἰπεῖν. ψυχὴ πᾶσα παντὸς ἐπιμελεῖται τοῦ ἀψύχου, πάντα δὲ οὐρανὸν περιπολεῖ, ἄλλοτ᾽ ἐν ἄλλοις εἴδεσι γιγνομένη. τελέα
c μὲν οὖν οὖσα καὶ ἐπτερωμένη μετεωροπορεῖ τε καὶ πάντα τὸν κόσμον διοικεῖ, ἡ δὲ πτερορρυήσασα φέρεται ἕως ἂν στερεοῦ τινος ἀντιλάβηται, οὗ κατοικισθεῖσα, σῶμα γήϊνον λαβοῦσα, αὐτὸ αὐτὸ δοκοῦν κινεῖν διὰ τὴν ἐκείνης δύναμιν, ζῷον τὸ σύμπαν ἐκλήθη, ψυχὴ καὶ σῶμα παγέν, θνητόν τ᾽ ἔσχεν ἐπωνυμίαν· ἀθάνατον δὲ οὐδ᾽ ἐξ ἑνὸς λόγου λελογι-

8

DER GEIST ALS LENKER DER SEELE. DER SEELENMYTHOS IM «PHAIDROS»

«Damit genug über die Unsterblichkeit der Seele; von ihrem
Wesen (idea) ist nun folgendes zu sagen: zu schildern, wie sie
wirklich ist, das bedürfte in jeder Hinsicht einer ganz und gar
göttlichen und langen Abhandlung; doch wem sie gleicht, das
kann man mit einer menschlichen und kürzeren darstellen, und
auf diese Art wollen wir nun vorgehen. Sie gleicht also der
Kraft, die einem befiederten Gespann und einem Wagenlenker
innewohnt. Pferde und Wagenlenker der Götter nun sind alle
gut und von guter Herkunft; die der anderen aber sind ge-
b mischt. Bei uns nun lenkt zunächst der Führer das Gespann;
darauf erweist sich ihm das eine Pferd als fromm und gut und
von ebensolcher Herkunft, das andere dagegen von entgegen-
gesetzter Herkunft und Beschaffenheit. Die Lenkung des Wa-
gens ist also bei uns notwendig beschwerlich und mühsam.
Wieso nun ein Lebewesen ‹sterblich› und ‹unsterblich› ge-
nannt werden kann, das müssen wir nun zu sagen versuchen.
Alles, was Seele ist, sorgt für das gesamte Unbeseelte; es durch-
zieht den ganzen Himmelsraum, bald in dieser, bald in jener
c Gestalt. Ist sie nun vollkommen und befiedert, so schwebt sie
in der Höhe und durchwaltet die ganze Welt. Hat sie aber die
Federn verloren, so schwebt sie umher, bis sie auf etwas Festes
stößt, wo sie seßhaft wird und einen erdigen Leib annimmt, der
sich selbst zu bewegen scheint, dank der ihr eigenen Kraft, und
dieses Ganze, Seele und Leib zusammengefügt, wurde ‹Lebe-
wesen› genannt und bekam den Beinamen ‹sterblich›. Den Na-
men ‹unsterblich› dagegen erhält sie auch nicht aus einem ein-

σμένου, ἀλλὰ πλάττομεν οὔτε ἰδόντες οὔτε ἱκανῶς νοήσαντες
d θεόν, ἀθάνατόν τι ζῷον, ἔχον μὲν ψυχήν, ἔχον δὲ σῶμα, τὸν
ἀεὶ δὲ χρόνον ταῦτα συμπεφυκότα. ἀλλὰ ταῦτα μὲν δή,
ὅπῃ τῷ θεῷ φίλον, ταύτῃ ἐχέτω τε καὶ λεγέσθω· τὴν δὲ
αἰτίαν τῆς τῶν πτερῶν ἀποβολῆς, δι' ἣν ψυχῆς ἀπορρεῖ,
λάβωμεν. ἔστι δέ τις τοιάδε.

Πέφυκεν ἡ πτεροῦ δύναμις τὸ ἐμβριθὲς ἄγειν ἄνω μετε-
ωρίζουσα ᾗ τὸ τῶν θεῶν γένος οἰκεῖ, κεκοινώνηκε δέ πῃ
μάλιστα τῶν περὶ τὸ σῶμα τοῦ θείου [ψυχή], τὸ δὲ θεῖον
e καλόν, σοφόν, ἀγαθόν, καὶ πᾶν ὅτι τοιοῦτον· τούτοις δὴ
τρέφεταί τε καὶ αὔξεται μάλιστά γε τὸ τῆς ψυχῆς πτέρωμα,
αἰσχρῷ δὲ καὶ κακῷ καὶ τοῖς ἐναντίοις φθίνει τε καὶ διόλ-
λυται. ὁ μὲν δὴ μέγας ἡγεμὼν ἐν οὐρανῷ Ζεύς, ἐλαύνων
πτηνὸν ἅρμα, πρῶτος πορεύεται, διακοσμῶν πάντα καὶ ἐπι-
μελούμενος· τῷ δ' ἕπεται στρατιὰ θεῶν τε καὶ δαιμόνων,
247 κατὰ ἕνδεκα μέρη κεκοσμημένη. μένει γὰρ Ἑστία ἐν θεῶν
οἴκῳ μόνη· τῶν δὲ ἄλλων ὅσοι ἐν τῷ τῶν δώδεκα ἀριθμῷ
τεταγμένοι θεοὶ ἄρχοντες ἡγοῦνται κατὰ τάξιν ἣν ἕκαστος
ἐτάχθη. πολλαὶ μὲν οὖν καὶ μακάριαι θέαι τε καὶ διέξοδοι
ἐντὸς οὐρανοῦ, ἃς θεῶν γένος εὐδαιμόνων ἐπιστρέφεται
πράττων ἕκαστος αὐτῶν τὸ αὑτοῦ, ἕπεται δὲ ὁ ἀεὶ ἐθέλων
τε καὶ δυνάμενος· φθόνος γὰρ ἔξω θείου χοροῦ ἵσταται.
ὅταν δὲ δὴ πρὸς δαῖτα καὶ ἐπὶ θοίνην ἴωσιν, ἄκραν ἐπὶ τὴν
b ὑπουράνιον ἁψῖδα πορεύονται πρὸς ἄναντες, ᾗ δὴ τὰ μὲν θεῶν
ὀχήματα ἰσορρόπως εὐήνια ὄντα ῥᾳδίως πορεύεται, τὰ δὲ
ἄλλα μόγις· βρίθει γὰρ ὁ τῆς κάκης ἵππος μετέχων, ἐπὶ
τὴν γῆν ῥέπων τε καὶ βαρύνων ᾧ μὴ καλῶς ἦν τεθραμμένος
τῶν ἡνιόχων. ἔνθα δὴ πόνος τε καὶ ἀγὼν ἔσχατος ψυχῇ

zigen erwiesenen Grunde, sondern ohne einen Gott zu sehen und zu erkennen, bilden wir ihn uns als ein unsterbliches Lebe- d wesen, das zwar eine Seele, doch auch einen Leib hat, bei dem diese aber für alle Zeit zusammengefügt sind. Mag sich das nun so verhalten, wie es dem Gotte gefällt, und so sei auch davon geredet; nun wollen wir uns aber mit der Ursache für den Verlust der Federn befassen, warum diese von einer Seele abfallen. Es ist ungefähr folgende:

Das Vermögen des Gefieders ist es, das Schwere hinaufzuführen und es in die Höhe zu heben, wo das Geschlecht der Götter wohnt, und von allem, was zum Leibe gehört, hat es am meisten Anteil am Göttlichen. Das Göttliche aber ist das Schöne, e das Weise und alles Derartige. Davon also nährt sich und wächst die Seele am meisten; durch das Häßliche aber und Schlechte und alles Gegenteilige schwindet sie und geht zugrunde. Zeus aber, der große Führer im Himmel, lenkt seinen gefiederten Wagen und fährt als erster einher und ordnet und waltet über alles. Hinter ihm folgt das Heer der Götter und a Dämonen, in elf Scharen geordnet; denn Hestia bleibt im Hause der Götter, als einzige. Alle anderen, die in der Zahl der Zwölf als regierende Götter eingereiht sind, führen ihre Schar in der Reihenfolge, in der sie eingereiht sind. Zahlreich und herrlich schön sind denn auch die Schauspiele und Umzüge im Himmelsraum, die das Geschlecht der seligen Götter aufführt, wozu jeder von ihnen das Seine beiträgt. Und wer immer das will und vermag, der folgt ihnen; denn der Neid ist vom göttlichen Reigen ausgeschlossen. Wenn sie aber zum Mahle und Gelage gehen, nehmen sie ihren Weg bergauf, das steile Him- b melsgewölbe hinan. Da fahren denn die Wagen der Götter mit Leichtigkeit, sind sie doch im Gleichgewicht und deshalb nicht schwer zu zügeln. Die anderen aber haben die größte Mühe; denn das eine Pferd, das an der Schlechtigkeit Anteil hat, drückt hinunter; es drängt zur Erde und macht sich dem Wagenlenker schwer, von dem es nicht gut erzogen worden ist. Da

πρόκειται. αἱ μὲν γὰρ ἀθάνατοι καλούμεναι, ἡνίκ' ἂν πρὸς
ἄκρῳ γένωνται, ἔξω πορευθεῖσαι ἔστησαν ἐπὶ τῷ τοῦ οὐρανοῦ
c νώτῳ, στάσας δὲ αὐτὰς περιάγει ἡ περιφορά, αἱ δὲ θεωροῦσι
τὰ ἔξω τοῦ οὐρανοῦ.

Τὸν δὲ ὑπερουράνιον τόπον οὔτε τις ὕμνησέ πω τῶν τῇδε
ποιητὴς οὔτε ποτὲ ὑμνήσει κατ' ἀξίαν. ἔχει δὲ ὧδε—τολμη-
τέον γὰρ οὖν τό γε ἀληθὲς εἰπεῖν, ἄλλως τε καὶ περὶ ἀλη-
θείας λέγοντα—ἡ γὰρ ἀχρώματός τε καὶ ἀσχημάτιστος καὶ
ἀναφὴς οὐσία ὄντως οὖσα, ψυχῆς κυβερνήτῃ μόνῳ θεατὴ
νῷ, περὶ ἣν τὸ τῆς ἀληθοῦς ἐπιστήμης γένος, τοῦτον ἔχει
d τὸν τόπον. ἅτ' οὖν θεοῦ διάνοια νῷ τε καὶ ἐπιστήμῃ ἀκη-
ράτῳ τρεφομένη, καὶ ἁπάσης ψυχῆς ὅσῃ ἂν μέλῃ τὸ
προσῆκον δέξασθαι, ἰδοῦσα διὰ χρόνου τὸ ὂν ἀγαπᾷ τε καὶ
θεωροῦσα τἀληθῆ τρέφεται καὶ εὐπαθεῖ, ἕως ἂν κύκλῳ ἡ
περιφορὰ εἰς ταὐτὸν περιενέγκῃ. ἐν δὲ τῇ περιόδῳ καθορᾷ
μὲν αὐτὴν δικαιοσύνην, καθορᾷ δὲ σωφροσύνην, καθορᾷ δὲ
ἐπιστήμην, οὐχ ᾗ γένεσις πρόσεστιν, οὐδ' ἥ ἐστίν που ἑτέρα
e ἐν ἑτέρῳ οὖσα ὧν ἡμεῖς νῦν ὄντων καλοῦμεν, ἀλλὰ τὴν ἐν
τῷ ὅ ἐστιν ὂν ὄντως ἐπιστήμην οὖσαν· καὶ τἆλλα ὡσαύτως
τὰ ὄντα ὄντως θεασαμένη καὶ ἑστιαθεῖσα, δῦσα πάλιν εἰς
τὸ εἴσω τοῦ οὐρανοῦ, οἴκαδε ἦλθεν. ἐλθούσης δὲ αὐτῆς ὁ
ἡνίοχος πρὸς τὴν φάτνην τοὺς ἵππους στήσας παρέβαλεν
ἀμβροσίαν τε καὶ ἐπ' αὐτῇ νέκταρ ἐπότισεν.

248 Καὶ οὗτος μὲν θεῶν βίος· αἱ δὲ ἄλλαι ψυχαί, ἡ μὲν
ἄριστα θεῷ ἑπομένη καὶ εἰκασμένη ὑπερῆρεν εἰς τὸν ἔξω
τόπον τὴν τοῦ ἡνιόχου κεφαλήν, καὶ συμπεριηνέχθη τὴν

steht denn der Seele Mühsal und äußerster Kampf bevor. Die-
jenigen Seelen zwar, die unsterblich genannt werden, setzen
ihren Weg, wenn sie oben sind, nach außen fort und stehen nun
auf dem Rücken des Himmelsgewölbes. Wenn sie aber dort
c stehen, trägt sie der Kreislauf ringsum, und sie schauen, was
außerhalb des Himmels ist.
Den überhimmlischen Ort aber hat noch nie ein Dichter dieser
Welt besungen, und es wird ihn auch nie einer würdig besingen.
Damit hat es aber folgendes auf sich – denn wenn man je das
Wagnis auf sich nehmen soll, die Wahrheit zu sagen, so ist es
dann, wenn man ohnehin gerade über die Wahrheit reden will.
Das farblose, formlose und stofflose wahrhaft seiende Sein, das
einzig dem Führer der Seele, dem Geist (nus) sichtbar ist und um
sich die Art des wahren Wissens schart, es hält diesen Ort inne.
d Und da sich nun der Geist eines Gottes von unvermischtem
Verstand und Wissen nährt, und ebenso eine jede Seele, die gerne
das aufnehmen möchte, was ihr zukommt, so freut sie sich, im
Laufe der Zeit das Seiende zu schauen, und nährt sich vom
Anblick des Wahren und labt sich daran, bis sie der Kreislauf
ringsum wieder an die vorige Stelle zurückbringt. Auf dieser
Umfahrt aber sieht sie die Gerechtigkeit selbst, sieht auch die
Besonnenheit und sieht das Wissen, nicht jenes, dem ein Werden
zukommt, auch nicht jenes, das ein anderes ist, je nachdem es
sich auf den oder jenen von den Gegenständen bezieht, die wir
e jetzt als seiende bezeichnen, sondern das wahrhafte Wissen, das
sich an dem wahrhaft Seienden zeigt. Und nachdem sie gleicher-
weise auch das andere Seiende gesehen und sich daran erlabt hat,
senkt sie sich wieder ins Innere des Himmels und kommt nach
Hause zurück. Und wenn sie heimkommt, stellt der Wagenlen-
ker die Pferde an die Krippe und wirft ihnen Ambrosia vor und
gibt ihnen nachher Nektar zu trinken.
a Das ist die Lebensweise der Götter. Von den anderen Seelen
aber erhebt diejenige, die den Göttern am besten Gefolge lei-
stete, das Haupt ihres Wagenlenkers in den Raum außerhalb

περιφοράν, θορυβουμένη ὑπὸ τῶν ἵππων καὶ μόγις καθορῶσα
τὰ ὄντα· ἡ δὲ τοτὲ μὲν ἦρεν, τοτὲ δ' ἔδυ, βιαζομένων δὲ τῶν
ἵππων τὰ μὲν εἶδεν, τὰ δ' οὔ. αἱ δὲ δὴ ἄλλαι γλιχόμεναι
μὲν ἅπασαι τοῦ ἄνω ἕπονται, ἀδυνατοῦσαι δέ, ὑποβρύχιαι
συμπεριφέρονται, πατοῦσαι ἀλλήλας καὶ ἐπιβάλλουσαι, ἑτέρα
b πρὸ τῆς ἑτέρας πειρωμένη γενέσθαι. θόρυβος οὖν καὶ
ἅμιλλα καὶ ἱδρὼς ἔσχατος γίγνεται, οὗ δὴ κακίᾳ ἡνιόχων
πολλαὶ μὲν χωλεύονται, πολλαὶ δὲ πολλὰ πτερὰ θραύονται·
πᾶσαι δὲ πολὺν ἔχουσαι πόνον ἀτελεῖς τῆς τοῦ ὄντος θέας
ἀπέρχονται, καὶ ἀπελθοῦσαι τροφῇ δοξαστῇ χρῶνται. οὗ
δ' ἕνεχ' ἡ πολλὴ σπουδὴ τὸ ἀληθείας ἰδεῖν πεδίον οὗ ἐστιν,
ἥ τε δὴ προσήκουσα ψυχῆς τῷ ἀρίστῳ νομὴ ἐκ τοῦ ἐκεῖ
c λειμῶνος τυγχάνει οὖσα, ἥ τε τοῦ πτεροῦ φύσις, ᾧ ψυχὴ
κουφίζεται, τούτῳ τρέφεται. θεσμός τε Ἀδραστείας ὅδε.
ἥτις ἂν ψυχὴ θεῷ συνοπαδὸς γενομένη κατίδῃ τι τῶν ἀλη-
θῶν, μέχρι τε τῆς ἑτέρας περιόδου εἶναι ἀπήμονα, κἂν ἀεὶ
τοῦτο δύνηται ποιεῖν, ἀεὶ ἀβλαβῆ εἶναι· ὅταν δὲ ἀδυνα-
τήσασα ἐπισπέσθαι μὴ ἴδῃ, καί τινι συντυχίᾳ χρησαμένη
λήθης τε καὶ κακίας πλησθεῖσα βαρυνθῇ, βαρυνθεῖσα δὲ
πτερορρυήσῃ τε καὶ ἐπὶ τὴν γῆν πέσῃ, τότε νόμος ταύτην
d μὴ φυτεῦσαι εἰς μηδεμίαν θήρειον φύσιν ἐν τῇ πρώτῃ
γενέσει, ἀλλὰ τὴν μὲν πλεῖστα ἰδοῦσαν εἰς γονὴν ἀνδρὸς
γενησομένου φιλοσόφου ἢ φιλοκάλου ἢ μουσικοῦ τινος καὶ
ἐρωτικοῦ, τὴν δὲ δευτέραν εἰς βασιλέως ἐννόμου ἢ πολεμικοῦ

und wird im Kreislauf mit herumgeführt, voller Angst zwar
vor den Pferden und deshalb das Seiende kaum sehend. Eine
zweite erhebt sich bisweilen, taucht aber dann wieder unter,
und von den Rossen gewaltsam dahingerissen, sieht sie zwar
einiges, aber anderes wieder nicht. Und die übrigen sehnen sich
zwar nach oben und folgen alle; doch fehlt ihnen die Kraft, und
sie werden unter der Oberfläche herumgetrieben, wobei sie
einander schlagen und stoßen und jede sich der anderen vorzu-
b drängen sucht. So entsteht denn Verwirrung und Streit und bit-
terer Schweiß, wobei infolge der Untüchtigkeit der Wagenlen-
ker viele Seelen lahm geschlagen werden und viele sich viele
Federn zerbrechen. Sämtliche aber ziehen nach allen Anstren-
gungen von dannen, ohne daß ihnen der Anblick des Seienden
zuteil geworden ist, und nach ihrem Weggang halten sie sich an
eine Nahrung, die aus bloßen Meinungen besteht. Daher
kommt auch der große Eifer zu sehen, wo sich das Feld der
Wahrheit befindet: erstens stammt die Weide, die dem edelsten
Teile der Seele angemessen ist, aus jener Wiese, und zweitens ist
c das eben die Nahrung für die Natur des Gefieders, durch das
die Seele emporgehoben wird.

Und das ist nun die Satzung der Adrasteia: Jede Seele, die im
Gefolge eines Gottes etwas von den wahren Dingen geschaut
hat, ist ungefährdet bis zum nächsten Kreislauf, und wenn sie
das stets wieder zustande bringt, bleibt sie allezeit unbeschä-
digt. Wenn sie aber nichts sieht, weil sie nicht nachzufolgen
vermag, und sie durch irgendein Mißgeschick von Vergessen-
heit oder Schlechtigkeit erfüllt und davon niedergedrückt wird
und deshalb die Flügel sinken läßt und auf die Erde herabfällt,
dann gilt es als Gesetz, diese Seele bei der ersten Zeugung noch
d in keine tierische Natur einzupflanzen. Jene, die am meisten
gesehen hat, geht ein in den Lebenskeim eines Mannes, der ein
Freund der Weisheit (Philosoph) oder der Schönheit oder ein
Mensch mit musischer Bildung werden soll, oder einer, der
sich auf die Liebe versteht; die zweite in den Keim eines Kö-

καὶ ἀρχικοῦ, τρίτην εἰς πολιτικοῦ ἤ τινος οἰκονομικοῦ ἢ χρηματιστικοῦ, τετάρτην εἰς φιλοπόνου ⟨ἢ⟩ γυμναστικοῦ ἢ περὶ σώματος ἴασίν τινος ἐσομένου, πέμπτην μαντικὸν βίον e ἤ τινα τελεστικὸν ἕξουσαν· ἕκτῃ ποιητικὸς ἢ τῶν περὶ μίμησίν τις ἄλλος ἁρμόσει, ἑβδόμῃ δημιουργικὸς ἢ γεωργικός, ὀγδόῃ σοφιστικὸς ἢ δημοκοπικός, ἐνάτῃ τυραννικός. ἐν δὴ τούτοις ἅπασιν ὃς μὲν ἂν δικαίως διαγάγῃ ἀμείνονος μοίρας μεταλαμβάνει, ὃς δ' ἂν ἀδίκως, χείρονος· εἰς μὲν γὰρ τὸ αὐτὸ ὅθεν ἥκει ἡ ψυχὴ ἑκάστη οὐκ ἀφικνεῖται ἐτῶν μυρίων— 249 οὐ γὰρ πτεροῦται πρὸ τοσούτου χρόνου—πλὴν ἡ τοῦ φιλοσοφήσαντος ἀδόλως ἢ παιδεραστήσαντος μετὰ φιλοσοφίας, αὗται δὲ τρίτῃ περιόδῳ τῇ χιλιετεῖ, ἐὰν ἕλωνται τρὶς ἐφεξῆς τὸν βίον τοῦτον, οὕτω πτερωθεῖσαι τρισχιλιοστῷ ἔτει ἀπέρχονται. αἱ δὲ ἄλλαι, ὅταν τὸν πρῶτον βίον τελευτήσωσιν, κρίσεως ἔτυχον, κριθεῖσαι δὲ αἱ μὲν εἰς τὰ ὑπὸ γῆς δικαιωτήρια ἐλθοῦσαι δίκην ἐκτίνουσιν, αἱ δ' εἰς τοὐρανοῦ τινα τόπον ὑπὸ τῆς Δίκης κουφισθεῖσαι διάγουσιν ἀξίως οὗ ἐν b ἀνθρώπου εἴδει ἐβίωσαν βίου. τῷ δὲ χιλιοστῷ ἀμφότεραι ἀφικνούμεναι ἐπὶ κλήρωσίν τε καὶ αἵρεσιν τοῦ δευτέρου βίου αἱροῦνται ὃν ἂν θέλῃ ἑκάστη· ἔνθα καὶ εἰς θηρίου βίον ἀνθρωπίνη ψυχὴ ἀφικνεῖται, καὶ ἐκ θηρίου ὅς ποτε ἄνθρωπος ἦν πάλιν εἰς ἄνθρωπον. οὐ γὰρ ἥ γε μήποτε ἰδοῦσα τὴν ἀλήθειαν εἰς τόδε ἥξει τὸ σχῆμα.

nigs, der den Gesetzen gehorcht oder ein guter Krieger ist oder sich wohl auf das Herrschen versteht; die dritte in den eines Politikers, eines Wirtschafts- oder Finanzmannes; die vierte in den eines Wettkämpfers, der anstrengende Übungen liebt, oder eines, der sich mit der Heilung des Leibes befassen wird. Die fünfte wird das Leben eines Sehers oder sonst eines Priesters
e führen; zu der sechsten wird das Leben eines Dichters oder eines anderen nachahmenden Künstlers passen, zu der siebenten das eines Handwerkers oder Bauern, zu der achten das eines Sophisten oder Volksschmeichlers, zu der neunten schließlich das eines Tyrannen.

Von diesen allen nun erhält der, der gerecht lebt, ein besseres Teil, wer aber ungerecht lebt, ein schlechteres. Denn dorthin, wo jede Seele herkommt, kehrt sie im Laufe von zehntausend Jahren nicht wieder zurück; vor dieser Zeit wird sie nämlich
a nicht befiedert, ausgenommen die Seele des Menschen, der sich ehrlich der Philosophie ergeben oder auf philosophische Art Knaben geliebt hat. Diese können im dritten tausendjährigen Kreislauf, wenn sie dreimal hintereinander ein solches Leben gewählt haben und dadurch befiedert worden sind, im dreitausendsten Jahre wieder zurückkehren. Die anderen dagegen, sobald sie ihr erstes Leben beendet haben, kommen vor Gericht, und nach dem Urteilsspruch gehen die einen in die Zuchthäuser unter der Erde und verbüßen dort ihre Strafe, während die anderen durch das Gericht an einen himmlischen Ort erhoben werden und dort ein Leben verbringen, das dem entspricht, das sie
b in der menschlichen Gestalt geführt haben. Aber im tausendsten Jahre kommen diese und jene zur Verlosung und zur Wahl ihres zweiten Lebens, und da wählt dann ein jeder, welches er will. Dabei geht auch etwa eine menschliche Seele in das Leben eines Tieres ein, und aus einem Tier, wer früher ein Mensch gewesen ist, wieder in einen Menschen. Aber eine Seele, die niemals die Wahrheit geschaut hat, kann auch nie in diese (die menschliche) Gestalt eintreten.» *(Platon, Phaidros, 246 a–249 b)*[72]

Der Mythos zeigt einen klaren Bildaufbau:
1. Die Seele gleicht der vereinten Kraft eines geflügelten Gespanns mit Lenker. Dieses Bild gilt für die Seele von Göttern ebenso wie von Menschen. Jedoch besteht der Unterschied zwischen Götter- und Menschenseelen darin, daß bei den Menschen eines der beiden Pferde von schlechter Herkunft und unfolgsam ist. Dadurch ist das Lenken beschwerlich.
Diese Dreiheit der Seele erinnert an die in begrifflicher Form dargebotene Dreiheit der Seelenkräfte im «Staat»:
das logistikon (die Denkseele; hier: der Lenker),
das thymoeides (das Mutartige; hier: das gute Pferd),
das epithymetikon (Begierdenseele; hier: das schlechtgeartete Pferd).
Zunächst werden im «Staat» (437b ff) das Vernünftige (logistikon) und das Begehrliche (epithymetikon) einander gegenübergestellt. Dann wird als dritter, eigenständiger Seelenteil das Mutartige (thymoeides) eingeführt, «von Natur dem Vernünftigen beistehend», ähnlich wie im Bild des Phaidros-Mythos das gute Pferd den Lenker unterstützt. Der antike Leser des Seelen-Mythos hat die platonische Dreigliederung der Seele zweifellos sofort erkannt.
In Platons Spätdialog «Timaios», der die Welt- und Menschenentstehung beschreibt, werden die drei Seelenteile auf noch etwas andere Weise beschrieben. Auch hier wird von einer Zweiteilung der Seele ausgegangen, von einem unsterblichen Ursprung der Seele und einer sterblichen Form. Durch Gliederung des zweiten Teils entstehen dann wieder drei Seelenteile. Sie werden im «Timaios» im Körper lokalisiert. «Drei Arten von Seele haben auf dreifache Weise in uns Wohnsitz genommen» (Timaios 89e).
Der unsterbliche Teil der Seele hat seinen Sitz im Kopf, durch den Hals von allem übrigen distanziert. Die Begierdenseele sitzt im unteren Teil des Rumpfes, «zwischen Zwerchfell und Nabel», «wie ein wildes Tier, das angekettet ist.» Der dritte,

mittlere Teil der Seele, im Brustbereich angesiedelt, unterstützt den Geistteil der Seele (im Kopf) bei seiner Bemühung, das «wilde Tier» in Schranken zu halten, durch Herzschlag und Atmung (69cff). Diese Darstellung hat mit dem Mythos im «Phaidros» gemeinsam, daß der oberste Seelenteil (nus bzw. logos) allem anderen deutlich gegenübergestellt wird, ohne andererseits seinen Charakter als Teil der Gesamtseele zu verlieren.

Auch der «Timaios» bedient sich dabei der mythischen Darstellungsform. Für den unsterblichen Teil der Seele gibt es zwei verschiedene Bilder: Wo der Aspekt der Welt*entstehung* vorherrscht, wird dieser Seelenteil als der göttliche Ursprung des Menschen bezeichnet. Die Götter nehmen einen Geistkeim und versetzen ihn auf das Fahrzeug das Leibes, dem sie die Seele einbeschreiben. Wo vom fertig gebildeten Menschen die Rede ist, wird der unsterbliche Seelenteil auch «Schutzgeist» (daimon) genannt.

2. Die Bedeutung des Gefieders. Infolge des schlechten Pferdes gibt es einen zweiten Unterschied zwischen Götter- und Menschenseelen. Die menschliche Seele kann ihr Gefieder verlieren, dann «heftet sie sich an irgend etwas Festes an» und bildet zusammen mit diesem «Festen», dem Körper, ein sterbliches «Lebewesen als eine feste Verbindung von Seele und Körper». Im Gegensatz dazu wird der Begriff «Gott» gebildet: ein unsterbliches Wesen, das ebenfalls Seele und Leib hat, jedoch beide für ewige Zeit zusammengewachsen. Das Gefieder hat die natürliche Fähigkeit, das Schwere nach oben zu heben in den Bereich der Götter. Daher hat es «am meisten von allem Körperlichen mit dem Göttlichen gemein». Gelangt das Gefieder in diesen göttlichen Bereich, dann nährt es sich und wächst an den guten Eigenschaften des Göttlichen. Durch die entgegengesetzten Eigenschaften (die offenbar dem Körperlichen Dasein zuzuordnen sind) verkümmert es und kann absterben.

3. Die Ausfahrt der Götter und Menschen. Sie beschreibt die «Ursache» (aitia) für den Verlust des Gefieders bei der menschlichen Seele. – Im Anschluß an die Beschreibung des Gefieders wird nun dargestellt, wie ein solches Emporheben stattfindet: die Götter samt ihren Untergöttern («Dämonen») machen eine Ausfahrt unter Führung des Zeus in ihren gefiederten Wagen. Nur Hestia, die Göttin des Herdes (hier vielleicht die Erde bezeichnend), nimmt an der Ausfahrt nicht teil. Die Götter fahren unter dem Himmelsgewölbe steil aufwärts, oben angekommen wenden sie sich nach außen und «machen Halt auf des Himmels Rückseite», wo sie der Umschwung in die Runde trägt. Dort schauen sie, was «außerhalb des Himmels ist», den «überhimmlischen Ort» (hyperuranios topos). Dies ist ein nur hier verwendeter Ausdruck (erinnernd an «jenseits des Seins», epekeina tes usias, im Sonnengleichnis). Dort sieht der Steuermann der Seele, der Geist (nus), das farblose, gestaltlose und tastlose (also nichtsinnliche) «wahrhaft seiende Sein» (usia ontos usa; wörtlich: das seienderweise seiende Sein), den «Mittelpunkt der wahren Erkenntnis». Das Erlebnis der Seele an diesem überhimmlischen Ort ist umfassend geistig (sie erkennt das Seiende), seelisch (sie ist befriedigt und fühlt sich wohl) und lebenfördernd (sie nährt sich). Die Seele schaut dort die reinen Ideen (Gerechtigkeit, Besonnenheit, Erkenntnis des wahrhaft Seienden, das nicht dem Werden und Vergehen unterworfen ist).

Den Menschen nun gelingt es aufgrund ihres schlechten Pferdes nicht, den überhimmlischen Ort vom Rücken des Himmels aus anzuschauen. Selbst diejenigen, die ein Stück weit hinaufkommen, behindern sich dort gegenseitig, so daß das Seelengefieder beschädigt wird. Nur wenige können den Kopf des Lenkers hinaufheben in den überhimmlischen Ort und sich vom Umlauf mit herumtragen lassen. Die meisten müssen davonziehen, ohne «in die Schau des Seienden eingeweiht worden zu sein». Da herrscht dann nicht Befriedigung, sondern «Tumult

und Wetteifer und Schweiß», und die Seelen nähren sich von «Scheinnahrung». – Es kommt also darauf an, wie der Lenker im Erdenleben seine Pferde geübt hat. Nur wenige Menschen sind da einigermaßen erfolgreich.
4. Das Schicksal des Menschen. Warum aber bemühen sich die Menschen dann doch immer wieder, einen Blick auf den überhimmlischen Ort zu werfen? – Das nächste Erdenschicksal des Menschen hängt davon ab. «Adrasteia» ist eine stoisch-phrygische Berggöttin, in deren Namen nach dem Sprachgefühl der Stoiker das «Unentrinnbare» enthalten ist (von apodidrasko). Was Platon hier im mythischen Bild einer (wohl von ihm erfundenen) «Satzung der Adrasteia» beschreibt, ist die Gesetzmäßigkeit, welches künftige Erdenschicksal einen Menschen erwartet, in Abhängigkeit davon, wie viel vom überhimmlischen Ort er vor seiner Geburt hat schauen können. Die beiden obersten Plätze nehmen der Philosoph und der König ein, dann geht es abwärts bis hinunter zum Tyrannen. In der Reihenfolge dieser Berufe steckt offensichtlich ein gutes Stück ironischer Kulturkritik. Für das Verständnis der Griechen ist derjenige, der körperliche Arbeit leistet, der «Handwerker», auf jeden Fall ganz unten angesiedelt. Daß Priester und Dichter nur wenig darüberliegen, entspricht platonischer Sicht; daß Sophisten und Tyrannen *noch* tiefer angesiedelt werden, darf als beabsichtigte Übertreibung gelten. Wichtig an der «Satzung der Adrasteia» ist vor allem der Schluß: es gehört zum Wesen des Menschen, daß er «die Wahrheit geschaut hat». Darin unterscheidet er sich wesentlich vom Tier.[73]

Wie sehr die Erlebnisse der Seele zwischen Tod und neuer Geburt am «überhimmlischen Ort» zu Platons Ideenlehre hinzugehören, ergibt sich nicht nur aus den Darlegungen im «Phaidon» über die Herkunft des Wissens aus der Präexistenz. Vielmehr wird auch der Seelenmythos des Phaidros unmittelbar und ausdrücklich mit der Ideenlehre verbunden[74]:

δεῖ γὰρ ἄν-
θρωπον συνιέναι κατ' εἶδος λεγόμενον, ἐκ πολλῶν ἰὸν αἰ-
c σθήσεων εἰς ἓν λογισμῷ συναιρούμενον· τοῦτο δ' ἐστιν
ἀνάμνησις ἐκείνων ἅ ποτ' εἶδεν ἡμῶν ἡ ψυχὴ συμπορευθεῖσα
θεῷ καὶ ὑπεριδοῦσα ἃ νῦν εἶναί φαμεν, καὶ ἀνακύψασα εἰς
τὸ ὂν ὄντως. διὸ δὴ δικαίως μόνη πτεροῦται ἡ τοῦ φιλοσό-
φου διάνοια· πρὸς γὰρ ἐκείνοις ἀεί ἐστιν μνήμῃ κατὰ δύναμιν,
πρὸς οἷσπερ θεὸς ὢν θεῖός ἐστιν. τοῖς δὲ δὴ τοιούτοις ἀνὴρ
ὑπομνήμασιν ὀρθῶς χρώμενος, τελέους ἀεὶ τελετὰς τελού-
μενος, τέλεος ὄντως μόνος γίγνεται· ἐξιστάμενος δὲ τῶν
d ἀνθρωπίνων σπουδασμάτων καὶ πρὸς τῷ θείῳ γιγνόμενος,
νουθετεῖται μὲν ὑπὸ τῶν πολλῶν ὡς παρακινῶν, ἐνθουσιάζων
δὲ λέληθεν τοὺς πολλούς.

. . .

πᾶσα μὲν
ἀνθρώπου ψυχὴ φύσει τεθέαται τὰ ὄντα, ἢ οὐκ ἂν ἦλθεν
250 εἰς τόδε τὸ ζῷον· ἀναμιμνῄσκεσθαι δὲ ἐκ τῶνδε ἐκεῖνα οὐ
ῥᾴδιον ἁπάσῃ, οὔτε ὅσαι βραχέως εἶδον τότε τἀκεῖ, οὔθ' αἳ
δεῦρο πεσοῦσαι ἐδυστύχησαν, ὥστε ὑπό τινων ὁμιλιῶν ἐπὶ
τὸ ἄδικον τραπόμεναι λήθην ὧν τότε εἶδον ἱερῶν ἔχειν.
ὀλίγαι δὴ λείπονται αἷς τὸ τῆς μνήμης ἱκανῶς πάρεστιν·
αὗται δέ, ὅταν τι τῶν ἐκεῖ ὁμοίωμα ἴδωσιν, ἐκπλήττονται
καὶ οὐκέτ' ⟨ἐν⟩ αὑτῶν γίγνονται, ὃ δ' ἔστι τὸ πάθος ἀγνο-
b οῦσι διὰ τὸ μὴ ἱκανῶς διαισθάνεσθαι. δικαιοσύνης μὲν οὖν
καὶ σωφροσύνης καὶ ὅσα ἄλλα τίμια ψυχαῖς οὐκ ἔνεστι

«Denn der Mensch muß gemäß dem, was man Idee nennt, Einsicht gewinnen, indem er von den zahlreichen Wahrnehmun-
c gen ausgehend zu dem kommt, das durch die Überlegung (logismos) zu einer Einheit zusammengefaßt wird. Das aber ist nichts anderes als die Wiedererinnerung an das, was unsere Seele einst gesehen hat, als sie gemeinsam mit dem Gott dahinfuhr, als sie auf das herabsah, von dem wir nun sagen, daß es *sei*, und als sie ihren Blick zu dem wahrhaft Seienden emporhob. Deshalb ist es auch gerecht, daß einzig das Denken des Philosophen beflügelt wird; denn mit seiner Erinnerung ist er stets nach Kräften bei jenen Dingen, dank denen ein Gott eben göttlich ist, dadurch, daß er sich mit ihnen beschäftigt. Der Mensch allein, der nun von solchen Erinnerungen auf richtige Art Gebrauch macht und immer in vollkommenen Weihen geweiht ist, wird wahrhaft vollkommen. Indem er aber die
d menschlichen Bestrebungen aufgibt und mit den göttlichen umgeht, wird er von der Menge zurechtgewiesen, weil er verdreht sei; daß er aber gottbegeistert ist, das hat die Menge nicht gemerkt.

...

e Jede Seele eines Menschen hat schon von Natur das Seiende geschaut; sonst wäre sie gar nicht in dieses Lebewesen hin-
250a eingekommen. Es ist aber nicht für jede leicht, sich vom Hiesigen aus an jenes zu erinnern, weder für diejenigen, die damals das Jenseitige nur kurz geschaut haben, noch für die, die hierher gefallen sind und dann das Unglück hatten, daß sie sich durch irgendwelchen Umgang zur Ungerechtigkeit verleiten ließen und das Heilige, das sie damals geschaut, wieder vergessen haben. Nur wenige bleiben also übrig, die über eine genügend starke Erinnerung verfügen. Wenn diese aber die Abbilder des Jenseitigen sehen, werden sie erschüttert und sind ihrer selbst nicht mehr mächtig. Worin aber dieses Erlebnis besteht,
b wissen sie nicht, weil sie es nicht genügend wahrnehmen können.

φέγγος οὐδὲν ἐν τοῖς τῇδε ὁμοιώμασιν, ἀλλὰ δι' ἀμυδρῶν ὀργάνων μόγις αὐτῶν καὶ ὀλίγοι ἐπὶ τὰς εἰκόνας ἰόντες θεῶνται τὸ τοῦ εἰκασθέντος γένος· κάλλος δὲ τότ' ἦν ἰδεῖν λαμπρόν, ὅτε σὺν εὐδαίμονι χορῷ μακαρίαν ὄψιν τε καὶ θέαν, ἑπόμενοι μετὰ μὲν Διὸς ἡμεῖς, ἄλλοι δὲ μετ' ἄλλου θεῶν, εἶδόν τε καὶ ἐτελοῦντο τῶν τελετῶν ἣν θέμις λέγειν
c μακαριωτάτην, ἣν ὠργιάζομεν ὁλόκληροι μὲν αὐτοὶ ὄντες καὶ ἀπαθεῖς κακῶν ὅσα ἡμᾶς ἐν ὑστέρῳ χρόνῳ ὑπέμενεν, ὁλόκληρα δὲ καὶ ἁπλᾶ καὶ ἀτρεμῆ καὶ εὐδαίμονα φάσματα μυούμενοί τε καὶ ἐποπτεύοντες ἐν αὐγῇ καθαρᾷ, καθαροὶ ὄντες καὶ ἀσήμαντοι τούτου ὃ νῦν δὴ σῶμα περιφέροντες ὀνομάζομεν, ὀστρέου τρόπον δεδεσμευμένοι.

Denn von Gerechtigkeit und Besonnenheit und allem, was sonst den Seelen ehrwürdig ist, findet sich in den Abbildern hienieden kein Glanz; sondern durch trübe Organe schauen nur wenige mit Mühe die Herkunft des Nachgebildeten, indem sie auf die Bilder zugehen. Die Schönheit aber war damals herrlich anzusehen, als wir, zu einem glücklichen Chor vereint, im Gefolge des Zeus und andere mit einem anderen Gotte, den seligen und göttlichen Anblick schauten und mit jener Weihe geweiht wurden, die man als die glückseligste bezeichnen darf.
c Diese feierten wir, selbst noch ohne Fehl und unberührt von den Übeln, die unser in späterer Zeit warteten, und von fehlerlosen, einfachen, unwandelbaren und beglückenden Gesichten wurden wir geweihte Zeugen, in reinem Glanze selbst rein seiend und unbelastet von dem, was wir heute als Leib bezeichnen und mit uns herumtragen, wie in eine Art Muschel eingeschlossen.»

(Platon, Phaidros 249 b–250 c)

Erkennen heißt also «verstehen gemäß dem, was man Idee nennt». Dabei hat die Sinneswahrnehmung ihre methodische Bedeutung. Der Erkenntnisvorgang, der vordergründig darin besteht, eine Vielzahl von Sinneswahrnehmungen durch begriffliches Denken zu einer Einheit zusammenzufassen, beruht in Wirklichkeit auf der Wiedererinnerung an die vorgeburtliche Schau der Ideenwelt. Platon lenkt den Blick um. Was uns auf Erden «Abstraktion» zu sein scheint, nämlich das Herausfiltern des Gleichartigen aus den einzelnen, verschiedenen Sinneswahrnehmungen und das Zusammenfassen des Gemeinsamen im Begriff, das ist in Wirklichkeit eine von der Sinneswahrnehmung nur ausgelöste Erinnerung an die Ideenschau. Ähnlich gegensätzlich ist auch der Blick auf das «Sein»: was wir jetzt, im Erdenleben, seiend nennen, ist in Wirklichkeit nur ein schwaches Abbild des wahren Seins, das in der Ideenschau erfahren wird. Je nachdem, wieviel die Seele bei der Ausfahrt von dem wahren Sein erblicken konnte, gelingt es ihr, auch im Erdenleben das Hier und Jetzt in seiner Beschränkung zu erkennen. Derjenige Mensch, der aufgrund seiner Lenkkunst einiges von dem überhimmlischen Ort gesehen hat, lebt dann als «Philosoph» auf der Erde. Das ist keine Berufsbezeichnung, sondern eine geistige Haltung. Diesen Terminus hat – wie erwähnt – Platon erst geschaffen. Dem Philosophen gelingt es, den Ideenaspekt fortwährend auch im Erdenleben zur Geltung zu bringen. Die Mysteriensprache, deren sich Platon hier bedient, nennt dies «eingeweiht» sein (telumenos). Wer sich freilich nicht auf die Ideenschau stützen kann, wird alles, was der «Philosoph» sagt und tut, sonderbar finden. Dieses Motiv begegnet bereits im Höhlengleichnis, als der Erleuchtete wieder zurück in die Höhle kommt.

Abschließend wird betont, daß *jede* Menschenseele das Sein erblickt hat, daß jedoch nur wenige die Erinnerung daran ins Erdenleben hinüberretten können. Nur diese erkennen aber die Erdenwelt in ihrem Abbildcharakter, und sie werden «erschüttert» (ekplettontai, wörtlich: werden herausgeschlagen); ihr Bewußtsein löst sich schlagartig von der Sinneswelt. Jedoch ist ihr Erlebnis undeutlich, so daß sie es nicht deuten können. Gegenüber den Gleichnissen im «Staat» fällt im «Phaidros» auf, daß die Sinneswahrnehmung und das Leben in der Körperwelt eine ungleich größere Bedeutung erhalten. Sinneswahrnehmung ist der Auslöser für die Erinnerung an die Ideenschau vor der Geburt, und nur im Erdenleben kann man seine Pferde so üben, daß sie dem Lenker nachtodlich die Ideenschau auf «des Himmels Rückseite» ermöglichen. – Daß der Sinneswelt selbst auch «Sein» zugesprochen werden könnte, kommt allerdings erst bei Platons bedeutendstem Schüler Aristoteles in den Blick.[75] Aristoteles leitet damit einen folgenreichen Umschwung in der Bewußtseinsentwicklung ein. Bevor darauf näher eingegangen wird, sei versucht, die in den vorangehenden vier Kapiteln vorgestellten Äußerungen Platons zu seiner Ideenlehre im Zusammenhang zu sehen.

Rückblick auf Platon

Platon ist der erste griechische Philosoph, dessen gesamtes schriftliches Werk überliefert ist. Wir sind bei ihm nicht, wie bei den Vorsokratikern, darauf angewiesen, aus einzelnen kurzen, mehr oder weniger bedeutungsvollen Zitaten späterer Autoren das Denken zu rekonstruieren. Aber nicht nur deshalb waren die Platonzitate in den vergangenen Kapiteln relativ umfangreich. Hinzu kommt noch ein anderes. Die Vorsokratiker haben, soweit wir sehen können, ihre Philosophie in lehrhafter Form vorgetragen, sei es in Prosa, wie bei den Ioniern, oder in Versen, wie bei den Eleaten. Sie waren, poetologisch gesprochen, der epischen Form verpflichtet. Bei Platon ist das anders. Sein überliefertes Werk besteht, abgesehen von den Briefen, ausschließlich aus Dialogen, ist also dramatisch veranlagt. (Platon soll bis zu seiner Hinwendung zur Philosophie Tragödien gedichtet haben.) Die Dialogform bringt es mit sich, daß zwischen den Dialogpartnern eine geistige Auseinandersetzung stattfindet, die sich zunehmend verdichtet, dann wieder auflöst, Nebenstränge des Gedankens einschlägt, zu Knotenpunkten zurückkehrt usw. Das ist nicht nur eine poetische Form, sondern methodischer Ausfluß der Dialektik, die Platon im Liniengleichnis zu den wichtigsten Erkenntnismitteln für den Ideenbereich zählt. (Unbeschadet dessen erstarrt die Dialogform mehr und mehr im Laufe des platonischen Werkes, so daß im Spätwerk auch innerhalb des Dialogs das Lehrhafte in den Vordergrund tritt.)

Es sei nun noch versucht, die ausgewählten Aspekte der Ideenlehre, die in den vorangegangenen Kapiteln zur Sprache kamen, in ihrem Zusammenhang zu sehen. Im «Phaidon» begründet Platon, warum er sich genötigt sah, eine Ideenlehre zu entwickeln (Kapitel 5). Er hatte bei seinen Vorgängern keine ausreichende Antwort auf die Frage nach der Ursache gefunden. Die ionischen Naturphilosophen vermischten die zu suchende Ursache mit dem Verursachten, schieden nicht zwischen Sein und Wirken. Anaxagoras hingegen hatte zwar in seinem Geistbegriff eine von allem Sein streng getrennte Ursache, wandte sie aber nicht konkret auf die Welterscheinungen an. Da Platon also Differenzierung und Konkretisierung vermißt, muß er sich auf die «zweitbeste Fahrt auf der Suche nach der Ursache» machen und seine eigene Ideenlehre entwickeln. Das methodisch Schwierige dieser Konkretisierung und Differenzierung wurde in den Textproben nur gestreift. Deutlicher kommt es zum Ausdruck in den Dialogen «Sophistes» und «Parmenides». Die vorliegenden Textproben enthalten mehr die prinzipiellen Umrisse der Ideenlehre. Menschliche Erkenntnisbemühung sieht sich über die Grenzen von Geburt und Tod hinausgewiesen. Schon um einen einfachen, scheinbar abstrakten Begriff («Gleichheit») zu fassen, bedarf es eines Rückgriffs auf vorgeburtliche Ideenerfahrung («Phaidon», s. S. 102ff.). Und das Erdenleben dient dazu, sich durch Selbsterziehung darauf vorzubereiten, nach dem Tode möglichst weit in die Ideenwelt einblicken zu können (Phaidros-Mythos, s. S. 156ff.). Davon hängt in einem nächsten Erdenleben nicht nur die Erkenntnisfähigkeit ab, sondern das ganze Lebensschicksal. Es geht nicht nur um Erkenntnis, sondern um Stärkung und «Ernährung» der Seele. Richtiges Erkennen und richtiges Handeln sind nicht zu unterscheiden. «Geist» heißt für die Griechen nicht nur Bewußtsein, sondern auch Tätigkeit, Kraft (s. Kapitel 1).

Den engen Zusammenhang zwischen Erkennen, Sein und Lebensführung legen dann insbesondere die drei Gleichnisse im «Staat» auseinander (Kapitel 7). Die zunächst so prinzipiell erscheinende Zweiteilung der Welt in Sinnes- und Geistwelt (Sonnengleichnis) wird weiterentwickelt zu einer komplexeren Anschauung, weil jeder Mensch an beiden Welten teilhat und die Frage nach deren Zusammenhang stellen muß. Daraus ergeben sich zweimal zwei Seinsbereiche im Liniengleichnis, die zugleich auch Erkenntnisstufen markieren. Daß diese Stufen nicht einfach nur nebeneinander bzw. übereinander stehen, sondern vom Menschen in einem mühsamen Erkenntnis- und Lebensprozeß durchlaufen werden müssen, davon sprach vor allem das Höhlengleichnis. Dem Unwillen des Ungebildeten, sich umwenden zu lassen, entsprach dort auf der anderen Seite die Verantwortung des Erleuchteten, sich wieder in die Höhle hinabzuwenden und den einstigen Gefährten – wenn auch wider deren Willen – zu helfen. Aus Seins- und Erkenntnisstufen werden hier Maximen der Lebensführung entwickelt, ohne daß doch schon zwischen Erkenntniskritik, Ontologie und Ethik unterschieden werden könnte. Diese Unterscheidung wird erst Aristoteles treffen.

Schließlich ergab sich im «Phaidros» ein breites Spektrum: es wurde in bildreicher Sprache die Erfahrung der Ideenwelt beschrieben und dann, abrupt auf den Mythos folgend, in begrifflicher Terminologie die Bedeutung der Sinneswahrnehmung für den Erkenntnisprozeß dargelegt: nicht werden aus der Sinneswahrnehmung die Begriffe abstrahiert, sondern Sinneswahrnehmung liefert ständig die Anlässe, um sich an die vorgeburtliche Ideenschau zu erinnern; und das heißt im irdischen Leben: Begriffe zu bilden.

Die in der Ideenerfahrung verwurzelte Erkenntnis- und Lebenshaltung Platons hat sich nach seinem Tode nicht halten lassen. Wo geistige Erfahrung schwindet, breitet sich der Zwang der Systematisierung aus. Dies ist auch in der platonischen Akademie geschehen, besonders unter seinem zweiten Nachfolger Xenokrates (davon ist bei anderer Gelegenheit zu handeln). Aber es gibt auch inhaltliche Zweifel: Existieren Ideen, geistige Wirklichkeiten, losgelöst von der natürlichen Wirklichkeit tatsächlich? Und hat Platon dasjenige seinerseits richtig gelöst, was er an Anaxagoras zu tadeln fand? – In diese Richtungen geht die Überlegung des Aristoteles.

980a Πάντες ἄνθρωποι τοῦ εἰδέναι ὀρέγονται φύσει. σημεῖον δ' ἡ τῶν αἰσθήσεων ἀγάπησις· καὶ γὰρ χωρὶς τῆς χρείας ἀγαπῶνται δι' αὑτάς, καὶ μάλιστα τῶν ἄλλων ἡ διὰ τῶν ὀμμάτων. οὐ γὰρ μόνον ἵνα πράττωμεν ἀλλὰ καὶ μηθὲν μέλλοντες πράττειν τὸ ὁρᾶν αἱρούμεθα ἀντὶ πάντων ὡς εἰπεῖν τῶν ἄλλων. αἴτιον δ' ὅτι μάλιστα ποιεῖ γνωρίζειν ἡμᾶς αὕτη τῶν αἰσθήσεων καὶ πολλὰς δηλοῖ διαφοράς. φύσει μὲν οὖν αἴσθησιν ἔχοντα γίγνεται τὰ ζῷα, ἐκ δὲ ταύτης τοῖς μὲν αὐτῶν οὐκ ἐγγίγνεται μνήμη, τοῖς δ' ἐγγίγνεται.
980b καὶ διὰ τοῦτο ταῦτα φρονιμώτερα καὶ μαθητικώτερα τῶν μὴ δυναμένων μνημονεύειν ἐστί, φρόνιμα μὲν ἄνευ τοῦ μανθάνειν ὅσα μὴ δυνατὰ τῶν ψόφων ἀκούειν (οἷον μέλιττα κἂν εἴ τι τοιοῦτον ἄλλο γένος ζῴων ἔστι), μανθάνει δ' ὅσα πρὸς τῇ μνήμῃ καὶ ταύτην ἔχει τὴν αἴσθησιν. τὰ μὲν οὖν ἄλλα ταῖς φαντασίαις ζῇ καὶ ταῖς μνήμαις, ἐμπειρίας δὲ μετέχει μικρόν· τὸ δὲ τῶν ἀνθρώπων γένος καὶ τέχνῃ καὶ λογισμοῖς. γίγνεται δ' ἐκ τῆς μνήμης ἐμπειρία τοῖς ἀνθρώποις· αἱ γὰρ πολλαὶ μνῆμαι τοῦ αὐτοῦ πράγμα-
981a τος μιᾶς ἐμπειρίας δύναμιν ἀποτελοῦσιν. καὶ δοκεῖ σχεδὸν ἐπιστήμῃ καὶ τέχνῃ ὅμοιον εἶναι ἡ ἐμπειρία, ἀποβαίνει δ' ἐπιστήμη καὶ τέχνη διὰ τῆς ἐμπειρίας τοῖς ἀνθρώποις· ἡ μὲν γὰρ ἐμπειρία τέχνην ἐποίησεν, ὥς φησι Πῶλος, ὀρθῶς λέγων, ἡ δ' ἀπειρία τύχην. γίγνεται δὲ τέχνη ὅταν ἐκ πολλῶν τῆς ἐμπειρίας ἐννοημάτων μία καθόλου γένηται περὶ τῶν ὁμοίων ὑπόληψις.

9
GEIST ALS URSPRUNG DER WISSENSCHAFT. ERKENNTNISSTUFEN BEI ARISTOTELES

Das erste Buch der aristotelischen «Metaphysik»[76] beginnt mit folgenden Sätzen[77]:

a «Alle Menschen streben von Natur (physei) nach Wissen (ei-
denai); dies beweist die Freude an den Sinneswahrnehmungen
(aistheseis), denn diese erfreuen an sich, auch abgesehen von
dem Nutzen, und vor allem andern die Wahrnehmungen mit-
tels der Augen. Denn nicht nur zu praktischen Zwecken, son-
dern auch wenn wir keine Handlung beabsichtigen, ziehen wir
das Sehen so gut wie allem andern vor, und dies deshalb, weil
dieser Sinn uns am meisten Erkenntnis (gnorizein) gibt und
viele Unterschiede offenbart. Von Natur nun haben die Tiere
sinnliche Wahrnehmung, aus der sinnlichen Wahrnehmung
entsteht bei einigen Erinnerung (mneme), bei andern nicht,
b und darum sind jene verständiger und gelehriger als die, welche
sich nicht erinnern können. Verständig (phronimos) ohne zu
lernen sind alle diejenigen, welche den Schall nicht hören kön-
nen, z.B. die Biene und was etwa noch sonst für Tiere der Art
sind; dagegen lernen alle diejenigen, welche außer der Erinne-
rung auch diesen Sinn besitzen. Die anderen Tiere nun leben in
ihren Vorstellungen (phantasiai) und Erinnerungen und haben
nur geringen Anteil an Erfahrung (empeiria), das Menschenge-
schlecht dagegen lebt auch in praktischem Wissen (techne) und
Überlegung (logismoi). Aus der Erinnerung nämlich entsteht

für den Menschen Erfahrung; denn die Vielheit der Erinnerungen an denselben Gegenstand erlangt die Bedeutung einer ein-
981 a zigen Erfahrung, und es scheint die Erfahrung beinahe der Wissenschaft (episteme) und dem praktischen Wissen sich anzunähern. Wissenschaft aber und praktisches Wissen gehen für die Menschen aus der Erfahrung hervor; denn ‹Erfahrung schuf praktisches Wissen›, sagt Polos mit Recht[78], ‹Unerfahrenheit den Zufall›. Das praktische Wissen entsteht dann, wenn sich aus vielen durch die Erfahrung gegebenen Gedanken eine allgemeine Annahme über das Ähnliche bildet.»

(Aristoteles, Metaphysik A 1 980 a–981 a)

Aristoteles benennt hier Erkenntnisfähigkeiten in der Reihenfolge
Sinneswahrnehmung (aisthesis),
Erinnerung (mneme), Vorstellung (phantasia), Erfahrung (empeiria),
praktisches Wissen (techne), Überlegung (logismoi), Erkenntnis (episteme).

Die Reihe dieser Fähigkeiten ist aufsteigend, bei den niederen Tieren beginnend, die oberste Stufe ist allein dem Menschen vorbehalten.

Man findet hier die Erkenntnisstufen des platonischen Liniengleichnisses (s.o. S. 118ff.) wieder, allerdings mit einigen Abänderungen, die für Aristoteles charakteristisch sind: zum einen geht die Erkenntnis für Aristoteles von der Sinneswahrnehmung aus – im Liniengleichnis hatte die Sinneswahrnehmung keinen Erkenntniswert.[78a] Andererseits fehlt bei Aristoteles offenbar die oberste Stufe des Gleichnisses, die Ideenerkenntnis. Von zwei Arten des Denkens ist nicht die Rede. Dafür wird diejenige Stufe, die bei Platon als «vertrauensvolles Festhalten» (pistis) bezeichnet war, bei Aristoteles differenzierter gesehen: von der Sinneswahrnehmung ausgehend ist Festhalten soviel wie Erinnerung oder Vorstellung. Erinnerung kann sich nun auf die Einzelheiten des Wahrgenommenen beziehen, sie kann aber auch einzelne Erinnerungen zusammenfassen; dann nennt Aristoteles sie «Erfahrung». Die Darstellung bei Aristoteles scheint, im Vergleich mit Platon, auf eine Vernachlässigung des Geistes hinauszulaufen und orientiert sich deutlicher an der Sinneswahrnehmung. Sie wird jedoch charakteristisch ergänzt durch eine weitere, im überlieferten Werk des Aristoteles ebenfalls singuläre Ausführung am Ende der «Zweiten Analytiken». Der Gedankengang wirkt hier komplizierter als in der «Metaphysik». Er enthält zunächst dieselben Erkenntnisstufen, sie werden jedoch in mehreren Durchgängen differenziert abgehandelt. Thema ist die Frage nach den *Ursprüngen* der Erkenntnis, nachdem zuvor eingehend das schließende und beweisende Erkennen behandelt worden war. Als Ursprünge des Erkennens kommen nur solche Prinzipien in Frage, die nicht selbst eines Beweises bedürfen. Denn alles, was dem wissenschaftlichen Denken unterliegt, kann nicht dessen Ursprung sein. Auch müssen die gesuchten Prinzipien irrtumsfrei und sicherer sein als die Wissenschaft. – Wissenschaftliches Erkennen beginnt, wie in der «Metaphysik», zunächst mit Sinneswahrnehmung[79]:

«Was aber dieses Vermögen (die Sinneswahrnehmung) angeht, so ist es offenbar allen animalischen Wesen eigen: Sie haben nämlich ein angeborenes Unterscheidungsvermögen, das man die Sinneswahrnehmung nennt.
Während aber die Sinneswahrnehmung allen diesen Wesen einwohnt, stellt sich bei den einen von ihnen ein Beharren und Bleiben des sinnlichen Wahrnehmungsbildes ein, bei den anderen nicht. Wo das nun nicht der Fall ist, haben die betreffenden Wesen entweder überhaupt, oder von dem, was keinen bleibenden Eindruck hervorruft, keine Erkenntnis außer beim

φαίνεται δὲ τοῦτό γε πᾶσιν ὑπάρχον τοῖς ζῴοις. ἔχει γὰρ δύναμιν σύμφυτον κριτικήν, ἣν καλοῦσιν αἴσθησιν· ἐνούσης δ' αἰσθήσεως τοῖς μὲν τῶν ζῴων ἐγγίγνεται μονὴ τοῦ αἰσθήματος, τοῖς δ' οὐκ ἐγγίγνεται. ὅσοις μὲν οὖν μὴ ἐγγίγνεται, ἢ ὅλως ἢ περὶ ἃ μὴ ἐγγίγνεται, οὐκ ἔστι τούτοις γνῶσις ἔξω τοῦ αἰσθάνεσθαι· ἐν οἷς δ' ἔνεστιν αἰσθομένοις ἔχειν ἔτι ἐν τῇ ψυχῇ. πολλῶν δὲ τοιούτων γινομένων ἤδη διαφορά τις γίνεται, ὥστε τοῖς μὲν γίνεσθαι λόγον ἐκ τῆς τῶν τοιούτων μονῆς, τοῖς δὲ μή.

Ἐκ μὲν οὖν αἰσθήσεως γίνεται μνήμη, ὥσπερ λέγομεν, ἐκ δὲ μνήμης πολλάκις τοῦ αὐτοῦ γινομένης ἐμπειρία· αἱ γὰρ πολλαὶ μνῆμαι τῷ ἀριθμῷ ἐμπειρία μία ἐστίν. ἐκ δ' ἐμπειρίας ἢ ἐκ παντὸς ἠρεμήσαντος τοῦ καθόλου ἐν τῇ ψυχῇ, τοῦ ἑνὸς παρὰ τὰ πολλά, ὃ ἂν ἐν ἅπασιν ἓν ἐνῇ ἐκείνοις τὸ αὐτό, τέχνης ἀρχὴ καὶ ἐπιστήμης, ἐὰν μὲν περὶ γένεσιν, τέχνης, ἐὰν δὲ περὶ τὸ ὄν, ἐπιστήμης. οὔτε δὴ ἐνυπάρχουσιν ἀφωρισμέναι αἱ ἕξεις, οὔτ' ἀπ' ἄλλων ἕξεων γίνονται γνωστικωτέρων, ἀλλ' ἀπὸ αἰσθήσεως, οἷον ἐν μάχῃ τροπῆς γενομένης ἑνὸς στάντος ἕτερος ἔστη, εἶθ' ἕτερος, ἕως ἐπὶ ἀρχὴν ἦλθεν. ἡ δὲ ψυχὴ ὑπάρχει τοιαύτη οὖσα οἵα δύνασθαι πάσχειν τοῦτο. ὃ δ' ἐλέχθη μὲν πάλαι, οὐ σαφῶς δὲ ἐλέχθη, πάλιν εἴπωμεν. στάντος γὰρ τῶν

Akte der Wahrnehmung selbst. Wo es aber wohl der Fall ist, können sie auch bei neuen Wahrnehmungen die Erkenntnis
a noch in der Seele haben.

Wenn sich aber diese bleibenden Eindrücke mehren, tritt noch ein weiterer Unterschied auf, indem die einen aus dem Beharren der Wahrnehmungsbilder einen *Begriff* gewinnen, die anderen nicht.»

Darauf folgt ein zweiter Durchgang durch die gleichen Erkenntnisstufen:

«Aus der *Wahrnehmung* entsteht nun das *Gedächtnis,* wie wir das Beharren nennen, aus dem Gedächtnis, wenn derselbe Vorgang sich ihm oft unterbreitet, die *Erfahrung;* denn die der Zahl nach vielen Erinnerungen sind *eine* Erfahrung. Aus der Erfahrung aber oder aus jedem Allgemeinen, das in der Seele zur Ruhe gekommen ist – dem Einen *außer* den vielen, das als Eines zugleich *in* allen ist –, stammt das, was der Ursprung des praktischen Wissens (techne) und der Wissenschaft ist, des praktischen Wissens, wo es sich um das Werden, der Wissenschaft, wo es sich um das Seiende handelt.

So sind denn die fraglichen Fertigkeiten weder schon vorher vollendet in der Seele vorhanden, noch entstehen sie aus anderen Vermögen, die auf eine vorzüglichere Erkenntnis angelegt wären, sondern sie nehmen von der Sinneswahrnehmung ihren Ausgang, ähnlich wie wenn in der Schlacht alles flieht, aber Einer stehen bleibt, und nun ein Anderer und wieder ein Anderer sich ihm anschließt, bis die anfängliche Ordnung wiederhergestellt ist. Es hat aber die Seele eine solche besondere Art, daß sie dieses erleiden kann.»

Der dritte Durchgang fügt eine neue Stufe hinzu:

«Was wir soeben gesagt haben, aber nicht deutlich genug, müssen wir noch einmal vortragen.

Wenn eine der individuellen Erscheinungen, die sich nach der

ἀδιαφόρων ἑνός, πρῶτον μὲν ἐν τῇ ψυχῇ καθόλου (καὶ γὰρ αἰσθάνεται μὲν τὸ καθ' ἕκαστον, ἡ δ' αἴσθησις τοῦ καθόλου
100b ἐστίν, οἷον ἀνθρώπου, ἀλλ' οὐ Καλλίου ἀνθρώπου)· πάλιν ἐν τούτοις ἵσταται, ἕως ἂν τὰ ἀμερῆ στῇ καὶ τὰ καθόλου, οἷον τοιονδὶ ζῷον, ἕως ζῷον, καὶ ἐν τούτῳ ὡσαύτως. δῆλον δὴ ὅτι ἡμῖν τὰ πρῶτα ἐπαγωγῇ γνωρίζειν ἀναγκαῖον· καὶ γὰρ ἡ αἴσθησις οὕτω τὸ καθόλου ἐμποιεῖ.

Ἐπεὶ δὲ τῶν περὶ τὴν διάνοιαν ἕξεων αἷς ἀληθεύομεν αἱ μὲν ἀεὶ ἀληθεῖς εἰσιν, αἱ δὲ ἐπιδέχονται τὸ ψεῦδος, οἷον δόξα καὶ λογισμός, ἀληθῆ δ' ἀεὶ ἐπιστήμη καὶ νοῦς, καὶ οὐδὲν ἐπιστήμης ἀκριβέστερον ἄλλο γένος ἢ νοῦς, αἱ δ' ἀρχαὶ τῶν ἀποδείξεων γνωριμώτεραι, ἐπιστήμη δ' ἅπασα μετὰ λόγου ἐστί, τῶν ἀρχῶν ἐπιστήμη μὲν οὐκ ἂν εἴη, ἐπεὶ δ' οὐδὲν ἀληθέστερον ἐνδέχεται εἶναι ἐπιστήμης ἢ νοῦν, νοῦς ἂν εἴη τῶν ἀρχῶν, ἔκ τε τούτων σκοποῦσι καὶ ὅτι ἀποδείξεως ἀρχὴ οὐκ ἀπόδειξις, ὥστ' οὐδ' ἐπιστήμης ἐπιστήμη. εἰ οὖν μηδὲν ἄλλο παρ' ἐπιστήμην γένος ἔχομεν ἀληθές, νοῦς ἂν εἴη ἐπιστήμης ἀρχή. καὶ ἡ μὲν ἀρχὴ τῆς ἀρχῆς εἴη ἄν, ἡ δὲ πᾶσα ὁμοίως ἔχει πρὸς τὸ πᾶν πρᾶγμα.

Art nicht mehr unterscheiden, zum Stehen gekommen ist, so ist ein *erstes Allgemeines* in der Seele erreicht – denn man nimmt das Einzelne wahr, aber die Wahrnehmung geht auf ein allgemeines Objekt; sie geht z. B. auf den Menschen, nicht auf den Menschen Kallias –. Dann kommt es wieder bei diesen zum Stehen, bis sich das Unteilbare und Allgemeine einstellt, z. B. bei einem Sinnenwesen von der und der Art, bis das Sinnenwesen erreicht ist, bei dem es dann ebenso weiter geht. Man sieht also, daß wir die ersten Ursprünge durch Induktion kennenlernen müssen. Denn so bildet auch die Wahrnehmung uns das Allgemeine ein.

Da aber unter den verständigen Vermögen, durch die wir die Wahrheit erkennen, die einen immer wahr sind, die anderen den Irrtum zulassen, wie dies von der Meinung und dem Schluß gilt, während die Wissenschaft und der Nus immer wahr sind, und da der Wissenschaft sonst keine Gattung an Gewißheit vorgeht als der Nus, und da die Ursprünge bekannter sind als die Schlußsätze der Beweise, alle Wissenschaft aber auf Gründen fußt, nun, so kann es von den Ursprüngen eine Wissenschaft nicht geben; da aber nur der Nus wahrer sein kann als die Wissenschaft, so müssen die Ursprünge dem Nus anheimfallen. Das erhellt, von diesem Grunde abgesehen, auch daraus, daß der Beweis nicht Ursprung des Beweises ist, somit auch nicht die Wissenschaft Ursprung der Wissenschaft. Wenn wir also außer der Wissenschaft sonst keine andere wahre Gattung haben, so muß der Nus der Ursprung der Wissenschaft sein. Und so ginge denn der Ursprung auf ihren Ursprung, sie als Ganzes aber steht in diesem Verhältnis zu dem ganzen Wissensstoff.»

(Aristoteles, Zweite Analytiken II 19, 99 b 34–100 b 17)

Zunächst also werden die aus der «Metaphysik» bekannten Erkenntnisstufen etwas ausführlicher erläutert:

Sinneswahrnehmung als angeborenes Unterscheidungsvermögen (kritike);
Beharren und Bleiben des sinnlichen Wahrnehmungsbildes, im zweiten Durchgang als «Gedächtnis», mneme, bezeichnet.

Begriff (Logos).

Der erste Durchgang kennt drei klar unterscheidbare Stufen: Wahrnehmung, Erinnerung und Begriff. Im zweiten Durchgang wird differenziert:

Wahrnehmung

Gedächtnis («wie wir das Beharren nennen»)

Erfahrung (empeiria), das Allgemeine (katholon): «Die der Zahl nach vielen Erinnerungen sind *eine* Erfahrung.»
Praktisches Wissen (techne) und wissenschaftliches Erkennen (episteme). Diese entsprechen offenbar der Stufe des begrifflichen Denkens (logos) im ersten Durchgang.

Neu ist im zweiten Durchgang auch, daß jede Fähigkeit aus der nächsttieferen hervorgeht: Aus der Wahrnehmung entsteht Gedächtnis, aus dem Gedächtnis Erfahrung, aus der Erfahrung die Wissenschaft. Am Ende des vierten Abschnittes wird sogar zusammengefaßt: «Die Wahrnehmung bildet uns das Allgemeine ein.» Bis hierhin sieht die Erkenntnislehre des Aristoteles recht sinnesbezogen aus. Aber sie ist noch nicht abgeschlossen. Zunächst wird für das «Stehenbleiben» der Sinneswahrnehmungen in der Seele ein merkwürdiges Bild gebraucht: «Ähnlich wie wenn in der Schlacht alles flieht, aber einer stehenbleibt, und nun ein anderer und wieder ein anderer sich ihm anschließt, bis die anfängliche Ordnung (wörtlich: der Ursprung, arche) wiederhergestellt ist.» Der Schluß des Vergleichs, «bis die anfängliche Ordnung wiederhergestellt ist», scheint auf die bisher entwickelte Erkenntnislehre nicht zu passen. Denn von einer «anfänglichen Ordnung» kann da nicht die Rede sein. Erkenntnis erscheint eher als eine verinnerlichende Zusammenfassung und Deutung von Dingen, die von der Außenwelt an den Menschen ungeordnet herankommen und in ihm zu einem fortschreitenden «Beharren» gebracht werden. Oder liegt der sinnlichen Welt, deren Erkenntnis eines «Unterscheidungsvermögens» bedarf, im Grunde auch eine «ursprüngliche Ordnung» zugrunde? – Diese Frage wird hier wachgerufen. Aristoteles setzt fort: «Was wir soeben gesagt haben, aber nicht deutlich genug, müssen wir noch einmal vortragen.»

Der dritte Durchgang betont den Übergang vom Einzelnen zum Allgemeinen. Das Allgemeine, z.B. die Art eines Lebewesens, ist nicht sinnlich in der Außenwelt vorhanden. Und Aristoteles resümiert, «daß wir die Ursprünge (des Erkennens) durch Induktion (d.h. vom Einzelnen ausgehend) kennenlernen müssen.» – Dann jedoch kommt ein Umschwung. Als Ursprung des Erkennens kommt nur etwas in Frage, das selbst nicht wahr oder falsch sein kann, sondern immer wahr ist. Der gesuchte Ursprung des Erkennens muß noch über den Schlußsätzen und Beweisen stehen, auf denen alle Wissenschaft fußt. Von den Ursprüngen des Erkennens kann es also eine «Wissenschaft» in diesem Sinne nicht geben. Es ist unmöglich, die Ursprünge durch ein logisches Beweisverfahren zu erreichen – denn sie stehen ja über allen Beweisen, sonst sind sie nicht deren Ursprünge. Es gibt nur ein einziges Prinzip, das noch über der Wissenschaft steht und dieser zugrunde liegt: der Geist (nus). «Wenn wir also außer der Wissenschaft sonst keine andere wahre Gattung haben, so muß der nus das Prinzip der Wissenschaft sein.»

Der Schluß enthält also eine überraschende Wendung, in der

die zweite platonische Stufe des Denkens, die noesis, doch noch eingeführt wird. Allerdings bleibt sie hier recht blaß, lediglich wird ihre Existenz behauptet und mit den Mitteln der beweisenden Wissenschaft erschlossen.

Aristoteles leugnet also keineswegs die Existenz des Geistes, wie man am Anfang der «Metaphysik» vielleicht meinen könnte. Der Geist ist wirksam im Erkenntnisprozeß. Der Prozeß selbst jedoch verläuft ohne Bewußtsein davon. War für Platon die Sinneswahrnehmung nur der Anlaß zum Geist-Erinnern, so wird sie für Aristoteles zum Anfangspunkt eines geregelten, stufenweise verlaufenden Verfahrens. An dessen Ende macht er andeutungsweise bewußt, daß dieses Verfahren, von der Sinneswahrnehmung über Erinnerung und Erfahrung bis zum begrifflichen, wissenschaftlichen Erkennen zu gelangen, nicht möglich wäre, wenn nicht im nus der Ursprung der Begriffe läge. Denken hat für Aristoteles immer noch den intuitiven Ursprung, auch wenn dieser nicht mehr im Vordergrund steht. Das Interesse gilt jetzt dem logischen Denken. «Das logische Denken schlägt eine Brücke zwischen den Daten der Erfahrung und den intuitiv erkannten Allgemeinbegriffen und ersten Sätzen. Als Beschreibung des Prozesses betrachtet, ist seine Darstellung richtig und wohl auch heute noch zutreffend...»[80]

Die gleiche Einschätzung des nus spricht Aristoteles auch bei anderer Gelegenheit aus[81]:

Ἐπεὶ δ᾽ ἡ ἐπιστήμη περὶ τῶν καθόλου ἐστὶν ὑπόληψις καὶ τῶν ἐξ ἀνάγκης ὄντων, εἰσὶ δ᾽ ἀρχαὶ τῶν ἀποδεικτῶν καὶ πάσης ἐπιστήμης (μετὰ λόγου γὰρ ἡ ἐπιστήμη), τῆς ἀρχῆς τοῦ ἐπιστητοῦ οὔτ᾽ ἂν ἐπιστήμη εἴη οὔτε τέχνη οὔτε φρόνησις· . . . οὐδὲ δὴ σοφία τούτων ἐστίν· τοῦ γὰρ σοφοῦ περὶ ἐνίων ἔχειν ἀπόδειξίν ἐστιν. εἰ δὴ οἷς ἀληθεύομεν καὶ μηδέποτε διαψευδόμεθα περὶ τὰ μὴ ἐνδεχόμενα ἢ καὶ ἐνδεχόμενα ἄλλως ἔχειν, ἐπιστήμη καὶ φρόνησίς ἐστι καὶ σοφία καὶ νοῦς, τούτων δὲ τῶν τριῶν μηδὲν ἐνδέχεται εἶναι (λέγω δὲ τρία φρόνησιν ἐπιστήμην σοφίαν), λείπεται νοῦν εἶναι τῶν ἀρχῶν.

«Nachdem wissenschaftliche Erkenntnis (episteme) eine Urteilsbildung über das Allgemeine und über das Notwendige ist, und nachdem das durch zwingenden Schluß Dargestellte und jede wissenschaftliche Erkenntnis von gültigen Ausgangssätzen (archai) abgeleitet ist – denn wissenschaftliche Erkenntnis vollzieht sich durch das Schlußverfahren –, so kann die Ausgangsposition (Ursprung, arche) des wissenschaftlich Erkennbaren ihrerseits weder das Objekt wissenschaftlicher Erkenntnis (episteme) noch des praktischen Könnens (techne), noch der sittlichen Einsicht (phronesis) sein. ... Aber auch die philosophische Weisheit (sophia) kann jene Ausgangssätze nicht liefern, denn für den Philosophen ist es charakteristisch, in manchen Fällen die Methode des zwingenden Schlußverfahrens (apodeixis) zu handhaben. Wenn nun die seelischen Kräfte, durch die wir uns, bei der Bemühung um das Unveränderliche sowohl wie um das Veränderliche, des Richtigen bemächtigen und niemals zum Unrichtigen geführt werden, folgende sind: wissenschaftliche Erkenntnis (episteme), sittliche Einsicht (phronesis), philosophische Weisheit (sophia) und intuitiver Geist (nus); und wenn von diesen drei Kräften (sittliche Einsicht, wissenschaftliche Erkenntnis und philosophische Weisheit) keine in Frage kommt, so bleibt nur, daß der intuitive Geist (nus) es ist, dessen Sache die erwähnten Ausgangssätze sind.»

(Aristoteles, Nikomachische Ethik, VI 6, 1140 b–1141 a)

Auch hier also fällt auf, wie Aristoteles das von ihm durchaus anerkannte intuitive Prinzip nicht als solches zu beschreiben versucht, sondern wie er «von unten», von der Seite der beweisenden Wissenschaft her, Existenz und Bedeutung des nus angibt. Doch gilt es, diese beiden Arten des Denkens, das diskursive und das intuitive, genau zu unterscheiden und zu wissen, wann welche Art verlangt ist. Nicht alles, und gerade nicht die Prinzipien des wissenschaftlichen Denkens, können dem Argumentieren und Beweisen unterworfen werden. Für Aristoteles ist es eine Frage von Bildung und Unbildung zu wissen, wofür man einen Beweis verlangen kann und wofür nicht.

Auf dem Hintergrund des zitierten Schlusses der «Zweiten Analytiken» erscheint der Unterschied zwischen Platon und Aristoteles in ontologischer Hinsicht viel weniger schroff als oftmals angenommen. Aristoteles lehnt keineswegs geistige Wirklichkeit ab. Und selbst daß sie hier – im Unterschied zur Ideenerkenntnis Platons – zu einem nicht weiter hinterfragten Ursprung des wissenschaftlichen Erkennens verblaßt, darf nicht einfach verallgemeinert werden, wie sich im XII. Buch der «Metaphysik» zeigen wird (s.u. nächstes Kapitel). Das modernistische Mißverständnis, Erkenntnis sei innerseelische (und darum subjektive) Verarbeitung von Sinnesdaten, ist jedenfalls nicht auf Aristoteles zurückzuführen. Denkendes Erkennen bleibt auch für Aristoteles ein Gewahrwerden von Welt.[82]

Anhand der Erkenntnisstufen in den «Zweiten Analytiken» sei abschließend noch auf einen Unterschied zum neuzeitlichen Bewußtsein hingewiesen. Auf die in diesem geltenden Erkenntnisfaktoren macht Rudolf Steiner aufmerksam in seinem Buch «Die Stufen der höheren Erkenntnis». Seine Darstellung wird ihrer Knappheit halber dem folgenden zugrundegelegt. Die in unserem Zeitalter übliche Erkenntnisart wird darin als «materielle Erkenntnis» bezeichnet und so charakterisiert: «Beim gewöhnlichen sinnlichen Erkennen kommen vier Elemente in Betracht: erstens der *Gegenstand,* welcher auf die Sinne einen Eindruck macht. Zweitens das *Bild,* das sich der

Mensch von diesem Gegenstand macht. Drittens der *Begriff*, durch den der Mensch zu einer geistigen Erfassung einer Sache oder eines Vorganges kommt. Viertens das *‹Ich›*, welches sich aufgrund des Eindrucks von Gegenstand, Bild und Begriff bildet.» Die ersten drei Stufen, Sinneswahrnehmung, Bild und Begriff, stimmen genau mit den Stufen des Aristoteles überein. (Was zunächst «Gegenstand» genannt wird, heißt etwas später «Sensation», Sinneswahrnehmung.) Wo jedoch Aristoteles den «Geist» als Ursprung des Erkennens sieht, findet Rudolf Steiner im neuzeitlichen Bewußtsein etwas anderes:

«Das vierte Element, das bei der materiellen Erkenntnis in Betracht kommt, ist das ‹Ich›. In demselben kommt eine Einheit der Bilder und Begriffe zustande. Dieses ‹Ich› bewahrt in seinem Gedächtnisse die Bilder. Wäre das nicht der Fall, so entstände kein fortlaufendes inneres Leben. Die Bilder der Dinge blieben nur so lange vorhanden, als diese Dinge selbst auf die Seele wirken. Das innere Leben aber hängt davon ab, daß Wahrnehmung an Wahrnehmung gereiht wird. Das ‹Ich› orientiert sich ‹heute› in der Welt, weil ihm bei gewissen Gegenständen die Bilder der gleichen Gegenstände von ‹gestern› auftauchen. Man vergegenwärtige sich nur, wie unmöglich das Seelenleben wäre, wenn man nur so lange ein Bild eines Dinges hätte, als dieses selbst vor einem steht. – Auch bezüglich der Begriffe bildet das ‹Ich› die Einheit. Es verbindet seine Begriffe und verschafft sich auf diese Art einen Überblick, d.h. ein Verständnis der Welt. Diese Verbindung der Begriffe geschieht im ‹Urteilen›. Ein Wesen, das nur lose Begriffe hätte, könnte sich in der Welt nicht zurechtfinden. Alle Tätigkeit des Menschen beruht auf seiner Fähigkeit, Begriffe zu verbinden, d.h. auf seinem Urteilen.»[83]

An die Stelle der allgemeinen Geistigkeit (nus) bei Aristoteles ist in der Neuzeit das Ich jedes einzelnen Menschen getreten. Es bestimmt und lenkt die Seelentätigkeiten in einem noch präziseren Sinne als der «Lenker» des Seelenwagens in Platons

«Phaidros» (s.o. S.156ff.). Gegenüber der antiken Auffassung erschließt das Ich des modernen Menschen neue Möglichkeiten. War für Aristoteles die geistige Wirklichkeit noch fragloser Ursprung des denkenden Erkennens, so hat das Ich-Bewußtsein der Neuzeit die Freiheit, eine solche Wirklichkeit nicht mehr anzuerkennen und in Folge davon z. B. das Denken für subjektiv zu erklären. Es besitzt außerdem die Freiheit, auch sich selbst im Erkenntnis- und Weltprozeß zu vergessen.[84]

10
DER UNBEWEGTE BEWEGER. ZU METAPHYSIK, BUCH XII, DES ARISTOTELES

Wie eng für Aristoteles «Geist» als Ursprung und «Geist» als denkender Vollzug zusammenhängen, kann an seinen Erörterungen zum «unbewegten Beweger» im Buch XII der Metaphysik abgelesen werden. Dieses Buch handelt vom Sein. «Über das Sein geht die Untersuchung. Denn es sind die Ursprünge und Ursachen all dessen, was Sein ist, die gesucht werden...» Mit diesem Satz beginnt es. Der erste Satz enthält in antiken Büchern das Thema. Im Unterschied zu Platon erkennt Aristoteles, wie bereits angedeutet, auch der Natur mit all ihrem Werden und Vergehen Seinscharakter zu. «Es gibt dreierlei Sein»: sinnlich wahrnehmbares, und darunter ewiges (Gestirne) und vergängliches (Pflanzen, Tiere usw.), und ein drittes, unveränderliches Sein. Dieses Letztere ist Thema des zwölften Buches. Zunächst wird die Frage der «Bewegung» aufgegriffen, die Platon nicht gelöst hatte. Zweifellos gibt es ja in der Welt bewegliches Seiendes und ganz verschiedene Arten von Bewegung. Diese werden untersucht und gegliedert. Will man den Ursprung der Welt, wie sie uns vorliegt, erfassen, so muß besonders nach dem Ursprung der Bewegung, nach dem «Erstbewegenden» gefragt werden. Wir kennen diese Frage bereits aus Anaximander, Xenophanes und Anaxagoras. Für Aristoteles stellt sie sich so: Was ist der Ursprung der Bewegung? Das oberste Prinzip der Bewegung muß notwendigerweise selbst unbewegt, und das heißt zugleich ewig und unvergänglich sein. Zweitens aber muß es in der Lage sein, Bewegung zu bewirken. Sein Wesen muß Tätig-

Ἐπεὶ δ' οὕτω τ' ἐνδέχεται, καὶ εἰ μὴ οὕτως, ἐκ νυκτὸς ἔσται καὶ ὁμοῦ πάντων καὶ ἐκ μὴ ὄντος, λύοιτ' ἂν ταῦτα, καὶ ἔστι τι ἀεὶ κινούμενον κίνησιν ἄπαυστον, αὕτη δ' ἡ κύκλῳ (καὶ τοῦτο οὐ λόγῳ μόνον ἀλλ' ἔργῳ δῆλον), ὥστ' ἀΐδιος ἂν εἴη ὁ πρῶτος οὐρανός. ἔστι τοίνυν τι καὶ ὃ κινεῖ. ἐπεὶ δὲ τὸ κινούμενον καὶ κινοῦν καὶ μέσον . . . τοίνυν ἔστι τι ὃ οὐ κινούμενον κινεῖ, ἀΐδιον καὶ οὐσία καὶ ἐνέργεια οὖσα. κινεῖ δὲ ὧδε τὸ ὀρεκτὸν καὶ τὸ νοητόν· κινεῖ οὐ κινούμενα. τούτων τὰ πρῶτα τὰ αὐτά. ἐπιθυμητὸν μὲν γὰρ τὸ φαινόμενον καλόν, βουλητὸν δὲ πρῶτον τὸ ὂν καλόν· ὀρεγόμεθα δὲ διότι δοκεῖ μᾶλλον ἢ δοκεῖ διότι ὀρεγόμεθα· ἀρχὴ γὰρ ἡ νόησις. νοῦς δὲ ὑπὸ τοῦ νοητοῦ κινεῖται, νοητὴ δὲ ἡ ἑτέρα συστοιχία καθ' αὑτήν· καὶ ταύτης ἡ οὐσία πρώτη, καὶ ταύτης ἡ ἁπλῆ καὶ κατ' ἐνέργειαν (ἔστι δὲ τὸ ἓν καὶ τὸ ἁπλοῦν οὐ τὸ αὐτό· τὸ μὲν γὰρ ἓν μέτρον σημαίνει, τὸ δὲ ἁπλοῦν πῶς ἔχον αὐτό). ἀλλὰ μὴν καὶ τὸ καλὸν καὶ τὸ δι' αὑτὸ αἱρετὸν ἐν τῇ αὐτῇ συστοιχίᾳ· καὶ ἔστιν ἄριστον

keit (energeia) sein. Das heißt im aristotelischen Verständnis zugleich, es muß notwendig «ohne Stoff» (hyle) sein. Denn sonst wäre «Möglichkeit»[85] in ihm, nicht nur Tätigkeit. Ein Hauptproblem ist dabei, wie etwas tätig (Bewegung bewirkend) sein kann, ohne selbst in Bewegung zu sein. Dazu Aristoteles[86]:

«Da es also so auskommt und da, wenn es nicht so wäre, das Sein aus Nacht sein müßte und dem Allesbeisammen und dem Nichtsein, dürfte dies die Lösung sein, und es existiert etwas, was sich immer bewegt, und zwar in unaufhörlicher Bewegung. Eine solche aber ist die Kreisbewegung (und dies ist nicht nur aus logischer Überlegung, sondern auch aus den Tatsachen klar); so daß sich ergibt, daß der oberste Himmel ewig ist. Also existiert auch etwas, was ihn in Bewegung hält. Da also das, was bewegend ist und zugleich selber bewegt wird, ein Mittleres ist, so gibt es etwas, was bewegend ist, ohne zugleich selber bewegt zu sein, etwas, was ewig, Sein und tätige Wirklichkeit ist. Auf diese Weise bewegend ist aber das, worauf das Verlangen und das, worauf das Denken geht: beides ist bewegend, ohne bewegt zu sein. Beides ist aber letzten Endes dasselbe. Denn worauf das Begehren geht, ist das Schönscheinende, worauf letzten Endes das Wollen geht, ist das Schönseiende. Wir verlangen nach etwas aber mehr, weil es uns als schön gilt, als daß es uns als schön gilt, weil wir danach verlangen. Denn der Ursprung ist das Denken. Der Geist wird aber von dem Gedachten bewegt, und Gedachtsein kommt der ganzen positiven Ordnung des Seins an ihr selbst zu; und in dieser ist wiederum das Sein das erste und von diesem das Einfache und in Wirklichkeit Seiende. (Es meint aber das Eine und das Einfache nicht dasselbe; denn das Eine bedeutet ein Maß für etwas, das Einfache dagegen eine Verfassung des Seienden in sich.) Aber auch das Schöne und das um seiner selbst willen Wünschbare gehören in dieselbe Ordnung; und das Erste ist stets das Beste oder wenigstens das verhältnismäßig Beste. Daß

1072b ἀεὶ ἢ ἀνάλογον τὸ πρῶτον. ὅτι δ' ἔστι τὸ οὗ ἕνεκα ἐν τοῖς ἀκινήτοις, ἡ διαίρεσις δηλοῖ· ἔστι γὰρ τινὶ τὸ οὗ ἕνεκα 〈καὶ〉 τινός, ὧν τὸ μὲν ἔστι τὸ δ' οὐκ ἔστι. κινεῖ δὲ ὡς ἐρώμενον,

aber das Worumwillen unter das Unbewegte gehört, macht die
b bekannte Unterscheidung klar. Worumwillen meint nämlich
entweder: für jemanden, oder an sich für etwas das Gute sein;
letzteres, wenn auch nicht das erstere, gehört dahin. Es ist also
bewegend wie das Geliebte.»

(Aristoteles, Metaphysik, Buch XII, 1072 a 19–1072 b 4)

Zunächst enthalten diese Sätze die Problemstellung: Es gibt dasjenige, was anderes bewegt und zugleich selber bewegt wird, z. B. eine rollende Kugel. Bei ihr ist wiederum zu fragen, wo der erste Anstoß der Bewegung liegt. Dieser muß selbst unbewegt sein – sonst wäre er nicht der *erste* Anstoß, sondern selbst etwas Angestoßenes. Gesucht ist «etwas, was bewegend ist, ohne zugleich selber bewegt zu sein, etwas, was ewig, Sein und tätige Wirklichkeit ist». Wie ist dieses Problem zu lösen? Eine mechanische Bewegung kann es nicht sein. Sie ist immer auch selbst bewegt. Das einzige Bewegende, das sich nicht zugleich selbst bewegt, ist das «Worumwillen», dasjenige, worauf das Verlangen und worauf das Denken geht: «Beides ist bewegend, ohne bewegt zu sein.» Soweit die Bestandsaufnahme. Bis hierhin gibt es zwei Bewegungsanstöße, die selbst nicht bewegt sind. Doch dann zeigt sich: der eine ist dem anderen untergeordnet. Auch der Ursprung desjenigen, worauf das Verlangen geht, ist das Denken. Denn «wir verlangen nach etwas mehr, weil es uns als schön gilt, als daß es uns als schön gilt, weil wir danach verlangen.» Ursprung jeglichen Bewegers, der sich nicht selbst bewegt, ist also das Denken. Wie geht das vor sich? – Hier muß zunächst wiederum realisiert werden, daß der antike Denk- und Geistbegriff (nus) ein anderer ist als der moderne. Denken produziert nicht Denkinhalte, sondern nimmt sie wahr. Es ist dies ein Wahrnehmen, das die eigene Tätigkeit in Bewegung setzt, das nicht erlaubt, dabei passiv zu bleiben, wie dies bei der Sinneswahrnehmung der Fall ist. Insofern kann Aristoteles formulieren: «Der Geist wird aber von dem Gedachten bewegt.»

ἐκ τοιαύτης ἄρα ἀρχῆς ἤρτηται ὁ οὐρανὸς καὶ ἡ φύσις. διαγωγὴ δ' ἐστὶν οἵα ἡ ἀρίστη μικρὸν χρόνον ἡμῖν. οὕτω γὰρ ἀεὶ ἐκεῖνο (ἡμῖν μὲν γὰρ ἀδύνατον), ἐπεὶ καὶ ἡδονὴ ἡ ἐνέργεια τούτου (καὶ διὰ τοῦτο ἐγρήγορσις αἴσθησις νόησις ἥδιστον, ἐλπίδες δὲ καὶ μνῆμαι διὰ ταῦτα). ἡ δὲ νόησις ἡ καθ' αὑτὴν τοῦ καθ' αὑτὸ ἀρίστου, καὶ ἡ μάλιστα τοῦ μάλιστα. αὑτὸν δὲ νοεῖ ὁ νοῦς κατὰ μετάληψιν τοῦ νοητοῦ· νοητὸς γὰρ γίγνεται θιγγάνων καὶ νοῶν, ὥστε ταὐτὸν νοῦς καὶ νοητόν. τὸ γὰρ δεκτικὸν τοῦ νοητοῦ καὶ τῆς οὐσίας νοῦς, ἐνεργεῖ δὲ ἔχων, ὥστ' ἐκείνου μᾶλλον τοῦτο ὃ δοκεῖ ὁ νοῦς θεῖον ἔχειν, καὶ ἡ θεωρία τὸ ἥδιστον καὶ ἄριστον. εἰ οὖν οὕτως εὖ ἔχει, ὡς ἡμεῖς ποτέ, ὁ θεὸς ἀεί, θαυμαστόν· εἰ δὲ μᾶλλον, ἔτι θαυμασιώτερον. ἔχει δὲ ὧδε. καὶ ζωὴ δέ γε ὑπάρχει· ἡ γὰρ νοῦ ἐνέργεια ζωή, ἐκεῖνος δὲ ἡ ἐνέργεια· ἐνέργεια δὲ ἡ καθ' αὑτὴν ἐκείνου ζωὴ ἀρίστη καὶ ἀΐδιος. φαμὲν δὴ τὸν θεὸν εἶναι ζῷον ἀΐδιον ἄριστον, ὥστε ζωὴ καὶ αἰὼν συνεχὴς καὶ ἀΐδιος ὑπάρχει τῷ θεῷ· τοῦτο γὰρ ὁ θεός.

«An einem solchen Ursprung also hängt der Himmel und die Natur. Sein Lebenszustand ist so wie der beste, den wir auf kurze Zeit kennen. So nämlich geht es jenem immer (für uns freilich ist das unmöglich), da es ja eine Freude ist, was für ihn seine Tätigkeit ausmacht (und eben deshalb sind für uns Wachen, Wahrnehmen, Denken das Erfreuendste, und Hoffnungen und Erinnerungen um dieserwillen). Das Denken aber geht an ihm selbst auf das an sich Beste, und je mehr es Denken ist, desto mehr. Nun kann sich der Geist selber denken, insofern er am Gedachten teilbekommt. Er wird nämlich selbst Gedachter, wenn er an die Sache rührt und denkt, so daß denkender Geist und Gedachtes dasselbe sind. Denn das, was das Gedachte und das Sein erst aufzunehmen vermag, ist zwar auch Geist, aber er ist erst wirklich tätig, wenn er es schon hat; daher ist dies mehr als jenes das, was man am Geist für göttlich hält, und die Schau ist das Erfreuendste und Beste. Wenn nun so wohl, wie wir uns zuweilen, der Gott sich immer befindet, ist das etwas Wunderbares, wenn aber noch mehr, dann ist es noch wunderbarer. So aber befindet er sich wirklich. Auch Leben kommt ihm natürlich zu. Denn die Tätigkeit des Geistes ist Leben, und jener ist die Tätigkeit. Seine Tätigkeit ist an ihr selbst vollkommenes und ewiges Leben. Wir behaupten also, daß der Gott ein lebendiges Wesen, ewig und vollkommen ist, so daß Leben und beständiges, ewiges Dasein dem Gotte zukommen, denn dies ist das Wesen des Gottes.»

(Aristoteles, Metaphysik, Buch XII, 1072 b 14–31)

Unterschieden war bisher die Denktätigkeit einerseits und das Objekt, das Gedachte andererseits. Wie stehen diese beiden in dem ursprünglichen, die Bewegungswelt erst begründenden Denken? Sie sind identisch: «Denkender Geist (nus) und Gedachtes (noeton) sind dasselbe.» Dabei geht es hier nicht um ein menschliches Denken, das prinzipiell zwar genauso verläuft, aber nicht in der hier zu fordernden Reinheit. «Wenn nun

Τὰ δὲ περὶ τὸν νοῦν ἔχει τινὰς ἀπορίας· δοκεῖ μὲν γὰρ εἶναι τῶν φαινομένων θειότατον, πῶς δ' ἔχων τοιοῦτος ἂν εἴη, ἔχει τινὰς δυσκολίας. εἴτε γὰρ μηδὲν νοεῖ, τί ἂν εἴη τὸ σεμνόν, ἀλλ' ἔχει ὥσπερ ἂν εἰ ὁ καθεύδων· εἴτε νοεῖ, τούτου δ' ἄλλο κύριον, οὐ γάρ ἐστι τοῦτο ὅ ἐστιν αὐτοῦ ἡ

so wohl, wie wir uns zuweilen, der Gott sich *immer* befindet, ist das etwas Wunderbares, wenn aber noch mehr, dann ist es noch wunderbarer. So aber befindet er sich wirklich.»
Dieses Denken ist «theoretisch» im antiken Sinne, d.h. «schauend», nicht theoretisch-abstrakt im modernen Verständnis. Sein Wesen ist Tätigkeit, und in dieser Tätigkeit wird ein hohes Glücksgefühl erlebt (hediston). Aber nicht nur dies, «auch Leben kommt ihm natürlich zu». Das liegt schon im Begriff der Tätigkeit (energeia). Die schauende Denktätigkeit wirkt auch im Seelischen und im Lebensbereich. Dies alles zu höchster Reinheit gesteigert, wird zum Gottesbegriff: «Wir behaupten also, daß der Gott ein lebendiges Wesen, ewig und vollkommen ist, so daß Leben und beständiges, ewiges Dasein dem Gotte zukommen, denn dies ist das Wesen des Gottes (wörtlich: denn dies ist der Gott).» – Es wird hier also ein Gottesbegriff gebildet, von dem keine personhaften Aussagen gemacht werden, sondern dessen Wesen ganz Tätigkeit, und das heißt Denktätigkeit ist, in einem noch strengeren Sinne als beim Gott des Xenophanes, der «alles mit seines Geistes Denkkraft erschüttert». Auch bei Anaxagoras hat der nus die Weltbewegung veranlaßt. Aber dort war schon vorher «alles beisammen», und der Gott bewirkte das Abscheiden. Radikaler bei Aristoteles: Hier ist noch nichts da. Der Ursprung der «Bewegung» ist zugleich der Ursprung der Welt. – Noch fehlt ein wichtiger Schritt: Wie kommt es von dem sich selbst denkenden Denker zur Weltentstehung?

15 «Unsere Sätze über den Geist enthalten aber noch einige Schwierigkeiten. Man meint doch, daß er von allem, was es gibt, das Göttlichste sei. Wie er aber sein muß, um dies sein zu können, darin liegt einiges Fragwürdige. Einerseits nämlich: dann, wenn er nichts denkt, was ist er dann Großes? Dann verhält er sich ja wie der Schlafende. Andererseits: dann, wenn er denkt und es so etwas anderes, für ihn Bestimmendes gibt

οὐσία νόησις, ἀλλὰ δύναμις, οὐκ ἂν ἡ ἀρίστη οὐσία εἴη· διὰ γὰρ τοῦ νοεῖν τὸ τίμιον αὐτῷ ὑπάρχει. ἔτι δὲ εἴτε νοῦς ἡ οὐσία αὐτοῦ εἴτε νόησίς ἐστι, τί νοεῖ; ἢ γὰρ αὐτὸς αὑτὸν ἢ ἕτερόν τι· καὶ εἰ ἕτερόν τι, ἢ τὸ αὐτὸ ἀεὶ ἢ ἄλλο. πότερον οὖν διαφέρει τι ἢ οὐδὲν τὸ νοεῖν τὸ καλὸν ἢ τὸ τυχόν; ἢ καὶ ἄτοπον τὸ διανοεῖσθαι περὶ ἐνίων; δῆλον τοίνυν ὅτι τὸ θειότατον καὶ τιμιώτατον νοεῖ, καὶ οὐ μεταβάλλει· εἰς χεῖρον γὰρ ἡ μεταβολή, καὶ κίνησίς τις ἤδη τὸ τοιοῦτον. πρῶτον μὲν οὖν εἰ μὴ νόησίς ἐστιν ἀλλὰ δύναμις, εὔλογον ἐπίπονον εἶναι τὸ συνεχὲς αὐτῷ τῆς νοήσεως· ἔπειτα δῆλον ὅτι ἄλλο τι ἂν εἴη τὸ τιμιώτερον ἢ ὁ νοῦς, τὸ νοούμενον. καὶ γὰρ τὸ νοεῖν καὶ ἡ νόησις ὑπάρξει καὶ τὸ χείριστον νοοῦντι, ὥστ' εἰ φευκτὸν τοῦτο (καὶ γὰρ μὴ ὁρᾶν ἔνια κρεῖττον ἢ ὁρᾶν), οὐκ ἂν εἴη τὸ ἄριστον ἡ νόησις. αὑτὸν ἄρα νοεῖ, εἴπερ ἐστὶ τὸ κράτιστον, καὶ ἔστιν ἡ νόησις νοήσεως νόησις. φαίνεται δ' ἀεὶ ἄλλου ἡ ἐπιστήμη καὶ ἡ αἴσθησις καὶ ἡ δόξα καὶ ἡ διάνοια, αὑτῆς δ' ἐν παρέργῳ.

(dann ist ja das, was sein Wesen ausmacht, nicht Denken, sondern bloße Möglichkeit dazu), so kann er nicht das vollkommendste Sein sein. Denn durch das Denken kommt ihm dann erst seine Würde zu. Und weiter: selbst wenn sein Wesen nicht (potentieller) Geist, sondern (aktuelles) Denken ist: was denkt er eigentlich? Doch entweder sich selbst oder etwas anderes; und wenn etwas anderes, so entweder immer dasselbe oder je etwas anderes. Macht es nun einen Unterschied – oder etwa keinen – ob er das Schöne oder das erste Beste denkt? Ist es nicht bei einigem geradezu absurd, darauf das Nachdenken zu richten? Es ist also klar, daß er nur das Göttlichste und Allerwürdigste denken darf und zwar, ohne zu wechseln. Denn ein Wechsel könnte ja nur zum Geringeren führen – auch wäre derartiges ja schon eine Bewegung. Auf den ersten Punkt ist also zu sagen: wenn er nicht (aktuelles) Denken, sondern bloße Möglichkeit dazu ist, so folgt daraus, daß das anhaltende Denken für ihn anstrengend sein müßte – zweitens ist klar, daß es dann etwas anderes, Würdigeres gäbe als den Geist, nämlich das, was er denkt. Denn das Geistsein und Denken wird ja auch dem das Geringste Denkenden zukommen, so daß, wenn dieses zu meiden wäre (denn auch für das Sehen gilt ja, daß es bei einigem besser ist, es nicht zu sehen als es zu sehen), dann das Denken nicht das Beste von allem sein könnte.

Folglich denkt er sich selbst, wenn anders er das Oberste ist, und im Grunde ist dann Denken Denken des Denkens. Freilich tritt die Wissenschaft, die Wahrnehmung, die Meinung und das Denken sonst immer in der Weise in Erscheinung, daß sie auf etwas anderes gehen, auf sich selbst dagegen nur nebenher.»

(Aristoteles, Metaphysik XII, 1074 b 15–36)

Was also denkt der Gott? Es ist unmöglich, daß er nichts denkt; es ist aber auch unmöglich, daß er etwas anderes denkt, denn dann würde er seinerseits durch anderes bestimmt und wäre nicht der Ursprung der Welt. Und außerdem genügt es nicht, daß er Denk*vermögen* ist, sondern er muß tatsächlich denken. Was also denkt er? Notwendigerweise «nur das Göttlichste und Allerwürdigste», «und zwar, ohne zu wechseln», denn ein Wechsel des Denkinhalts würde notwendig etwas anderes sein als «das Göttlichste und Allerwürdigste» und wäre im übrigen auch schon Bewegung. Der erste Beweger wäre dann nicht selbst unbewegt. Also ist dies unmöglich. Folglich bleibt nur: der Denker denkt sich selbst. Und da sein Wesen Denktätigkeit ist, ist auch notwendigerweise dasjenige, was er denkt, Denktätigkeit. Denktätigkeit richtet sich auf sich selbst, ist «Denken des Denkens», noesis noeseos.

Die sich auf sich selbst richtende Denktätigkeit ist die gesuchte Erfüllung der ursprünglichen Forderung: Wie kann etwas selbst unbewegt sein, zugleich aber anderes in Bewegung setzen? Die Verknüpfung des Unbewegten und des Bewegenden im «unbewegten Beweger» ist die Entdeckung des Aristoteles. Vor ihm waren die beiden Bereiche einigermaßen deutlich unterschieden worden: das Unbewegte (Seiende) und das Bewegte (Werdende, Vergehende; die Natur). Auch war, besonders von Platon, das Unbewegte (Seiende) als Ursprung des Bewegten (Prozeßhaften) erkannt worden. Doch nie war nach dem Übergangspunkt vom Unbewegten zum Bewegten gefragt worden. Anaxagoras hatte es versucht – und schon Platon hat kritisiert, daß er es nicht konkret vollziehen konnte. Die Kritik des Aristoteles an Platon läuft im wesentlichen darauf hinaus, daß Platon erstens ein von der Naturwelt «abgetrenntes» geistiges Sein angenommen, also den konkreten Zusammenhang zwischen Sein und Werden, Idee und Natur nicht geklärt habe (Vorwurf des «chorismos»). Und zweitens, daß er nirgends erklärt habe, wie die Ideenwelt, die doch «Ursache» der Erscheinungswelt sein soll, tatsächlich in die Erscheinungswelt hineinwirke. Mit dem «unbewegten Beweger» löst Aristoteles beide Probleme. Was Platons Seinsverständnis offenließ, löst der Bewegungsbegriff des Aristoteles, indem er den Geist- und Denkbegriff (nus) Platons weiter entwickelt[87]: dem Geist (Denken) kommt nicht nur ewiges Sein zu, sondern er ist zugleich reine Tätigkeit. – Im unbewegten Beweger fallen zwei Eigenschaften des griechischen Geist- und Denkbegriffs in eins zusammen, die bisher immer nebeneinander aufgetreten waren: der Wahrnehmungscharakter des Denkens und sein voluntativer Aspekt (s. o. Kapitel 1). Vom nus des Zeus hieß es: was er «erschaut», das geschieht auch.[88] Und der Gott des Xenophanes sah und dachte als ganzer und erschütterte alles mit seinem Denken. Aber erst bei Aristoteles wird deutlich, warum wahrnehmendes und Tätigkeit ausübendes Denken nicht zweierlei sind, sondern eines und dasselbe. Indem der Denker sich selbst denkt (gewahr wird), beginnt der Weltprozeß (Tätigkeit). Das aristotelische «Denken des Denkens» kann man geradezu als eine Kurzformel dafür ansehen. Im Denken des Denkens fallen Subjekt (nus), Tätigkeit (noesis) und Objekt (noesis zugleich als das Gedachte, noeton) zusammen. Der unbewegte Beweger ist Wesen (nus), Welterscheinung (noeton) und tätige Wirksamkeit (noesis) auf einmal.[89] – Reinheit (von Sinneswahrnehmung und Emotion), aktiver Vollzug und Enthüllung zunächst verborgener Realität gehören auch heute zu den Charakteristika eines Denkens, das sich nicht nur, modernistischem Vorurteil gemäß, als subjektives Ausdenken verstehen will. Diesem ist das aristotelische «Denken des Denkens» faktisch unvollziehbar.[90] Erklärungen werden meist durch Ausflüge in eine mögliche Vorgeschichte, nicht durch eigenen Denkzugriff gesucht.[91]

Es sei an dieser Stelle nur angemerkt, daß sich in Rudolf Steiners «Philosophie der Freiheit» der Versuch findet, vom neuzeitlichen Bewußtsein aus einen Ansatz zu entwickeln, der gleichfalls Erkennen und Schaffen, Wissenschaft und Evolution vereinigt.[92] Zugleich nimmt die «Philosophie der Freiheit» das «Denken des Denkens» wieder auf, indem sie von der «Beobachtung des Denkens» ausgeht. Reinheit («reines Den-

παραδέδοται
1074b δὲ παρὰ τῶν ἀρχαίων καὶ παμπαλαίων ἐν μύθου σχήματι καταλελειμμένα τοῖς ὕστερον ὅτι θεοί τέ εἰσιν οὗτοι καὶ περιέχει τὸ θεῖον τὴν ὅλην φύσιν. τὰ δὲ λοιπὰ μυθικῶς ἤδη προσῆκται πρὸς τὴν πειθὼ τῶν πολλῶν καὶ πρὸς τὴν εἰς τοὺς νόμους καὶ τὸ συμφέρον χρῆσιν· ἀνθρωποειδεῖς τε γὰρ τούτους καὶ τῶν ἄλλων ζῴων ὁμοίους τισὶ λέγουσι, καὶ τούτοις ἕτερα ἀκόλουθα καὶ παραπλήσια τοῖς εἰρημένοις, ὧν εἴ τις χωρίσας αὐτὸ λάβοι μόνον τὸ πρῶτον, ὅτι θεοὺς ᾤοντο τὰς πρώτας οὐσίας εἶναι, θείως ἂν εἰρῆσθαι νομίσειεν, καὶ κατὰ τὸ εἰκὸς πολλάκις εὑρημένης εἰς τὸ δυνατὸν ἑκάστης καὶ τέχνης καὶ φιλοσοφίας καὶ πάλιν φθειρομένων καὶ ταύτας τὰς δόξας ἐκείνων οἷον λείψανα περισεσῶσθαι μέχρι τοῦ νῦν. ἡ μὲν οὖν πάτριος δόξα καὶ ἡ παρὰ τῶν πρώτων ἐπὶ τοσοῦτον ἡμῖν φανερὰ μόνον.

ken»), aktive Tätigkeit und die Enthüllung von Wirklichkeit im Denken werden dort beschrieben als Anforderungen an ein Bewußtsein, das die neuzeitlich eingetretene Kluft zwischen Ich und Welt wieder überbrücken will. Die im dritten Kapitel der «Philosophie der Freiheit» beschriebene «Beobachtung des Denkens» ist zugleich der «archimedische Punkt», nach dem die zeitgenössische Erkenntnistheorie erklärtermaßen vergeblich sucht.[93] Die eigene Vergewisserung des Denkvollzugs – die nicht konstruktivistisch, sondern wahrnehmend vorgeht – liefert die Sicherheit des eigenen Ausgangspunktes, der durch keine Fremdwahrnehmung sinnlicher, seelischer oder geistiger Art gestört wird. Von der Selbstvergewisserung im Denkvollzug aus kann der Mensch einen erkennenden Zugang zur Welt finden (1. Teil der «Philosophie der Freiheit») und sich in der Welt handelnd und gestaltend zurechtfinden (2. Teil der «Philosopie der Freiheit») – aufgrund einer ähnlichen Tätigkeit, wie sie Aristoteles für den Beginn der Weltentstehung als Tätigkeit des Gottes beschreibt. Auch in der «Philosophie der Freiheit» ist die Beobachtung des Denkens als «Ausnahmezustand» beschrieben; jedoch als ein solcher, der zu den wichtigsten Erfahrungen des Lebens zählen kann.
Dieser kurze Ausflug in die Geistesgeschichte mag nicht ganz ungerechtfertigt erscheinen, da auch Aristoteles an derselben Stelle seines Gedankengangs einen solchen unternimmt, indem er mit dem unbewegten Beweger an Bemühungen früherer Zeiten, insbesondere des mythischen Bewußtseins, anknüpft.

b «Es ist aber von den Vorfahren und den Altvorderen in sagenhafter Gestalt den Späteren überliefert, daß diese Gestirngeister Götter sind und daß das Göttliche die ganze Natur umschlossen hält. – Alles Übrige ist bloß sagenhaft angehängt für den Glauben der Menge und für die Anwendung auf die Gesetze und das Staatswohl: sie seien menschenähnlich oder auch gewissen anderen Tieren gleichend, behaupten sie, und anderes mit diesem Zusammenstimmendes und mit dem Gesagten Verwandtes. Wenn man aus all dem die Sache herausschält und in ihrem ursprünglichen Sinne allein nimmt, daß sie nämlich das erste Sein für Götter hielten, so möchte man diese Behauptung in der Tat göttlich finden und glauben, wenn es wahrscheinlich ist, daß jedes praktische Wissen und jede Philosophie soweit möglich öfters gefunden wird und wieder versinkt, daß diese Meinungen wie Überbleibsel jenes Wissens sich bis zum heutigen Tage erhalten haben. Der Glaube der Väter und der Urzeit ist uns jedenfalls nur so weit verständlich.»

(Aristoteles, Metaphysik XII, 1074 b)

Aristoteles übergeht also nicht einfach die alten, «überholten» Vorstellungen, sondern bindet sie in sein eigenes Denken ein, indem er gedanklich erfaßt, was sie «eigentlich» meinen. Daß er dabei vom eigenen Standpunkt als dem «eigentlichen» ausgeht, hat er mit zahlreichen Denkern bis in die Gegenwart hinein gemeinsam.[94]

Versucht man die bisher betrachteten Texte zusammen zu sehen, so zeigt sich der Geistbegriff des Aristoteles in einer ungeheuren Spannweite. Am Schluß der «Zweiten Analytiken» tauchte er auf als Ursprung und Prinzip des begrifflichen Denkens. Im Buch XII der «Metaphysik» ist er der Gott, der als unbewegter Beweger durch sein Denken des Denkens den gesamten Weltprozeß in Bewegung setzt. Liegt, wenn Aristoteles vom nus spricht, überhaupt eine einheitliche Vorstellung zugrunde? Dies ist gelegentlich bezweifelt worden.[95] Auch wer einer Harmonisierung disparater Erscheinungen keineswegs das Wort reden will, wird doch vor übereilter Resignation warnen. Daß der alles bewegende Gott zugleich auch Ursprung des menschlichen Denkens ist, geht aus einigen Sätzen der Eudemischen Ethik hervor, die durchaus in der Lage sind, zwischen dem Schluß der «Zweiten Analytiken» und dem unbewegten Beweger zu vermitteln:

«Nicht also ist des Denkens Anfang das Denkende und nicht des Erwägens Anfang das Erwägende. Was anders also denn der Zufall? Folglich müßte alles vom Zufall kommen. Oder gibt es eine Anfangskraft, die nicht außerhalb ihrer noch einmal eine andere hat? Und kann diese, weil sie wesenhaft von bestimmter Art ist, solches wirken? Worauf es uns ankommt, ist dieses: Was setzt den Anfang der Bewegung in der Seele? Nun, es ist klar: so wie es in der Gesamtheit der Dinge Gott ist (der bewegt), so bewegt er auch alles jene (in der Seele). Denn in gewisser Weise setzt das Göttliche in uns alles (in uns) in Bewegung: des Denkens Anfang ist ja nicht das Denkende, sondern etwas Stärkeres. Was nun wäre sowohl dem Wissen wie der Denkkraft überlegen außer Gott?»[96]

Die Intensität, mit der der Begriff des Geistes an verschiedenen Stellen des aristotelischen Werkes dargestellt wird, ist unterschiedlich. Dennoch ist ein durchgehender Zug erkennbar: Der Geist ist das Prinzip ursprünglicher Tätigkeit. Den Tätigkeitscharakter des Denkens hat Aristoteles, wie bereits ausgeführt, nicht neu entdeckt. Er liegt dem ursprünglichen nus-Begriff der Griechen zugrunde und ist schon im Epos anzutreffen; er findet sich in Andeutungen bei den Vorsokratikern, z.B. bei Anaximander und Xenophanes; schließlich wird er von Sokrates hervorgehoben. Er ist auch Platon nicht fremd. Doch steht bis einschließlich Platon der Seinsaspekt des Denkens im Vordergrund. Sieht man eine grundlegende Leistung des Aristoteles darin, dem Tätigkeitsaspekt des Denkens zur Gleichberechtigung, wenn nicht zum Vorrang verholfen zu haben, so versteht man auch den Zusammenhang der beiden Hauptkritikpunkte an Platons Ideenlehre: die Abgetrenntheit der Ideen und daß nirgends erklärt sei, wie die «Teilhabe» der Sinnesdinge an der Ideenwelt tatsächlich wirksam zustande komme.[97] Auch weitere Neuerungen im aristotelischen Denken werden so verständlich. Das gilt insbesondere für seinen Ursachenbegriff.

Διωρισμένων δὲ τούτων ἐπισκεπτέον περὶ τῶν αἰτίων, ποῖά τε καὶ πόσα τὸν ἀριθμόν ἐστιν. ἐπεὶ γὰρ τοῦ εἰδέναι χάριν ἡ πραγματεία, εἰδέναι δὲ οὐ πρότερον οἰόμεθα ἕκαστον πρὶν ἂν λάβωμεν τὸ διὰ τί περὶ ἕκαστον (τοῦτο δ' ἐστὶ τὸ λαβεῖν τὴν πρώτην αἰτίαν), δῆλον ὅτι καὶ ἡμῖν τοῦτο ποιητέον καὶ περὶ γενέσεως καὶ φθορᾶς καὶ πάσης τῆς φυσικῆς μεταβολῆς, ὅπως εἰδότες αὐτῶν τὰς ἀρχὰς ἀνάγειν εἰς αὐτὰς πειρώμεθα τῶν ζητουμένων ἕκαστον. ἕνα μὲν οὖν τρόπον αἴτιον λέγεται τὸ ἐξ οὗ γίγνεταί τι ἐνυπάρχοντος, οἷον ὁ

11

DIE VIER URSACHEN. EINE ANTWORT DES ARISTOTELES AUF PLATONS IDEENLEHRE

Platon hat seine Ideenlehre als «zweitbeste Fahrt auf der Suche nach der Ursache» charakterisiert. Bereits in früheren Kapiteln wurde gezeigt, wie sich der Ursachenbegriff allmählich entwickelt hat. An die Stelle der genealogischen Abstammung im Mythos tritt die Frage nach dem «Ursprung» (arche) bei den ersten ionischen Philosophen. Der «Ursprung» wandelt sich seit Herodot zur «Ursache» (aition, aitia). Aristoteles kritisiert, daß Platons Ideenlehre nicht wirkliche Ursachen für die einzelnen Welterscheinungen angeben könne. Vor allem fehle der Ursprung der «Bewegung», das heißt alles Prozeßhaften in der Welt. – Aristoteles selbst differenziert den Ursachenbegriff vierfach[98]:

«Nach diesen Klärungen müssen wir zur Untersuchung über die Ursachen schreiten, über die Arten und die Anzahl der Ursachen. Denn unser Geschäft hier gilt der Erkenntnis, und zur Erkenntnis eines Gegenstandes fordern wir doch jeweils die Erfassung der Ursache – und das besagt: seiner letzten Ursache –. Und darum stellt sich uns diese Aufgabe zweifellos auch hier, und zwar mit Bezug auf Entstehen und Vergehen und überhaupt auf jegliche Naturprozessualität und mit der Zielsetzung, deren Ursprünge (archai) zu erkennen und so zu versuchen, jeglichen Untersuchungsgegenstand auf diese (Ursprünge) zurückzuführen. Nun, in einer ersten Bedeutung besagt der Terminus ‹Ursache› den immanenten Ausgangspunkt des Werdens des Gegenstands, also derartiges wie die Bronze

χαλκὸς τοῦ ἀνδριάντος καὶ ὁ ἄργυρος τῆς φιάλης καὶ τὰ τούτων γένη· ἄλλον δὲ τὸ εἶδος καὶ τὸ παράδειγμα, τοῦτο δ’ ἐστὶν ὁ λόγος ὁ τοῦ τί ἦν εἶναι καὶ τὰ τούτου γένη (οἷον τοῦ διὰ πασῶν τὰ δύο πρὸς ἕν, καὶ ὅλως ὁ ἀριθμός) καὶ τὰ μέρη τὰ ἐν τῷ λόγῳ. ἔτι ὅθεν ἡ ἀρχὴ τῆς μεταβολῆς ἡ πρώτη ἢ τῆς ἠρεμήσεως, οἷον ὁ βουλεύσας αἴτιος, καὶ ὁ πατὴρ τοῦ τέκνου, καὶ ὅλως τὸ ποιοῦν τοῦ ποιουμένου καὶ τὸ μεταβάλλον τοῦ μεταβαλλομένου. ἔτι ὡς τὸ τέλος· τοῦτο δ’ ἐστὶν τὸ οὗ ἕνεκα, οἷον τοῦ περιπατεῖν ἡ ὑγίεια· διὰ τί γὰρ περιπατεῖ; φαμὲν “ἵνα ὑγιαίνῃ”, καὶ εἰπόντες οὕτως οἰόμεθα ἀποδεδωκέναι τὸ αἴτιον.

für das Standbild, das Silber für die Schale und die übergeordneten Gattungen (zu Erz, Silber usw.). In einer zweiten Bedeutung besagt er die Gestalt und das Gestaltmuster, d.h. den wesentlichen Begriff des Gegenstands, und die übergeordneten Gattungen zu diesem Begriff – also derartiges wie etwa für den Oktavabstand das Verhältnis 2:1 und ganz allgemein die Zahlenreihe –, wie schließlich auch die Definitionsstücke dieses Begriffs. Ferner bezeichnet ‹Ursache› den ersten Ursprung des Prozesses oder des Stillstehens, ursächlich also etwa in dem Sinn, wie der Ratgeber eine Ursache ist, oder der Vater Ursache des Kindes, oder wie das Bewirkende Ursache des Bewirkens, das Verändernde Ursache des Veränderten ist. Und schließlich heißt Ursache auch soviel wie Abschluß, d.h. soviel wie Zweck, so wie etwa die Gesundheit die Ursache dafür sein kann, daß man spazieren geht; denn auf die Frage, warum er denn spazieren gehe, antworten wir (unter Umständen) damit, daß wir sagen: damit er gesund bleibt, und wollen damit die Ursache angegeben haben.» *(Aristoteles, Physik II 3, 194 b 16–35)*

Will man das Wesen (usia) eines Dinges erklären, so muß man also eine vierfache Fragestellung nach seiner Ursache anlegen.

Zur besseren Übersicht zunächst die vier Ursachen im Schema.

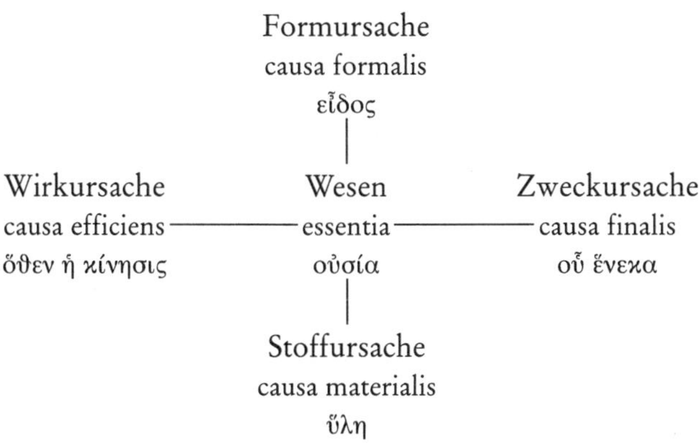

Zuerst ist nach Stoff und Form zu fragen, die sich in dem Gegenstand ausprägen. Dabei ist «Stoff» nicht im modernen Sinne zu verstehen. Der von Aristoteles gefaßte Begriff «hyle» bezeichnet die unbegrenzte Möglichkeit, die durch einen bestimmten Zugriff der Formursache zu einer konkreten Wirklichkeit wird. Mit diesem hyle-Begriff nimmt Aristoteles ausdrücklich einen Versuch Platons in dessen Spätdialog «Timaios» auf, der, noch ohne einen Terminus dafür zu haben, sich bemüht, außer einer geistigen Verursachung (Formursache, eidos) noch ein zweites Prinzip einzuführen, das er mit verschiedenen vorläufigen Bezeichnungen belegt, wie z. B. «alles Werdens Aufnahme». Diese reine Potentialität führt Aristoteles fort und versieht sie mit dem bis heute gebräuchlichen Terminus. Den «Stoff» als gleichberechtigte Ursache gedacht zu haben, ist eine Leistung des Aristoteles. Seine «Formursache» wird andererseits mit demselben Ausdruck belegt, den Platon für die Ideen verwendet (eidos). Schon durch diese Wortverwendung macht Aristoteles deutlich: was Platon für das Ursächliche hielt, die Ideenwelt, ist nur einer von vier Ursachenbereichen. Wie kommt die Form dazu, sich in der unendlichen Möglichkeit des Stoffes zu verwirklichen? Es muß eine Tätigkeit dagewesen sein, die dies bewirkt hat. Diese «Wirkursache» wird von Aristoteles noch nicht mit einem substantivischen Terminus bezeichnet, sondern mit einem charakteristischen Fragesatz: «Woher die Bewegung?» Diese Frage kann und muß jedem Gegenstand gegenüber aufgeworfen werden. Wird sie dem gesamten Kosmos gegenüber gestellt, so ist der «unbewegte Beweger» in Metaphysik XII eine Antwort darauf. Als Viertes kommt hinzu die Zweckursache, bei Aristoteles: «das Weswegen». Auch dies ist eine notwendige Frage, wenn ein Ding näher bestimmt werden soll.

Vergleicht man diese vier Ursachen mit Platons Ideen, so kann man sagen: nur die aristotelische Formursache war als Idee deutlich im Blick Platons. Die Zweckursache, das Weswegen, war allerdings in die Ideenwelt einbegriffen, ohne als eigene Ursache gedacht zu werden. Dafür spricht schon die Hinordnung der gesamten Ideenwelt auf das «Gute». Die Stoffursache schließlich wurde im Alterswerk Platons noch angedacht, ohne begrifflich gefaßt zu werden. Die Wirkursache jedoch hatte Platon nicht im Blick. Die platonische «Teilhabe» der Naturwelt an der Ideenwelt impliziert Wirkung. Wie es aber dazu kommt, daß ein sinnliches «Abbild» am geistigen «Urbild» teilhat, hat Platon nicht näher erklärt – ein wesentlicher Kritikpunkt des Aristoteles (s. o.). Damit hat Aristoteles, wie anhand des XII. Buchs der «Metaphysik» zu zeigen versucht wurde, nicht nur auf einen bei Platon fehlenden Aspekt des Geistes hingewiesen. Vielmehr hat er diesen, den Tätigkeits- oder Wirkungsaspekt, so in den Vordergrund gestellt, daß damit eine gegenüber Platon und den Vorsokratikern neue Weltsicht begründet wurde. Der aristotelische Umschwung der Betrachtungsweise vom Sein zur Wirksamkeit des Geistes scheint nicht minder bedeutsam als der vorsokratische vom mythischen Gott zu dem durch das Denken erfaßbaren Sein. Dieser Zusammenhang soll im nächsten Kapitel noch aufgegriffen werden.

Mit seinen vier Ursachen hat Aristoteles einen umfassenden Ursachenbegriff geschaffen, der im Mittelalter hochgeschätzt wurde, in der Neuzeit jedoch einer Reduktion zum Opfer fiel. Die Entwicklung hin zur physikalisch-chemischen Kausalität ist dabei als ein umgekehrter Vorgang verstehbar, als der aristotelische Ansatz es war, aus der Einheitsursache der platonischen Idee heraus Form und Zweck zu entwickeln. Die Neuzeit hat das Umgekehrte betont: den (jetzt materiell gefaßten) Stoff. Indem das naturwissenschaftliche Denken eine zunächst gesondert erfaßte «Kraft» vollständig den stofflichen Prozessen zuschrieb, lieferte sie einen Gegenpol zur platonischen Idee:

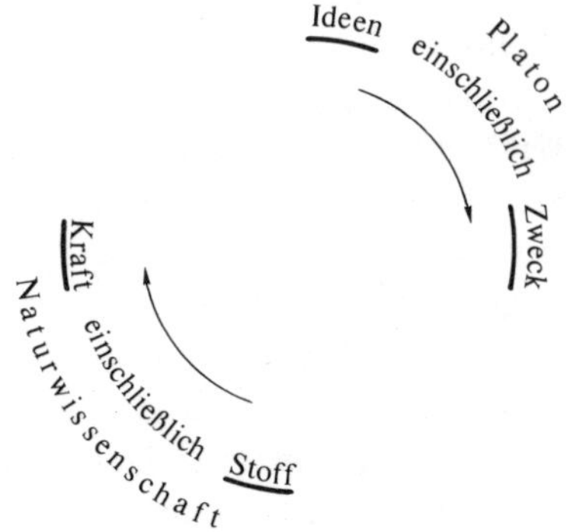

Auch der alte Zweckbegriff wurde von der Naturwissenschaft weitgehend durch die in den Stoff implizierte Wirkursache ersetzt. Wo dies nicht vollständig gelang, beispielsweise bei der Frage nach der Entwicklung der Lebewesen im Darwinismus, wurde an die Stelle des «Zwecks» der Leerbegriff des «Zufalls» gesetzt. Zufall bewirkt nach dieser Anschauung die genetische Entstehung von Eigenschaften, die in ihrer Umwelt dann Überlebensvorteile bieten. Genauso «zufällig» entstehen auch andere Eigenschaften, die sich als so ungünstig erweisen, daß sie sich in der Vererbung nicht durchsetzen können.[99] Daher sind solche Pflanzen- oder Tierformen in unserer Natur nicht zu sehen. Die Formursache geriet in der neuzeitlichen Naturwissenschaft ganz in Vergessenheit. Eine Betrachtungsweise der Natur gegenüber, die die Form als wesensbestimmend ansieht, wurde durch Goethe in der «Metamorphose der Pflanze» und dem Versuch einer «Metamorphose der Tiere» angeregt. Sie hat sich im 19. Jahrhundert nicht durchsetzen können. Heute scheint der Formbegriff von einer ganz anderen Seite wieder in die Wissenschaft hereinzukommen, als Begriff der «Information». Wieweit dabei eine materiefreie, die materiellen Vorgänge ihrerseits bestimmende Instanz und somit ein Gegenbild zur platonischen Idee und zum aristotelischen Formbegriff eingeführt wird, wäre gesondert zu untersuchen.

Durch den vierfachen Ursachenbegriff des Aristoteles kam jedenfalls eine Differenzierung in den europäischen Denkhorizont, die weder vorher noch nachher übertroffen wurde. Rudolf Steiner hat bei seinem Versuch, den neuzeitlichen materialistischen Reduktionismus mit den Mitteln des Denkens zu überwinden, nicht von ungefähr mehrfach an den aristotelischen Ursachenbegriff angeknüpft, um einzelne Begriffe seiner Geisteswissenschaft daran zu entwickeln.[100]

12

METAMORPHOSEN GEISTIGER WIRKLICHKEIT. ZUSAMMENFASSUNG UND AUSBLICK

Denken (noein) als Tätigkeit des Geistes (nus) ist ursprünglich ein Gewahrwerden von Wirklichkeit. Diesem Wahrnehmungscharakter korrespondiert der voluntative Aspekt des Geistes: Denken ist nicht einfach «Abbilden» von Vorhandenem im Bewußtsein. Es ist zugleich Vollzug dessen, was geschaut wird. Diese Grundlagen des griechischen Geistverständnisses unterliegen einer bewußtseinsgeschichtlichen Verwandlung, in deren Verlauf neue Formen denkenden Erkennens entstehen. Im wesentlichen waren drei Entwicklungsschritte festzustellen:

Das mythische Bewußtsein, wie es sich in den Epen Homers und Hesiods spiegelt, stellte den Träger des Geistes (des Denkens) in den Vordergrund. Dieser war vornehmlich ein Gott.[101] Was man in späterer Terminologie als «Subjekt» des Denkens bezeichnen kann, umfaßt hier alles andere, das Gewahrwerden von Wirklichkeit ebenso wie die Verwirklichung des Wahrgenommenen. Zwischen Erkennen und Handeln ist keine Kluft. Menschliches Wissen gilt als Offenbarungswissen, das von den Göttern kommt (den Musen, Athena, Zeus usw.). Der Mensch ist noch kein selbständiger Träger des Geistes und des Denkens.

Mit Beginn des philosophischen Zeitalters wird dem göttlichen Offenbarungswissen ein menschliches Erkennen gegenübergestellt (Xenophanes, Alkmaion). Wiewohl eine Berufung auf den «Gott» noch lange nicht aufhört, gewinnt doch das menschliche Denken mehr und mehr an Selbständigkeit.

Funktionen göttlichen Denkens werden auf den Menschen übertragen. Wo vom «Göttlichen» die Rede ist, wird dieses, bis in die sprachliche Form hinein, abstrakter. Im Zuge dieser Verwandlung tritt die andere Eigenschaft des griechischen Geistes deutlicher zu Tage: sein Wahrnehmungs- und Wirklichkeitscharakter. Denken, Wahrheit und Sein sind untrennbar verbunden; sie können sogar identifiziert werden (Parmenides). Die Ideen Platons sind nicht mehr Gedanken irgendeines Denkers oder eines Gottes, sondern wichtig ist allein, *was* denkend geschaut wird: das *Objekt* des Denkens. Das, was sich im Denken zeigt, ist das, was ist. Dieses wird jetzt deutlich abgehoben von anderem, das dem Entstehen und Vergehen unterliegt. Schon die ersten Ionier bereiten diese Unterscheidung vor. Platon vollendet sie mit der begrifflichen Gegenüberstellung von «Denken» und «Sinneswahrnehmung».
Anaxagoras bereitet einen dritten Entwicklungsschritt des Geistverständnisses vor, den dann Aristoteles vollendet. Die Unterscheidung zwischen Seiendem und Prozeßhaft-Vergänglichem hatte offengelassen, wie das wahrhafte Sein ursächlich sein kann für die vergängliche Welt. Mit dem Begriff der «Bewegung» (kinesis) stellt Aristoteles den Tätigkeitscharakter des Denkens in den Vordergrund. Geist ist nicht mehr welthafter «Ursprung» (arche) oder ontologisch gemeinte Ursache im Sinne einer Teilhabe an der Ideenwelt (Platon); sondern Geist ist Vollzug, Anstoß, Tätigkeit: Ursprung der Bewegung. Nicht zufällig widmet sich gerade Aristoteles einer Unterscheidung und Beschreibung der verschiedenen Denktätigkeiten und wird zum Begründer der Logik. Denken ist vor allem Denk*prozeß*. Im Hinblick auf den Denkgegenstand kann deshalb Aristoteles großzügiger sein als Platon. Von «Sein» spricht er auch mit Bezug auf die Sinneswelt. An die Stelle der Götter des Mythos setzt Aristoteles seinen «unbewegten Beweger»: Das Subjekt des Denkens konstituiert sich ihm vom Vollzug des Denkens her, als «Denken des Denkens» (Metaphysik XII).

Die griechische Geistesgeschichte verläuft nicht schlicht und geradlinig, sie kennt Vorwegnahmen und Nachzügler, Seiten- und Holzwege. Dennoch zeigt sie mit großer Klarheit, wie die Grundeigenschaften des griechischen Geistverständnisses im Laufe der Geschichte je verschieden zur Geltung kommen. Die bisherigen Ausführungen können folgendermaßen zusammengefaßt werden:

Epos (mit seinen mythischen Anklängen):

Der Wesensaspekt des Geistes (des Denkens) steht im Vordergrund.

Wahrnehmungs-(Seins-) und Tätigkeitscharakter sind impliziert.

Vorsokratiker – Platon

Der Wahrnehmungs- und Seinsaspekt des Geistes (des Denkens) tritt in den Vordergrund.

Der Wesensaspekt verblaßt; Denktätigkeit ist impliziert.

Aristoteles

Die Tätigkeit des Geistes (des Denkens) wird hervorgehoben.

Von dort aus werden auch Sein und Wesen konstituiert.

Die von Rudolf Steiner unterschiedenen Stufen des Göttlich-Geistigen[102] können also in den Aspekten des griechischen Geistbegriffs und deren allmählicher geschichtlicher Verwandlung wiedergefunden werden:

Der *Wesen*hafte Träger des Geistes (der Gott) erscheint im Epos

Die *Offenbarung* des Geistes im Sein (Ursprung, Ideen usw.) wird betont bei den Vorsokratikern und Platon

Die *Wirksamkeit* des Geistes rückt bei Anaxagoras und Aristoteles in den Vordergrund.

Es ist längst gesehen worden[103], daß eine erst in der Scholastik getroffene Unterscheidung auch rückwirkend auf die griechische Geistesgeschichte angewendet werden kann. Die Scholastik unterscheidet drei verschiedene Verhältnisse der Allgemeinbegriffe (Universalien) zu den Dingen der Sinneswelt: die universalia ante res, in rebus und post res. Die platonischen Ideen können als Musterbeispiele für universalia *ante* res angesehen werden. Sie sind geistige Realitäten, von denen die Naturdinge durch «Teilhabe» abhängig sind. Die Ideen müssen ohne Rücksicht auf diese Teilhabe aufgesucht werden. Sie sind als solche, in Reinform, zu erfassen (durch anamnesis). Sinneswahrnehmung ist nur Anlaß zur Erinnerung an die Schau der Ideen. – Aristoteles wendet sich energisch gegen eine solche «Abgetrenntheit» (chorismos) der Ideen. Für ihn sind die Ideen *in* den Sinneserscheinungen wirksam. Er betont damit – scholastisch ausgedrückt –, daß sie sich *in* rebus befinden. Geistige Wirksamkeit ist in den Sinnesdingen zu suchen, nicht getrennt von ihnen. – Erst die Scholastik weist darauf hin, daß es noch einen anderen Ort ideeller Wirklichkeit gibt: das menschliche Bewußtsein. Nur in ihm gibt es Begriffe und Ideen. Sie sind Ergebnisse erkennender Tätigkeit: Die Universalien sind *post* res. Begriffe sind nicht in der Natur, sondern im Menschen. – Erst in dieser geistesgeschichtlichen Situation kann sich die Frage stellen, ob Begriffe überhaupt Realitäten sind; ob sie der Welt innewohnen und vom menschlichen Bewußtsein aus ihr herausgelöst werden, oder ob sie nicht im Gegenteil nur notwendige Hilfsmaßnahmen des Menschen sind, um sich in der Welt zurechtzufinden. Sind Begriffe real (res) oder sind sie nur Benennungen (nomina, voces)? – Um diese Frage geht es im Streit zwischen Nominalismus und Realismus, der am Ende des Mittelalters mit dem Sieg des Nominalismus endet. Die Natur ist nicht mehr von Göttlich-Geistigem bewirkt[104], sondern sie ist Werk-Welt geworden: ein fertiges Werk, aus dem sich das Bewirkende zurückgezogen hat. Geist ist nicht in der

Natur, sondern nur im menschlichen Bewußtsein. Denken ist subjektiv.

Der scholastische Universalienstreit, dessen Ausgang für das neuzeitliche Denken von entscheidender Bedeutung ist, kann im Zusammenhang dieses Buches nicht erörtert werden. Abschließend sei nur noch die Entstehung des Universalienproblems skizziert. Es entspringt aus einer Unsicherheit gegenüber aristotelischen Begriffen. Dabei ist zunächst eine grundlegende Beobachtung Nicolai Hartmanns einzubeziehen.[105] Sie zeigt, welche Bedeutung der Übergang von der griechischen zur lateinischen Terminologie für die Frage nach der geistigen Wirklichkeit besitzt.

Indem Hartmann vom neuzeitlichen Begriff des Begriffs ausgeht, findet er, daß es in der gesamten Philosophie der Griechen, weder vor noch nach Aristoteles, etwas gibt, das dem «Begriff» wirklich entspräche. Womit die griechischen Denker umgehen, ist nicht Begriffliches im neuzeitlichen Sinne, ein «spezifisch logisches Gebilde»[106], sondern ist immer Seinsaussage: Äußerung von dem, was ist. Hartmanns Kernthesen[107]: «Erstens: Das Wissen um den Begriff taucht geschichtlich nicht mit einem Schlag und nicht bei einem bestimmten Denker auf, sondern formt sich nach und nach im Maße des Spruchreifwerdens bestimmter Problemgruppen heraus. Und zweitens: Diese Entwicklung spielt sich nicht mehr auf dem Boden der griechischen, sondern auf dem der von den Römern neu geschaffenen lateinischen Terminologie ab.» Indem Cicero griechische Philosophen ins Lateinische übersetzt, und z.B. das griechische «eidos» mit lateinisch «notio» («Begriff») wiedergibt, bewirkt er, daß er griechische Terminologie «aus der ontologischen in die logische Sphäre hinüberzieht und sie weit mehr zu Gedankengebilden stempelt, als das jemals mit ‹genos› und ‹eidos› bei den Griechen geschehen war. Und wenn er nun nach griechischem Vorbilde die definitio auf sie bezieht, so handelt es sich nicht mehr wie dort um den horismos von Seinsformen und vom Allgemeinen in den Dingen, sondern um Definition der Begriffe im Sinne der späteren Logik. Damit ist ein entscheidender Schritt zur Verselbständigung des Begriffs getan.» Notio ist etwas, das ausschließlich dem Bewußtsein angehört. Auf den Inhalt und den inneren Bau des Begriffs wird weniger Wert gelegt. «Was dieser Fassung des Begriffs fehlt, ist also nichts Geringeres als gerade das Moment des ‹Begreifens›. Ein Begreifen ist der Begriff nach zwei Seiten: im Zusammenfassen der Fälle und im inhaltlichen Zusammenbau der Merkmale. Man kann ersteres als das platonische, letzteres als das aristotelische Moment bezeichnen..., obgleich beide ursprünglich nicht auf den Begriff bezogen sind. Und von diesen tritt das Platonische in der Logik der Lateiner vollkommen zurück, das Aristotelische dagegen wird in der Lehre von der definitio ausgebaut.»[108]

Die Frage nach der Realität der Begriffe wird von dem griechischen Neuplatoniker Porphyrios von Tyros (2. Hälfte des 3. Jahrhunderts n. Chr.) zum ersten Mal angedeutet. Porphyrios ist der Verfasser eines Kommentars zur Kategorienschrift des Aristoteles, der mit folgenden Worten beginnt[109]:
«Da es, mein Chrysaorius, für die Lehre von den aristotelischen Kategorien notwendig ist, zu wissen, was Gattung und was Differenz, und was Art, Proprium und Akzidenz ist, und da die Betrachtung dieser Begriffe nicht minder für die Aufstellung der Definitionen und überhaupt für die Lehre von der Einteilung und der Beweisführung ihren Nutzen hat, so will ich einen gedrängten Bericht für dich aufsetzen, in welchem ich versuche, mit wenigen Worten, wie in Weise einer Einleitung, das von den Alten überkommene Lehrgut durchzugehen, so zwar, daß ich von den tieferen Fragen Abstand nehme und nur die einfacheren kurz erkläre.
Was, um gleich mit diesen anzufangen, bei den Gattungen und Arten die Frage angeht, ob sie etwas Wirkliches sind oder nur

auf unseren Vorstellungen beruhen, und ob sie, wenn Wirkliches, körperlich oder unkörperlich sind, endlich, ob sie getrennt für sich oder in und an dem Sinnlichen auftreten, so lehne ich es ab, hiervon zu reden, da eine solche Untersuchung sehr tief geht und eine umfangreichere Erörterung fordert, als sie hier angestellt werden kann. Dagegen will ich, was über sie und die anderen vorgenannten Kategoreme die Alten und besonders die Peripatetiker mehr in logischer Weise vorgetragen haben, dir jetzt zu erklären suchen.»

(Porphyrios, Einleitung in die Kategorien, 1. Kap.)

Der zweite Absatz enthält die entscheidenden Fragen:

1. Sind die Gattungen und Arten etwas Wirkliches, oder beruhen sie nur auf unseren Vorstellungen?
2. Sind sie, wenn Wirkliches, körperlich oder unkörperlich?
3. Sind sie getrennt für sich oder treten sie am Sinnlichen auf?

Gegenüber den «Arten» und «Gattungen» des Aristoteles wird hier also eine ähnliche Frage gestellt, wie dieser sie gegenüber Platons «abgetrennten» Ideen formuliert hatte. Für Aristoteles war die Realität der Gattungen und Arten kein Problem; sie waren für ihn «zweite Substanzen». Die Fragen, die Porphyrios jetzt vorbringt, sind durch die Philosophiegeschichte der seit Aristoteles vergangenen 600 Jahre bedingt. Die Frage der Subjektivität wurde insbesondere durch die pyrrhonische Skepsis aufgeworfen (Pyrrhon von Elis, ca. 360–270 v. Chr.), die Frage der Körperlichkeit durch die Stoiker. Welchen Verwandlungen unterliegt das aristotelische Denken im Hinblick auf das Sein (usia) in der Zwischenzeit? – Dies ist im Grunde die von Porphyrios gestellte Frage. Er selbst lehnt eine Beantwortung von vornherein ab. Porphyrios hat den «Universalienstreit» nicht begonnen, er hat lediglich darauf aufmerksam gemacht, daß die Realität der Gattungen und Arten nicht mehr so selbstverständlich ist, wie Aristoteles sie genommen hatte.

Der Römer Boethius (480–524), der «letzte Stoiker», hat philosophische und mathematische Werke der Griechen ins Lateinische übersetzt und erläutert, darunter auch die Einleitung des Porphyrios in die Kategorienschrift. Er verwendet den Begriff «universale» als logische Zusammenfassung von «Art» und «Gattung» und prägt somit den lateinischen Terminus, der die spätere Auseinandersetzung beherrschen wird. Sein «universale» ist Übersetzung des aristotelischen «katholon», des «Allgemeinen». Dessen Bedeutung wird am Ende der «Zweiten Analytiken» so formuliert: «Die Sinneswahrnehmung prägt uns das Allgemeine ein» (siehe oben S. 186). Der Begriff des «Allgemeinen» steht bei Aristoteles am Kreuzungspunkt zweier Erkenntnistätigkeiten. Die eine versteht, von der Sinneswahrnehmung ausgehend, das Allgemeine als höchste Zusammenfassung der Einzelheiten. Und zum anderen ist das Begrifflich-Allgemeine abhängig vom nus als dem Ursprung der Wissenschaft. Die beiden Seiten des «Allgemeinen» werden von Aristoteles nicht genauer unterschieden. Diese Unterscheidung wird nun nachgefordert werden. Sind die Universalien, die Gattungen und Arten, Realitäten oder nur Worte? Für das Denken der Griechen bis einschließlich Aristoteles lag darin, wie gezeigt wurde, kein Problem. Denken, Sprechen und Sein hingen eng zusammen. Jetzt aber treten der Wort- und der Seinscharakter des Denkens so weit auseinander, daß sie sich auszuschließen beginnen. Heiric von Auxerre (9. Jahrhundert) betont, die Universalien seien «nur Gedankendinge» (nuda intellecta). Roscelin aus Compiègne (gestorben um 1120) hat offenbar als erster ausdrücklich einen scholastischen Nominalismus vertreten. Seine Schriften sind nur durch Zitate seiner Gegner erhalten. So schreibt Anselm von Canterbury: «Diese Dialektiker meinen, daß die allgemeinen Wesenheiten nichts als ein Hauch der Stimme seien (non nisi flatum vocis putant esse universales substantias); sie können unter der Farbe nichts anderes verstehen als einen (farbigen) Körper, unter der Weisheit eines Menschen nichts anderes als die (weise) Seele. Die Vernunft in ihrer Seele, die doch Herrscher und Richter sein muß all dessen, was im Menschen ist, ist so an körperliche Vorstellungen (imaginationes corporeae) gebunden, daß sie sich von ihnen nicht losmachen und daß sie nicht von ihnen dasjenige unterscheiden kann, was sie selbst als einziges und reines betrachten muß.»[110] Gattungen und Arten sind also nur Worte und keine Dinge. Diese Auffassung kann sich zunächst aber nicht durchsetzen. In der Mitte des zwölften Jahrhunderts scheint der Nominalismus fast verschollen zu sein. Johann von Salisbury schreibt um 1160: «Manche behaupten, die Worte selbst seien die Gattungen und Arten, doch diese Ansicht ist längst verworfen und verschwand mit ihrem Urheber.» Für Johann sind die Universalien den Dingen immanent. Ohne die Dinge haben die Universalien kein Dasein. Sie werden vom menschlichen Geist gebildet, aber so, daß in ihnen das Wesen des Dinges aufgefaßt wird. Doch stand der Höhepunkt der Auseinandersetzung zwischen den verschiedenen Ausprägungen des Realismus und des Nominalismus erst noch bevor (13. Jahrhundert). Der Sieg des Nominalismus blieb dann für das Denken der Neuzeit prägend.

Der Mensch ist jetzt selbständiger Träger des Denkens geworden. Die letzten Reste göttlicher Offenbarung sind aus dem Denken verschwunden. Auch der ursprüngliche (griechische) Seinscharakter des Denkens ist verblichen und mit ihm der voluntative Aspekt: Denkendes Erkennen wird immer mehr zu einem reinen Abbilden von anderweitig Vorhandenem. Die vordem selbstverständliche Realität des Geistigen ist dem menschlichen Bewußtsein entschwunden. – Aber an ihre Stelle tritt nun etwas anderes. Der Nominalismus ist die Voraussetzung für eine Errungenschaft des menschlichen Bewußtseins, die solange unmöglich war, als das Denken sich einer übermächtigen geistigen Wirklichkeit verpflichtet fühlen mußte.

Nominalismus bedeutet zugleich Befreiung von alten Bindungen und einen wesentlichen Schritt hin zur Entwicklung der Individualität des Menschen in der Neuzeit.
Ein extremer Realismus, wie er etwa von Odo von Cambrai (gestorben 1113) vertreten wurde, besagt, daß der substantielle Gehalt, das Sein, in der Species liegt, der einzelne Mensch aber keine Substanz hat. Demgegenüber macht der Nominalismus geltend, wie schon Heiric von Auxerre ausführt: was existiert, muß immer individuell sein. Zwischen beiden steht Roscelin: Die Zusammenfassung mehrerer Individuen unter einen Begriff ist ein bloß subjektiver Akt.
Das Problem der Existenz des Einzelnen, Individuellen, wird auffallend häufig am Beispiel des Menschen exerziert. Offenbar wird eine prinzipielle Unterscheidung zwischen dem individuellen Menschen und den Einzeldingen in der Natur nicht getroffen. Und so ist mit der Frage nach der Realität der Universalien (der Gattungen und Arten) auch immer die Frage nach der Individualität des Menschen verbunden. Konsequenter Realismus, der *nur* den Gattungen und Arten Realität zuspricht, leugnet die Individualität des Menschen! Wird jedoch, wie im Nominalismus, die Zusammenfassung des Einzelnen als subjektiver Akt aufgefaßt, so ist das Individuum Träger der Substanz (des Seins). Eng verbunden mit dem Universalienproblem ist daher die Frage nach der individuellen geistigen Wesenheit des Menschen. Auch diese Frage kulminiert im 13. Jahrhundert, im Streit zwischen Thomas und den Averroisten.[111]
Die Entwicklungsgeschichte der menschlichen Individualität wurde verschiedentlich bereits berührt. Im nachfolgenden dritten Band wird darauf näher eingegangen.

VERZEICHNIS DER ANTIKEN TEXTSTELLEN

LITERATURVERZEICHNIS

ANSELMI (VON CANTERBURY), *opera omnia, tomus primus, ...* rec. F.S.Schmitt (1938), Stuttgart 1984.

ARISTOTELES, *Analytica Priora et Posteriora*, rec. W.D.Ross, Oxford (1964) 1986.

– *Zweite Analytik*, übersetzt von Eugen Rolfes, 1922, Hamburg 1977.

– *Zweite Analytiken*, eingeleitet, übersetzt, kommentiert und herausgegeben von Horst Seidl, griechischer Text in der Edition von Theodor Waitz, griechisch-deutsch, Würzburg 1984.

– *De Anima*, rec. W.D.Ross, Oxford (1956) 1974.

– *Über die Seele*, übersetzt von Willy Theiler, Berlin [6]1983.

– *Categoriae, ...* rec. L.Minio-Paluello, Oxford (1949) 1966.

– *Kategorien/Lehre vom Satz*, übersetzt und eingeleitet von Eugen Rolfes, 1925[2], Hamburg 1974.

– *Eudemische Ethik*, übersetzt und kommentiert von Franz Dirlmeier (1963), Berlin 1984.

– *Ethica Nicomachea*, rec. J.Bywater, Oxford (1894) 1962.

– *Nikomachische Ethik*, Übersetzung und Nachwort von Franz Dirlmeier, Stuttgart 1969.

– *Metaphysica*, rec. W.Jaeger, Oxford (1957) 1967.

– *Metaphysik*, A Revised Text with Introduction and Commentary by W.D.Ross, 2 Bde., Oxford 1924.

– *Metaphysik*, übersetzt von Hermann Bonitz, Reinbek 1966.

– *Metaphysik XII*, herausgegeben von Hans-Georg Gadamer, Frankfurt 1948.

– *Physica*, rec.... W.D.Ross, Oxford (1950) 1966.

– *Physikvorlesung,* übersetzt von Hans Wagner, Berlin 1967.
– *Protreptikos,* hrsg. von Ingemar Düring, Frankfurt 1969.
BAIER, KARL, *Die Einwände des Aristoteles gegen die Ideenlehre Platons,* Wien 1981.
BERTI, ENRICO (Hrsg.), *Aristotle on Science,* Padua 1981.
BORMANN, KARL, *Platon,* Freiburg/München 1973.
BUCHNER, HARTMUT, Geist, in: *Handbuch Philosophischer Grundbegriffe,* hrsg. von H. KRINGS, H. M. BAUMGARTNER, C. WILD, München 1973, Bd. 2, Seite 536–546.
BURKERT, WALTER, *Griechische Religion,* Stuttgart 1977.
DIELS, HERMANN / KRANZ, WALTHER, *Die Fragmente der Vorsokratiker* (1903), Zürich/Bern 1964[11].
DIETZ, KARL-MARTIN, *Die Suche nach Wirklichkeit,* Stuttgart 1988.
– *Metamorphosen des Geistes, Bd. 1: Prometheus – Vom göttlichen zum menschlichen Wissen,* Stuttgart 1989.
DIOGENES LAERTIUS, *Leben und Meinungen berühmter Philosophen,* übersetzt von Otto Apelt, Hamburg (1921) 1967[2].
DÜRING, INGEMAR, *Aristoteles, Darstellung und Interpretation seines Denkens,* Heidelberg 1966.
FRÄNKEL, HERMANN, *Dichtung und Philosophie des frühen Griechentums,* München 1962[2].
– *Wege und Formen des frühgriechischen Denkens,* München 1955.
FRITZ, KURT VON, Der Beginn universalwissenschaftlicher Bestrebungen und der Primat der Griechen. In: *Studium Generale XIV,* 1961, S. 546–583 und 601–636.
– *Grundprobleme der Geschichte der antiken Wissenschaft,* Berlin 1971.
– Die Rolle des Nus (*Classical Philology, 38,* 1943, S. 79–93; 40, 1945, S. 223–242; 41, 1946, S. 12–34), deutsch in: HANS-GEORG GADAMER (HRSG.), *Um die Begriffswelt der Vorsokratiker,* Darmstadt 1968, S. 246–363.
GADAMER, HANS-GEORG, *Kleine Schriften Bd. III – Idee und Sprache,* Heidelberg 1972.
– (Hrsg.), *Um die Begriffswelt der Vorsokratiker,* Darmstadt 1968.

Guthrie, W. K. C., *A History of Greek Philosophy*, Vol. I Cambridge (1962) 1985, Vol. II Cambridge (1965) 1980.

Hartmann, Nicolai, Aristoteles und das Problem der Begriffe, in: *Kleine Schriften II*, Berlin 1957.

Hegel, Georg Wilhelm Friedrich, *Vorlesungen über die Geschichte der Philosophie* (1832–1845), Bd. 1, Frankfurt 1971.

Heitsch, Ernst, *Evidenz und Wahrscheinlichkeitsaussage bei Parmenides*, Hermes 102, 1974, S. 411 ff.

– *Gegenwart und Evidenz bei Parmenides*, Wiesbaden 1970.

– (Hrsg.), *Hesiod*, Darmstadt 1966.

– *Parmenides und die Anfänge der Erkenntniskritik und Logik*, Donauwörth 1979.

– s. Xenophanes, Die Fragmente.

Hesiod *Opera*, ed. Friedrich Solmsen; *Fragmenta selecta*, ed. R. Merkelbach und M. L. West, Oxford 1970.

– *Sämtliche Gedichte*, übersetzt und erläutert von Walter Marg, Zürich und Stuttgart 1970.

– *Theogony*, edited with Prolegomena and Commentary by M. L. West, Oxford 1966.

– *Theogonie*, herausgegeben, übersetzt und erläutert von Karl Albert, Sankt Augustin (1983) 1985[3].

Hölscher, Uvo, *Anfängliches Fragen, Studien zur frühen griechischen Philosophie*, Göttingen 1968.

– *Empedokles und Hölderlin*, Frankfurt 1965.

– *Der Sinn von Sein in der älteren griechischen Philosophie*, Heidelberg 1976.

– s. Parmenides, Vom Wesen des Seienden.

Hoffmann, Ernst, *Drei Schriften zur griechischen Philosophie*, Heidelberg 1964.

Ingenkamp, Heinz Gerd, Inneres Selbst und Lebensträger – Zur Einheit des «psyche»-Begriffs, in: *Rheinisches Museum 118*, 1975, S. 48–61.

Jäger, Werner, *Die Theologie der frühen griechischen Denker*, Stuttgart 1953.

KAHN, CHARLES, H., The Role of NOUS, in: *Aristotle on Science*, herausgegeben von Enrico Berti, Padua 1981.
– *The Verb ‹be› in Ancient Greek*, Dordrecht 1973.
– *The Greek Verb ‹to be› and the Concept of Being*, Dordrecht 1966, S. 245 ff.
KLÜNKER, WOLF-ULRICH/SANDKÜHLER, BRUNO, *Menschliche Seele und kosmischer Geist. Siger von Brabant und Thomas von Aquin*, Stuttgart 1988.
KRÄMER, HANS JOACHIM, *Der Ursprung der Geistmetaphysik*, Amsterdam 1964.
KRANZ, WALTHER, *Empedokles*, Zürich 1949.
LANGERBECK, H., *Doxis Epirysmie – Studien zu Demokrits Ethik und Erkenntnislehre*, Berlin 1935.
LOEWE, J. H., *Der Kampf zwischen dem Realismus und Nominalismus*, Prag 1876.
LUTHER, WILHELM, Wahrheit, Licht, Sehen und Erkennen im Sonnengleichnis in: *Studium Generale 18*, 1965, S. 479–496.
– Wahrheit, Licht und Erkenntnis in der griechischen Philosophie bis Demokrit, in: *Archiv für Begriffsgeschichte 10*, 1966, S. 1–240.
NIETZSCHE, FRIEDRICH, Die Philosophie im tragischen Zeitalter der Griechen, in: *F. N., Sämtliche Werke*, hrsg. von G. Colli und M. Montinari, Bd. 1, München 1980.
ONIANS, RICHARD BROXTON, *The Origins of European Thought*, Cambridge 1951.
PARMENIDES, *Vom Wesen des Seienden*, Die Fragmente griechisch und deutsch, herausgegeben, übersetzt und erläutert von Uvo Hölscher, Frankfurt (1969) 1986.
– *Über das Sein*, Griechisch/Deutsch, Mit einem einführenden Essay, herausgegeben von Hans von Steuben, Stuttgart (1981) 1985.
PATZIG, GÜNTHER, Platons Ideenlehre, kritisch betrachtet. In: *Antike und Abendland XIV*, 1970, S. 113–140.
PLATON *opera*, rec. Ioannes Burnet, 5 Bde., Oxford (1900) 1962.
– *Sämtliche Werke*, übersetzt von Rudolf Rufener, Zürich/München 1974.

– *Texte zur Ideenlehre,* herausgegeben und übersetzt von Hans-Georg Gadamer, Frankfurt 1978.
– *Menon,* auf der Grundlage der Übersetzung von Otto Apelt, neu bearbeitet und herausgegeben von Klaus Reich, Hamburg 1972.
Reinhardt, Karl, *Parmenides und die Geschichte der griechischen Philosophie* (Bonn 1916), Frankfurt 1959.
– *Tradition und Geist,* Göttingen 1960.
Röd, Wolfgang, Die Anfänge der Philosophie bei den Griechen, in: *Redliches Denken. Festschrift G. G. Grau,* Cannstatt 1981.
Sandkühler, Bruno, s. W.-U. Klünker/B. Sandkühler, *Menschliche Seele und kosmischer Geist.*
Schadewaldt, Wolfgang, *Die Anfänge der Philosophie bei den Griechen,* Frankfurt 1978.
Hermann Schmitz, *Anaximander und die Anfänge der griechischen Philosophie,* Bonn 1988.
Snell, Bruno, *Die Ausdrücke für den Begriff des Wissens in der vorplatonischen Philosophie,* Berlin 1924.
– *Die Entdeckung des Geistes,* Göttingen[4] 1975.
– *Dichtung und Gesellschaft,* Studien zum Einfluß der Dichter auf das soziale Denken und Verhalten im alten Griechenland, Hamburg 1965.
– Aletheia, in: *Würzburger Jahrbücher für die Altertumswissenschaft, Neue Folge I, 1975.*
– *Der Weg zum Denken und zur Wahrheit.* Studien zur frühgriechischen Sprache, Göttingen 1978.
Steiner, Rudolf, *Die Philosophie der Freiheit* (1894), GA 4, Dornach 1987.
– *Die Stufen der höheren Erkenntnis,* (1905–1908), GA 12,[9] 1959.
– *Die Rätsel der Philosophie* (1914), GA 18, Dornach [9]1985.
– *Anthroposophische Leitsätze,* (1925), GA 26, Dornach 1982.
Stenzel, Julius, *Metaphysik des Altertums,* München/Berlin 1931.
– Zur Entwicklung des Geistbegriffs in der griechischen Philosophie, in: *Kleine Schriften zur griechischen Philosophie,* Darmstadt 1957.
Steuben, Hans von: siehe Parmenides.

Teichmann, Frank, *Der Mensch und sein Tempel: Griechenland,* Stuttgart 1980.

Thomas von Aquino, *Über die Einheit des Geistes – De unitate intellectus. Über die Bewegung des Herzens – De motu cordis.* Übersetzung, Einführung und Erläuterungen von Wolf-Ulrich Klünker, Stuttgart 1987.

Thukydides *Historiae,* rec. H. S. Jones, Oxford (1900) 1966.

– *Geschichte des Peloponnesischen Krieges,* übersetzt von Georg Peter Landmann, Reinbek 1962.

Verdenius, W. J., *Parmenides – Some Comments on his Poem,* Groningen 1942.

Wieland, Wolfgang, *Platon und die Formen des Wissens,* Göttingen 1982.

Xenophanes, *Die Fragmente,* herausgegeben, übersetzt und erläutert von Ernst Heitsch, München und Zürich 1983.

ANMERKUNGEN

1 *Metamorphosen des Geistes 1*, Prometheus – vom göttlichen zum menschlichen Wissen; Stuttgart 1989.

2 K. von Fritz, *Die Rolle des Nus*, S. 275 ff.

3 H. Buchner, S. 537. – Die noch in Grimms Wörterbuch mitgeteilte Grundbedeutung «Atem, Hauch» gilt heute nicht mehr als zutreffend.

4 K. von Fritz, *Die Rolle des Nus*, S. 355; U. Hölscher, *Empedokles und Hölderlin*, S. 25; H. G. Gadamer, *Idee und Sprache*, S. 22 f.; H. G. Ingenkamp, *Inneres Selbst und Lebensträger.*

5 Metaphysik 1009 b 12 ff.; dazu W. D. Ross, *Aristotle's Metaphysics*, Band I, S. 275.

6 Parmenides, Fragment 16, übersetzt von Uvo Hölscher, in: *Parmenides, Vom Wesen des Seienden*, S. 45. – Über Vorbilder und Bedeutung dieser Stelle handelt sehr subtil H. Fränkel, *Wege und Formen*, S. 173 ff.

7 Theophrast, *De sensu 3*; zitiert nach Hölscher a. a. O.

8 Hölscher a. a. O., S. 112 und 115.

9 Fragment 31 B 106 Diels.

10 Fragment 31 B 108 D.

11 Aristoteles, *De anima*, 427 A 17–27. Guthrie, *History I*, S. 348 f., macht geltend, daß bereits Alkmaion um 500 v. Chr. die Unterscheidung von Denken und Wahrnehmen vorweggenommen habe. Er stützt sich dabei auf Fragment 1 a: der Mensch unterscheide sich vom Tier dadurch, daß er «verstehe» (syniesi), nicht nur wahrnehme (aisthanetai). – Dies ist jedoch unwahrscheinlich; nicht nur, weil Aristoteles Alkmaion hier vollständig

übergeht, sondern auch in Anbetracht der Grundbedeutung von synienai, s. SNELL, *Die Ausdrücke,* S. 40 ff., bes. S. 48.

12 K. VON FRITZ, *Die Rolle des Nus,* S. 354.

13 K. VON FRITZ, *Die Rolle des Nus,* S. 316. – Vgl. auch HEGEL, *Vorlesungen über die Geschichte der Philosophie,* Band 1, S. 292 f.; K. REINHARDT, *Parmenides,* S. 244 und 253; J. STENZEL, *Metaphysik des Altertums,* S. 51 f.; H. LANGERBECK, *Doxis epirysmie,* S. 8 und 45 f.; W. J. VERDENIUS, *Parmenides,* S. 10; U. HÖLSCHER, *Parmenides,* Frankfurt 1986, S. 100.

14 WALTHER KRANZ, *Empedokles,* S. 44.

15 Metaphysik A, 983 b 6 bis 984 a 2, übersetzt von Bonitz, mit Änderungen vom Verfasser.

16 HESIOD, *Theogonie,* Vers 116–147, übersetzt von Walter Marg.

17 HESIOD, *Theogonie,* Verse 211–232.

18 ANAXIMANDER, Fragment 1 (Diels).

19 *Ilias* 14, 201 und 302.

20 *Ilias* 14, 240.

21 S. Band 1, S. 123.

22 NIETZSCHE, *Die Philosophie im tragischen Zeitalter,* S. 818.

23 ARISTOTELES, *Physik* 203 b 6 ff.; Diels A 15; B 3.

24 S. *Metamorphosen des Geistes,* Band 1, S. 167 ff.

25 S. Band 1, Kapitel 1 und 2.

26 S. Band 1, S. 127.

27 Übersetzung des Vf.

28 K. v. FRITZ, *Die Rolle des Nus,* S. 291.

29 S. Band 1, Kapitel 1 und Band 2, Kapitel 1: voluntativer und kognitiver Aspekt des nus.

30 Zu demas s. a. Band 1, S. 180.

31 Band 1, Kapitel 2.

32 LUTHER, *Archiv* S. 89.

33 THUKYDIDES s. Band 1, S. 131 ff., zu Platon s. u.

34 S. Band 1, Kapitel 1–3, besonders S. 68.

35 E. HEITSCH, *Xenophanes-Ausgabe* S. 136 ff.

36 S. Band 1, Kapitel 1 und 2.

37 Ausführlich in Band 1, S. 73 ff.

37a PARMENIDES, Fragment 1. Übersetzungen von U. HÖLSCHER.

38 HÖLSCHER, Parmenides, S. 74. – Zum Problem des Zusammenhangs dieses Proömiums mit dem Rest des Gedichts: siehe Steuben.

38a Vgl. Band 1, S. 121 ff.

39 Vgl. Band 1, S. 123 f.

40 Sextus Empiricus, Adversus Mathematicos VIII, 8 – BORMANN, S. 54.

41 So die möglichst wörtliche Übersetzung. Hölscher übersetzt mit Burnet und anderen: «Denn dasselbe kann gedacht werden und sein.» Dies wird ausführlich begründet. Wir haben uns hier für die ganz wörtliche und recht harte Übersetzung entschieden, aus Gründen, die weiter unten deutlicher werden.

42 *Ilias* 15, 80 ff. – K. VON FRITZ, *Die Rolle des Nus,* S. 272.

43 E. HEITSCH, *Parmenides und die Anfänge,* S. 21.

44 K. VON FRITZ, *Die Rolle des Nus,* S. 314.

45 Die Numerierung der Fragmente bei Diels besagt nichts über deren ursprüngliche Reihenfolge.

45a Vgl. Band 1, Kapitel 3

45b Vgl. Band 1, S. 153 ff.

46 Vgl. E. HEITSCH, *Parmenides und die Anfänge.*

47 Fragment 34, s. o. S. 41.

48 HERAKLIT, Fragment 35 ist dazu ein Vorläufer.

49 PLATON, *Phaidon,* 95 e 7–97 b 7. Übersetzt von H.-G. Gadamer, in: *Texte zur Ideenlehre.* Kleine Veränderungen vom Verfasser.

50 S. Band 1, S. 129 und S. 134.

51 PLATON, *Phaidon,* 97 b 8–99 d 2. Übersetzt von Gadamer.

51a GADAMER übersetzt «nus» mit «Vernunft». Um den Anschluß an unsere Fragestellung auch in der Übersetzung zu verdeutlichen, wird «nus» hier, wie früher, mit «Geist» wiedergegeben.

52 PLATON, *Apologie des Sokrates,* 26 d 10.

52a Psyche – hier in der alten, weiten Bedeutung, alles Lebendige einschließend.
53 Von Anfang an hatte der nus neben dem Bewußtseinspol auch einen Kraftpol. So auch bei Anaxagoras. S. o. Kapitel 1.
54 Platon, *Apologie* 26 de.
55 Diogenes Laertius, *Leben und Meinungen,* II 6–15.
56 Aristoteles, *Metaphysik A,* 985 a 18 ff.
57 Gadamer a. a. O., S. 76.
58 Platon, *Phaidon,* 101 b 9–102 a 1. Übersetzung: Gadamer.
59 Platon, *Phaidon,* 100 c 3–100 e 1, Übersetzung: Gadamer.
60 Vgl. o. Kapitel 1.
60a Menon 80 e.
61 Menon 81 b. Übersetzung von O. Apelt.
62 Platon, *Phaidon,* 64 a 4 ff. Übersetzung von R. Rufener.
62a Platon, *Phaidon,* 69 c 3 ff.
63 Platon, *Staat, Sonnengleichnis* 507 b–509 b, Übersetzung von R. Rufener.
64 Vgl. zu diesem Problem: K.-M. Dietz, Ideenwelt und Bewußtsein, in: *Das Goetheanum* vom 22./29. 8. 82.
65 E. Hoffmann, *Drei Schriften zur griechischen Philosophie,* S. 29 ff.
66 Platon, *Der Staat. Liniengleichnis* 509 d–511 e. Übersetzung von R. Rufener, mit Veränderungen vom Verfasser.
67 Die Bedeutung der Konstruktionsvorschrift betont mit Recht W. Wieland, *Platon und die Formen des Wissens,* S. 202 ff.
68 Platon, 7. Brief, 343 a.
69 Platon, *Der Staat, Höhlengleichnis* 514 a–519 a, Übersetzung von R. Rufener.
70 E. Hoffmann, *Drei Schriften,* S. 44 f. Vgl. auch die «Philosophenkönige» im *Staat* und Platons Bericht von seinen politischen Bemühungen im *7. Brief.*
71 Platon, *Protagoras* 313 c 5.
72 Platon, *Phaidros, Der Seelenmythos* 246 a–249 b, Übersetzung von Rufener, mit Änderungen.

73 Daß und warum die Wiederverkörperungslehre PLATONS wie auch der übrigen Griechen (Pythagoras, Empedokles, Pindar u. a.) modernem Bewußtsein nicht standhält, kann hier nicht ausgeführt werden. Näheres dazu siehe KARL-MARTIN DIETZ, Die Anfänge des Reinkarnationsgedankens in Europa, in: *Die Drei,* 1981, S. 617.

74 PLATON, *Phaidros,* 249 b–250 c Übersetzung von Rufener; mit Änderungen.

75 Von einem diesbezüglichen Versuch vor Platon, der sich aber zunächst nicht durchsetzen konnte, wird im dritten Band berichtet.

75a Vgl. Band 1, Kap. 1.

76 Der Titel stammt von einem spätantiken Herausgeber und bezeichnet nichts anderes als die Einordnung dieses Werkes hinter der «Physik» in seiner Sammlung.

77 ARISTOTELES, *Metaphysik,* A 1 980a–981a. Übersetzung von Bonitz, mit Änderungen vom Verfasser.

78 PLATON, *Gorgias,* 448 c.

78a Zur Bedeutung der Sinneswahrnehmung im platonischen «Phaidros» s. o. S. 173.

79 ARISTOTELES, *Zweite Analytiken,* II 19, 99 b 34–100 b 17. Übersetzung nach Eugen Rolfes, mit Veränderungen, griechischer Text nach Ross.

80 I. DÜRING, *Aristoteles,* S. 108. – Auf den Zusammenhang dieser Stelle mit dem nus poietikos in de anima III 5 ist an anderer Stelle einzugehen. Vgl. CH. H. KAHN, *The Role of nous,* S. 397ff.

81 ARISTOTELES, *Nikomachische Ethik,* VI 6, 1140 b–1141 a. Übersetzung von Dirlmeier.

82 S. o. Kapitel 1.

83 RUDOLF STEINER, *Die Stufen der höheren Erkenntnis,* S. 17f.

84 Beispiele aus der jüngsten Gegenwart für die Ausblendung des Ich finden sich in *Die Suche nach Wirklichkeit,* besonders S. 112ff.

85 Zum Begriff «Möglichkeit» im Zusammenhang mit «Stoff» s. u. S. 214f.

86 Aristoteles, *Metaphysik,* Buch XII, 1072 a 19–1072 b 4, Übersetzung von H.-G. Gadamer.

87 Daß dies auch innerhalb der platonischen Akademie unternommen wurde, wie H. J. Krämer nachweist, tut der aristotelischen Leistung keinen Abbruch.

88 Band 1, S. 40.

89 Über die prinzipielle Bedeutung der Ebenen «Wesen», «Offenbarung» und «Wirksamkeit» siehe Band 1, S. 176.

90 Die faktische Unvollziehbarkeit behauptet z. B. H. J. Krämer, *Der Ursprung der Geistmetaphysik,* S. 159.

91 So auch bei Krämer S. 170.

92 Näheres zur *Philosophie der Freiheit* siehe in *Die Suche nach Wirklichkeit,* Kapitel 5.

93 O. F. Bollnow, *Philosophie der Erkenntnis,* Stuttgart 1970.

94 «Projektionstheorie», s. Wolfgang Röd, *Die Anfänge der Philosophie,* S. 162.

95 Den nus am Ende der *Zweiten Analytiken* prinzipiell abzutrennen von der Bedeutung in anderen Werken des Aristoteles und bei Platon, wie dies James H. Lesher, *Phronesis* 18/1973, S. 44 ff, vorschlägt, erscheint wenig sinnvoll, da auf diese Weise wesentliche Aspekte des Nus-Begriffs von vornherein ausgeblendet werden.

96 Aristoteles, Eudemische Ethik 1248 a 20–29. Übersetzung von Dirlmeier.

97 S. o. S. 204. Ohne diesen Aspekt bleibt es bei einer summarischen Auflistung der aristotelischen Einwände, vgl. K. Baier, *Die Einwände des Aristoteles.*

98 Aristoteles, Physik II 3, 194 b 16–35. Übersetzung von H. Wagner, mit Veränderungen. Griechischer Text nach Ross.

99 Daß es sinnvoll war, zusammen mit dem «Zweck» die Rolle eines außerweltlichen Gottes aus der Naturwissenschaft zu eliminieren, und daß mit der Kritik an Darwin keineswegs einer Teleo-

logie im alten Stil das Wort geredet werden soll, kann hier nicht näher ausgeführt werden.

100 Dies soll an anderer Stelle genauer dargestellt werden.

101 Siehe Band 1, Kapitel 1.

102 GA 26; siehe auch: *Die Suche nach Wirklichkeit,* S. 138 ff.

103 Z. B. J. H. LOEWE, *Der Kampf zwischen dem Realismus und Nominalismus,* Prag 1876, S. 308 f.

104 S. o. «Wirksamkeit» im Sinne der Unterscheidung Rudolf Steiners.

105 N. HARTMANN, *Aristoteles und das Problem der Begriffe.*

106 HARTMANN, a. a. O. S. 113.

107 HARTMANN, a. a. O. S. 123.

108 HARTMANN, a. a. O. S. 125.

109 PORPHYRIOS, *Einleitung in die Kategorien,* 1. Kap. in: ARISTOTELES, *Kategorien,* übersetzt von E. Rolfes.

110 ANSELM, *Epistolae de incarnatione verbi, prior recensio,* Kapitel 4.

111 Siehe KLÜNKER/SANDKÜHLER und THOMAS VON AQUINO, *Über die Einheit des Geistes.*